Cultura escrita e
circulação de impressos
no Oitocentos

CONSELHO EDITORIAL
Ana Paula Torres Megiani
Eunice Ostrensky
Haroldo Ceravolo Sereza
Joana Monteleone
Maria Luiza Ferreira de Oliveira
Ruy Braga

Cultura escrita e circulação de impressos no Oitocentos

ORGANIZADORAS
Tânia Bessone
Gladys Sabina Ribeiro
Monique de Siqueira Gonçalves
Beatriz Momesso

Copyright © 2016 Tânia Bessone/Gladys Sabina Ribeiro/Monique de Siqueira Gonçalves/Beatriz Momesso

Grafia atualizada segundo o Acordo Ortográfico da Língua Portuguesa de 1990, que entrou em vigor no Brasil em 2009.

Edição: Haroldo Ceravolo Sereza
Editora assistente: Cristina Terada Tamada
Assistente acadêmica: Bruna Marques
Projeto gráfico e diagramação: Jean Ricardo Freitas
Capa: Jean Ricardo Freitas
Assistente de produção: Dafne Ramos
Revisão: Isabella Schempp
Imagem de capa: Reading on the Rocks, Grand Manan; John George Brown, 1877

Este livro foi publicado com o apoio da Faperj, CNPq, CEO e Redes de poder e relações culturais.

CIP-BRASIL. CATALOGAÇÃO-NA-FONTE
SINDICATO NACIONAL DOS EDITORES DE LIVROS, RJ

C974

CULTURA ESCRITA E CIRCULAÇÃO DE IMPRESSOS NO OITO-
CENTOS /
organização Tânia Bessone... [et al.]. - 1. ed
São Paulo: Alameda, 2016.
242p.; 23 cm

Inclui bibliografia
ISBN 978-85-7939-382-2

1. Brasil - História. I. Bessone, Tânia.

16-34707   CDD: 981
                 CDU: 94(81)

ALAMEDA CASA EDITORIAL
Rua Treze de Maio, 353 – Bela Vista
CEP 01327-000 – São Paulo – SP
Tel. (11) 3012-2403
www.alamedaeditorial.com.br

Sumário

Apresentação   7

Impressos políticos   17

Capítulo 1. Como um fuzil: imprensa e a identidade política oriental (Província Cisplatina – 1821-1828)   19
Murillo Winter

Capítulo 2. Circulação de impressos e antilusitanismo em Rio de Contas, Bahia (1822-1831)   43
Moisés Frutuoso

Capítulo 3. Embates discursivos: os escritos políticos dos republicanos liberais na queda do Brasil-Império (1870-1891)   63
Daiane Lopes Elias

Impressos periódicos   81

Capítulo 4. A Revista Musical e de Bellas Artes (1879-1880)   83
Alexandre Raicevich de Medeiros

Capítulo 5. Traços de modernidade: modernidade e progresso na imprensa ilustrada fluminense (1870-1880)   103
Arnaldo Lucas Pires Junior

Impressos e trajetórias biográficas   121

Capítulo 6. História, literatura e circulação das ideias antiescravistas de Joaquim Manuel de Macedo   123
Martha Victor Vieira

Capítulo 7. No próximo vapor: uma viagem entre Aracaju e o Rio de Janeiro no século XIX
Samuel Albuquerque — **141**

Capítulo 8. Narrar uma vida, contar uma história: uma breve análise sobre as produções biográficas acerca do marquês de Barbacena
Rafael Cupello — **157**

Impressos e espaços de sociabilidade: as bibliotecas — **177**

Capítulo 9. A nova Corte e a circulação de ideias nos Império luso-brasileiro: Impressão Régia e Real Biblioteca do Rio de Janeiro durante o governo joanino (1808-1821)
Juliana Gesuelli Mirelles — **179**

Capítulo 10. Impressos, bibliotecas e ideias: a ampliação da esfera literária na província do Espírito Santo nos anos de 1880
Karulliny Silverol Siqueira Vianna — **199**

Capítulo 11. A biblioteca da Academia dos Guardas-Marinha: um acervo como instrumento de formação militar-naval
Carlos André Lopes da Silva — **219**

Sobre os autores — **239**

Apresentação

[...] Era, porém, preciso um gigante para fazer morrer outro gigante. Que novo parto do engenho humano veio nulificar uma arte que reinara por séculos? Evidentemente era mister uma revolução para apear a realeza de um sistema; mas essa revolução devia ser a expressão de um outro sistema de incontestável legitimidade. Era chegada a imprensa, era chegado o livro.

O que era a imprensa? Era o fogo do céu que um novo Prometeu roubara, e que vinha animar a estátua de longos anos. Era a faísca elétrica da inteligência que vinha unir a raça aniquilada à geração vivente por um meio melhor, indestrutível, móbil, mais eloquente, mais vivo, mais próprio a penetrar arraiais de imortalidade.

O que era o livro? Era a fórmula da nova ideia, do novo sistema. O edifício, manifestando uma ideia, não passava de uma coisa local, estreita. O vivo procurava-o para ler a ideia do morto; o livro, pelo contrário, vem trazer à raça existente o pensamento da raça aniquilada. O progresso aqui é evidente.

A revolução foi completa. O universo sentiu um imenso abalo pelo impulso de uma dupla causa: uma ideia que caía e outra que se levantava. Com a onipotência das grandes invenções, a imprensa atraía todas as vistas e todas as inteligências convergiam para ela. Era um crepúsculo que unia a aurora e o ocaso de dois grandes sóis. Mas a aurora é a mocidade, a seiva, a esperança; devia ofuscar o sol que descambava. É o que temia aquele arcediago da catedral parisiense, tão bem delineado pelo poeta das *Contemplações*.

Com efeito! A imprensa era mais que uma descoberta maravilhosa, era uma redenção. A humanidade galgava assim o Himalaia dos séculos, e via na ideia que alvorecia uma arca poderosa e mais capaz de conter o pensamento humano. [...].[1]

---

1 Machado de Assis, "O jornal e o livro". *Correio Mercantil*, Rio de Janeiro, 10 e 12/01/1859.

Tânia Bessone • Gladys Sabina Ribeiro • Monique de Siqueira Gonçalves • Beatriz Momesso

O Brasil oitocentista pode ser caracterizado por uma verdadeira explosão da palavra impressa na cena pública (MOREL, 2002). Em meio a um contexto de construção da nação assistimos, no Brasil já independente, ao primeiro *boom* dos impressos. Seja pelos constantes e acirrados embates políticos em curso ou pela utilização progressiva desses veículos como meios de legitimação pela elite intelectual, tais publicações angariaram, paulatinamente, uma aura de verdadeiras educadoras. A associação entre a imprensa, os livros, o progresso e a civilização animaria gerações de intelectuais desse período, em consonância com o entusiasmo demonstrado pelas palavras de Machado de Assis. Propagadora das luzes, iluminadora de mentes, meios de instrução e educação, veículos de civilização e progresso. Essas e outras acepções foram utilizadas pelos letrados que enxergavam nos impressos o meio primordial para equiparar o Império do Brasil às nações civilizadas europeias.

Assim, ao longo do século XIX, consolidar-se-ia no Brasil um ambiente de intensa circulação de ideias, com o surgimento progressivo de publicações como panfletos, periódicos especializados, jornais diários e livros, entre tantos outros produtos impressos. O impulso dado pelo decreto real que estabelecia o fim da censura no Brasil, em 1821, criava condições concretas para o surgimento de empreendimentos tipográficos, assim como para a circulação de impressos importados com maior intensidade. Mas, seria a consolidação de uma mentalidade abstrata que conferiria a esses impressos, em especial, à imprensa, o valor de transmissores de opiniões e informações (BARBOSA, 2010). Durante o Oitocentos, tais iniciativas relacionadas à consolidação de uma cultura escrita (BRAGANÇA; ABREU, 2010) fariam desses impressos o meio primordial de legitimação de ideias e de formação de opinião pública, ao mesmo tempo em que se constituiriam como verdadeiros meios de ascensão social (MOREL, 2005).

A transferência da sede da Corte portuguesa para o Brasil, assim como todo o processo de criação de instituições culturais e científicas, consolidou no Império uma diversificada rede de intelectuais que se apropriava dos impressos não só como meios de instrução e atualização sobre tudo o que era produzido em além-mar, mas também como meio de divulgação e legitimação de suas ideias, seja no âmbito cultural, político, econômico ou científico. Desta forma, com base na perspectiva de Robert Darnton e Daniel Roche (1994) de que a palavra impressa atuara como uma "força ativa na história" e não como um simples registro do que aconteceu, novos trabalhos historiográficos têm sido produzidos visando refletir sobre o papel dos livros e dos impressos de forma geral, em um ambiente de intensificação do comércio editorial, onde também ocupam um lugar especial os espaços de sociabilidade constituídos com base nessa cultura escrita, como os cafés, bibliotecas públicas, salões e etc.

Destarte, a intenção deste livro é consolidar um espaço de debate para o qual converge uma crescente soma de pesquisadores e estudantes interessados pelos estudos da palavra impressa, de diferentes instituições do país, e dar sequência aos debates iniciados em 2012, que resultaram na publicação *O Oitocentos entre livros, livreiros, impressos, missivas e bibliotecas*, organizada por Tania Bessone, Gladys Ribeiro e Monique Gonçalves, em 2013.

A importância adquirida pelos impressos no século XIX tem chamado, progressivamente, a atenção de pesquisadores e estudantes das instituições de ensino e pesquisa brasileiras. Sendo assim, nas últimas décadas, assistimos à multiplicação de trabalhos que tomam os impressos, em suas mais variadas tipologias, como objeto principal de análise, demonstrando a fertilidade dessa temática e o potencial de construção de novas interpretações sobre a cultura letrada no Brasil Imperial. Seja no âmbito da história cultural, política, econômica, social ou da ciência, notamos que os impressos têm se configurado como importante objeto de reflexões, contribuindo para a confecção de novas perspectivas analíticas.

Consequentemente, desde 2012, a partir da realização do XV Encontro Regional de História da Anpuh-Rio, constituímos um espaço de trocas cujo objetivo principal era criar um ambiente de compartilhamento dos resultados finais e parciais de pesquisas históricas, desenvolvidas tanto por pesquisadores quanto por estudantes de mestrado e doutorado dedicados a esta temática. Tínhamos como meta dividir as problemáticas enfrentadas e as novas perspectivas de análise, avançando, por meio de uma reflexão coletiva, nos estudos relativos à história dos impressos no Brasil.

Cabe, então, destacar que esta proposta também era motivada, desde aquele momento, pelas pesquisas desenvolvidas no âmbito do Laboratório Redes de Poder e Relações Culturais (REDES), ligado ao Departamento de História e ao Programa de Pós-graduação em História da UERJ, e ao Projeto *O Estado brasileiro no século XIX: interseções e margens*, financiado pelo PRONEX e liderado pelos REDES/Centro de Estudos do Oitocentos - CEO - UFF, vinculado ao Programa de Pós-Graduação em História da UFF. Por outro lado, apoiava-se igualmente nas investigações desenvolvidas pelas organizadoras deste livro, envolvidas na empreitada e cujas pesquisas também eram financiadas por bolsas de pesquisa do Cientista do Nosso Estado (CNE)/FAPERJ (Tania Bessone e Gladys Sabina Ribeiro) e pela bolsa de pós-doutorado/FAPERJ (Monique Gonçalves), cujas temáticas convergiam para esta área de interesse.

Entrementes, apesar do fim do financiamento concedido ao grupo de pesquisa vinculado ao PRONEX, em 2013, as pesquisadoras organizadoras da presente obra continuaram a ter suas pesquisas financiadas por agências de fomento (FAPERJ e CNPq), publicando artigos, capítulos de livros e livros nesta área de pesquisa.

Desde 2010, a Prof.ª Dr.ª Tania Maria Tavares Bessone da Cruz Ferreira (Professora Associada do Departamento de História e do PPGH da UERJ) tem desenvolvido, como coordenadora, o projeto intitulado: *Impressores livreiros, livros e conceitos: circuito de ideias entre Brasil, Portugal e França, 2ª metade do século XIX* (com financiamento do CNE - FAPERJ); além de integrar o projeto de pesquisa

Entre a política e as letras: Minerva Brasiliense e seu lugar no mundo dos impressos no Brasil do Oitocentos (com financiamento do CNPq). No âmbito de suas pesquisas, supervisiona desde o ano de 2011, o pós-doutoramento da Prof.ª Dr.ª Monique de Siqueira Gonçalves, que em 2015 foi contemplada com a bolsa do Programa de Pós-doutorado Nota 10 da FAPERJ, com o projeto intitulado: *Construção, apropriação, ressignificação e circulação de ideias científicas na Corte imperial: a medicina psiquiátrica oitocentista entre teorias, atores e práticas (1850-1889)*. Ambas as pesquisas são desenvolvidas no Programa de Pós-Graduação em História da UERJ.

A Prof.ª Dr.ª Gladys Sabina Ribeiro (Professora Titular do Departamento de História e do Programa de Pós-Graduação em História da UFF) desenvolveu de 2012 a 2014, o projeto *Dimensões da construção do Estado em dois momentos: 1834 a 1840 e 1889 a 1932*, e iniciou em 2015 (com financiamento do CNE - FAPERJ) o projeto *Poderes políticos, trocas culturais e cidadania em dois momentos (1840-1857 e 1870 a 1920)*, ambos com financiamento do Cientista do Nosso Estado, da FAPERJ. Propôs-se a trabalhar nessas investigações a partir das metas e objetivos desenhados nos projetos financiados pelo CNPq, *Dimensões da construção do Estado nos jornais cariocas entre 1834 a 1840*, desenvolvido entre 2011 e 2014, e *Ordem, Lei e Justiça: Estado e Sociedade no pensamento de José Justiniano da Rocha (1836-1860)*, projeto de Produtividade CNPq que será desenvolvido de 2015 a 2018. Também atrelado às suas pesquisas, supervisiona o pós-doutoramento da Prof.ª Dr.ª Beatriz Piva Momesso, bolsista do Programa de Pós-doutorado da FAPERJ, com o projeto intitulado *As ideias e práticas progressistas e centro liberais nas décadas de 1850 e 1860 no Brasil Imperial*, que vem compor o grupo de organizadoras da presente publicação.

A convergência dos objetivos gerais das pesquisas em desenvolvimento pelas organizadoras deste livro vincula-se, sobretudo, à necessidade de se analisar, com mais profundidade, o papel dos impressos no Brasil oitocentista, sob os seus mais diversos matizes. Abordam a atuação dos intelectuais tipógrafos e/ou editores, dos médicos ou dos políticos, para compreender a dinâmica de circulação e construção de ideias/conhecimentos e conceitos, propiciados pela emergência e consolidação de uma cultura impressa no Brasil do século XIX, e que visava a construção da Nação, do Estado e da cidadania.

Com base nesses interesses em comum, tendo em vista o sucesso alcançado pelas primeiras discussões realizadas pelo grupo reunido da Anpuh regional de 2012, e mediante a expansão dos espaços de debates envolvendo os impressos no século XIX – dentre os quais podemos destacar os eventos nacionais e internacionais promovidos pela Sociedade de Estudo dos Oitocentos (SEO) – no qual também estão envolvidas as organizadoras da presente obra –, acreditamos ser importante dar continuidade aos debates. Assim sendo, propusemos a realização de um segundo Simpósio Temático, no XVI Encontro Regional de História da Anpuh-Rio, de 2014, intitulado: *A cultura escrita e a circulação de ideias no Oitocentos*. Neste simpósio, conseguimos alocar 40 apresentadores (tendo em vista o limite fixado pela organização do evento), com a reprovação de algumas propostas. A grande procura já nos indicava a relevância da temática e a importância que o grupo havia adquirido neste espaço.

Mediante a qualidade e coesão de grande parte dos trabalhos apresentados, alinhávamos, em dezembro de 2014, uma proposta de organização de livro para aqueles que tivessem o interesse de aprofundar as reflexões apresentadas no evento. Visamos consolidar um espaço de debate motivado pelo estudo da palavra impressa, de modo a contribuir para a elaboração de uma nova interpretação para o chamado "longo século" XIX brasileiro. Os artigos submetidos deveriam, de acordo com a proposta, relacionarem-se com a discussão anteriormente realizada e se ater a alguns eixos temáticos estabelecidos. Os textos passaram pela avaliação de pareceristas *ad hoc* (selecionados pela sua área de especialização) e levaram em conta o ineditismo, a qualidade, a relevância do trabalho, bem como a adequação às normas de conteúdo (eixos temáticos) e editoriais pré-estabelecidas.

Foram submetidos para avaliação 20 textos. Destes, foram aprovados para publicação, mediante exigências de modificações, correções e/ou melhoramentos, os 11 textos que compõem o livro que ora trazemos a público: *Cultura escrita e circulação de impressos no Oitocentos*.

Em torno da temática dos impressos existe uma grande variedade de objetos, metodologias, aportes teóricos e áreas de abordagem possíveis que dão o tom das pesquisas desenvolvidas no âmbito dos programas de pós-graduação do país. Aqui apresentamos um pouco desta diversidade. São trabalhos que versam sobre quatro grandes áreas por nós definidas como: *Impressos políticos, Impressos periódicos, Impressos e trajetórias biográficas* e *Impressos e espaços de sociabilidades: as bibliotecas*.

Na primeira parte, denominada *Impressos políticos*, estão reunidos os capítulos de autoria de Murillo Winter, Moisés Frutuoso e Daiane Lopes Elias.

Murillo Winter em "Como um fuzil: imprensa e a identidade política oriental (Província Cisplatina – 1821-1828)", destaca o ativo papel político e cultural dos impressos na criação e difusão de pertencimentos políticos e nacionais na Banda Oriental, durante os anos de ocupação portuguesa e brasileira.

Enquanto que na Cisplatina a imprensa construía a "orientalidade", no interior baiano, durante todo o período que abrangeu o Primeiro Reinado, afirmava-se como um fundamental instrumento de poder para a propagação do antilusitanismo. O capítulo de Moisés Frutuoso, intitulado "Circulação de Impressos antilusitanos em Rio das Contas, Bahia (1821-1831)", examina os mecanismos de disseminação de ideias contidas nos jornais que aludiam à impunidade dos crimes cometidos pelos "malvados portugueses" e a consequente eclosão da Guerra do Mata Maroto, em 1831.

Mais adiante, já nas últimas décadas do dezenove, a corrente republicana liberal criava estratégias linguísticas que compunham certa retórica peculiar. O trabalho de Daiane Lopes Elias, "Embates discursivos: os escritos políticos dos republicanos liberais na queda do Brasil Império (1870-1891)", procura elucidar os motivos que justificam as escolhas dos principais expoentes integrantes desse movimento político. Para isso, concentra-se na análise dos enunciados dos textos escritos por tais personalidades em seu intuito de provocar a queda da monarquia.

No entanto, não eram só os escritos políticos de grupos organizados que influenciavam na formação de novas "mentalidades", periódicos do tipo semanários artísticos retratavam as especificidades do universo cultural do *fin de siècle*, tema da segunda parte dessa obra.

O texto de Alexandre Raicevich de Medeiros, "A Revista Musical e de Bellas Artes (1879-1880)", revela a atuação de redatores como André Rebouças e visconde de Taunay, que contribuíam para que a revista se constituísse como canal formador de opinião e meio apto para proporcionar certo refinamento à elite socio-econômica brasileira.

Já Arnaldo Lucas Pires Júnior estuda as charges veiculadas nos impressos da Corte como componentes da cultura política do Império. Em "Traços de modernidade: modernidade e progresso na imprensa ilustrada fluminense (1870-1880)" o autor discute as representações conceituais do "antigo" e do "moderno" em periódicos como *O Mosquito*.

Trajetórias biográficas podem ser ao mesmo tempo conhecidas através dos impressos, como também podem revelar e dar sentido às ideias difundidas por este meio. Disso trata a terceira parte do livro.

O artigo "História, literatura e circulação das ideias antiescravistas de Joaquim Manuel de Macedo", de Martha Victor, ressalta a atuação política de Joaquim Manuel de Macedo, a fim de proporcionar ao leitor certa reflexão sobre o liberalismo dos anos de 1870 e sua difusão através dos livros de literatura.

Samuel Albuquerque interessou-se por mapear os passos seguidos por Aurélia Dias Rollemberg (1863-1952), filha do Barão de Estância, desde sua saída de Sergipe até a chegada à Corte no capítulo "No próximo vapor: uma viagem entre Aracaju e o Rio de Janeiro no século XIX". As impressões da moça, registradas em seu livro de memórias, custodiado pelo Instituto Histórico e Geográfico de Sergipe, suscitam questionamentos sobre a interdependência entre as elites brasileiras e a difusão de modelos de civilização no Brasil que adentravam a década de 1880.

O resgate da memória, seus silêncios e as apropriações da figura do marquês de Barbacena norteiam as preocupações de Rafael Cupello no estudo das diversas biografias produzidas sobre o personagem ao longo dos últimos séculos. "Narrar uma vida, contar uma história: uma breve análise sobre as produções biográficas acerca do marquês de Barbacena" é um texto que analisa situações em que obras biográficas são produzidas para criar identidades a grupos e contextos específicos.

Por fim, na quarta e última parte, eis que surgem as bibliotecas como espaços de sociabilidade no século XIX. Três autores tratam de bibliotecas e de seus acervos, seja na Corte ou nas províncias, como lugares de divulgação de ideais e paradigmas.

As instituições culturais joaninas, como as bibliotecas custodiadas pelo rei e a Impressão Régia constituíam "lócus de saber" intencionalmente organizados, vigiados e depositários de obras escolhidas conforme o crivo real, como demonstrou Juliana Gesuelli Mirelles, no capítulo "A nova Corte e a circulação de ideias nos Império luso-brasileiro: Impressão Régia e Real Biblioteca do Rio de Janeiro durante o governo joanino (1808-1821)."

No entanto, a ampliação da esfera literária, iniciada na primeira metade do século XIX, é também uma realidade inegável ao final do Oitocentos, não só na Corte, mas também nas províncias, como é o caso do Espírito Santo. Karruliny Silverol Vianna estudou a fundação e formação do acervo de clubes literários e bibliotecas públicas capixabas no trabalho intitulado: "Impressos, bibliotecas e ideias: a ampliação da esfera literária na província do Espírito Santo nos anos de 1880". O texto dá a conhecer a natureza e o gênero das obras consultadas nestes espaços, bem como seus mecanismos de funcionamento como difusores de ideias de contestação à monarquia, inclusive a partir de argumentos positivistas.

O âmbito estatal é retomado no artigo "A biblioteca da Academia dos Guardas-Marinha: um acervo como instrumento de formação militar-naval", escrito por Carlos André Lopes da Silva. A Biblioteca da Academia dos Guardas-Marinha, possuidora de um acervo em parte trazido de Portugal, e em parte montado por alguns lentes preocupados com a instrução do alunado, é apresentada como mostra importante do panorama científico da época joanina, apontando para a interseção entre as ciências e a atividade militar.

Todos esses capítulos põem em evidência, de distintos modos, a presença marcante dos impressos na vida dos brasileiros, há mais de dois séculos. Afinal, por meio deles, aqueles que aqui viveram no Oitocentos não só entraram em contato com as ideias que eram produzidas e circulavam na Europa, como, sobretudo, transformaram-nas, com engenho, em novos modelos filosóficos e projetos políticos e culturais que ressoaram em épocas vindouras. Seriam também esses impressos, além de suportes para uma intensa prática de apropriação e ressignificação de ideias, meios de divulgação das ideias e conhecimentos produzidos pelos intelectuais nacionais que, por meio destes, colocavam em circulação suas concepções políticas, culturais e/ou científicas, inserindo o Brasil na rota de circulação de ideias no âmbito internacional.

As organizadoras.

Referências bibliográficas:

ABREU, M.; SCHAPOCHNIK, N. (orgs.). *Cultura letrada no brasil: objetos e práticas*. Campinas/SP: Mercado de Letras/ALB/FAPESP, 2005.

ALONSO, P. (comp.). *Construcciones impresas: panfletos, diarios y revistas en la formación de los Estados nacionales en América Latina, 1820-1920*. Buenos Aires: Fondo de Cultura Económica, 2004.

BARATIN, M.; JACOB, C. *O poder das bibliotecas: a memória dos livros no Ocidente*. [trad.]. Rio de Janeiro: Editora UFRJ, 2000.

BARBOSA, M. *História cultural da imprensa: Brasil 1800-1900*. Rio de Janeiro: Mauad X, 2010.

BESSONE, T. M. *Palácios de destinos cruzados: bibliotecas, homens e livros no Rio de Janeiro (1870-1920)*; Rio de Janeiro: Arquivo Nacional, 1999.

BRAGANÇA, A.; ABREU, M. (orgs.). *Impresso no Brasil: dois séculos de livros brasileiros*. São Paulo: Editora Unesp, 2010.

CARVALHO, J. M.; NEVES, L. M. B. P. (orgs.). *Repensando o Brasil do oitocentos: cidadania, política e liberdade*. Rio de Janeiro: Civilização Brasileira, 2009.

CERTEAU, M. A. *A invenção do cotidiano: artes de fazer*. Petrópolis: Vozes, 1994.

CHARTIER, R. *A aventura do livro: do leitor ao navegador*. [Trad.]. São Paulo: Editora Unesp, 1999.

CHARTIER, R. "Cultura popular: revisitando um conceito historiográfico". *Estudos históricos*, Rio de Janeiro, n° 16, vol. 8, 1995.

CHARTIER, R. (dir.), *La correspondance. Les usages de la lettre au XIXe siècle*. Paris: Fayard, 1995.

DARNTON, R.; ROCHE, D. (orgs.). *Revolução Impressa: a imprensa na França, 1775-1800*. São Paulo: Edusp, 1996.

DUTRA, E.; MOLIER, J. *Política, nação e edição: o lugar dos impressos na construção da vida política*. São Paulo: Annablume, 2006.

HARTOG, F. *Régimes d'historicité: présentisme et expériences du temps*. Paris: Seuil, 2003.

JANCSÓ, I. (org.). *Brasil: formação do Estado e da Nação*. São Paulo: Fapesp; Ijuí, Unijuí, 2003.

MATTOS, I. R. *O tempo saquarema: a formação do Estado imperial*, 2ª ed. São Paulo: Hucitec, 1990.

MOREL, M. *As transformações dos espaços públicos: imprensa, atores políticos e sociabilidades na cidade imperial (1820-1840)*. São Paulo: Hucitec, 2005.

MOREL, M. "Papeis *incendiários*, gritos e gestos: a cena pública e a construção nacional nos anos 1820-1830". *Topoi*, Rio de Janeiro, nº 4, vol. 3, mar. 2002, p. 39-58.

Impressos políticos

Capítulo 1. Como um fuzil: imprensa e a identidade política oriental (Província Cisplatina - 1821-1828)[1]

Murillo Dias Winter

> É necessário escrever de acordo com o tempo em que se escreve: um periódico que não trate de política no presente, é o mesmo que um fuzil sem cano.[2]

Nos meses finais de 1822, quando foi publicada a primeira edição do periódico *El Patriota*, a cidade de Montevidéu e toda a Província Cisplatina vivenciavam um período de tensões e incertezas. Grande parte das dúvidas frente aos novos acontecimentos e o futuro da região tinham espaço na imprensa periódica, em vertiginoso crescimento e ebulição em todo o mundo lusitano.[3] A proliferação de impressos dentro das muralhas de Montevidéu neste contexto era assinalada pelos próprios contemporâneos. Nas palavras de Isidoro Di Maria, cronista da época, os jornais abundavam por toda a cidade e preenchiam o espaço e a ausência de publicações da década anterior, período de atuação do caudilho José Gervásio Artigas (1764-1850).[4] Parte desse crescimento deve-se à Revolução do Porto, de 24 de agosto de 1820, mais especificamente à liberdade de imprensa promulgada pela Junta de Governo de Lisboa, em 21 de setembro de 1820, e estendida para impressos lusitanos fora de Portugal, em 13 de outubro do mesmo ano. Elementos que possibilitaram o crescimento do número de periódicos, mas, especialmente, a afirmação de práticas

---

1   Esta pesquisa contou com o financiamento da Coordenação de Aperfeiçoamento de Pessoal de Nível Superior (CAPES).

2   *El Patriota*. Montevidéu, n. 1, 17/08/1822. Cabe lembrar que as citações das fontes primárias foram traduzidas do espanhol e tiveram sua grafia atualizada. A utilização de palavras no formato itálico e/ou em caixa alta permanecem de acordo com o original. Quando necessárias edições complementares, as modificações serão por mim apontadas no texto.

3   Entre os anos de 1821 e 1828, foram impressos quinze periódicos na região, especialmente na cidade de Montevidéu (GONZÁLEZ, 2013; PIMENTA, 2006a).

4   De acordo com Di Maria (1976, p. 71), jornalista na época imediatamente posterior a Cisplatina: "o que faltava no ano 15, abundou em 22 e 23, em periodistas".

sociais e políticas que encontraram na imprensa um novo e decisivo veículo de transmissão de opiniões e informações. Em suma, o que se afirma é a importância que a imprensa tomou na reorganização de sociabilidades e de culturas políticas no início do século XIX, contexto de superação do Antigo Regime e marcado pela instabilidade social e política (ANDERSON, 2008, p. 35-83).

Reconhecendo a Província como parte integrante do Reino de Portugal, Brasil e Algarves, e posteriormente como porção do Império do Brasil, destacamos o aumento da produção, leitura e discussão desses periódicos:

> O crescente número de periódicos no mundo luso-brasileiro, a partir de 1820 indica que hábitos de leitura de jornal estavam sendo adquiridos. Propiciados pela liberdade de imprensa, desde o movimento constitucionalista de 1821, esses escritos refletiam uma preocupação coletiva em relação ao político, pois seus artigos passavam a ser discutidos na esfera pública dos cafés, das academias e das livrarias, abandonando-se muito lentamente as formas típicas de comunicação do Antigo Regime, tais como bandos, impressos ou manuscritos nas ruas, proclamações em alta voz, entre outros. Esses escritos passavam a fazer parte integrante desses espaços de sociabilidade, como demonstravam as diversas cartas das quais os redatores semanalmente publicavam uma seleção. Utilizando-se principalmente de uma linguagem política, os jornais traziam à tona os novos paradigmas do liberalismo. Criavam-se as condições para que essa literatura política assumisse em seu ideário as principais posturas da época. (NEVES BASTOS, 2003, p. 36)

Em um contexto de fluidez das identidades, de pluralidade de alternativas políticas em jogo e de ausência de rígidos recortes nacionais ou, ao menos, formas estritas de identificação nacionalista, a imprensa constituiu-se em importante fonte histórica para identificar os diversos grupos e posturas políticas do período.[5] Nesse sentido é construído o objetivo deste trabalho: por meio da imprensa periódica se buscará analisar o processo de construção da identidade política *oriental* durante

---

5 Valho-me, sobretudo, da definição de José Carlos Chiaramonte. O historiador afirma que, no período imediato às independências na região platina, coexistiam três identidades políticas: hispano-americana, rio-platense ou argentina e provincial. Não existiam garantias de que quaisquer destes elementos de identificação coletiva tivessem o projeto vencedor (CHIARAMONTE, 1989). No tocante à América portuguesa, essa posição de provisoriedade também é reafirmada "na coexistência não apenas de ideias relativas ao Estado, mas também à nação e às correspondentes identidades políticas coletivas, eventualmente reveladoras de tendências à harmonização entre si ou, quando não, expressando irredutibilidades portadoras de alto potencial de conflito". (JANCSÓ; PIMENTA, 2000, p. 136).

os anos de ocupação portuguesa e, posteriormente, brasileira da Banda Oriental. A "orientalidade", ainda que em construção, era um dos principais elementos de diferenciação dos locais em relação ao pretenso invasor brasileiro e o vizinho portenho, durante as disputas que levaram a criação da República Oriental do Uruguai. O trabalho estuda as peculiaridades de um discurso que forneceu fortes elementos distintivos e auxiliou na criação do Uruguai, através da intermediação inglesa, após o final da Guerra Cisplatina (1825-1828). Portanto, a pesquisa se concentra na Província Cisplatina (1821-1828), região sem limites territoriais precisos sob a nomenclatura de Banda Oriental do rio Uruguai.[6] Espaço de fronteira entre os domínios lusitanos e espanhóis, possuía como demarcações geográficas o rio da Prata, o rio Paraná ou o próprio rio Uruguai (ISLAS, 2011, p. 174-197).

Como o próprio trecho citado na epígrafe deste texto demonstra, era tempo de discussão política, diagnósticos e prognósticos sobre os rumos da cidade, do país e do mundo. A imprensa se constituía muito mais do que uma fonte de informação, mas uma ferramenta para se fazer política, uma arma carregada para enfrentar os adversários através das palavras e embates retóricos na cena pública. A discussão política era justamente o grande objetivo da imprensa – compreendendo panfletos, periódicos, diários e revistas – no período das independências, e no imediatamente posterior, na América Latina. Para Paula Alonso,[7] (tradução nossa) "dizer que esta imprensa era política, de opinião ou partidária seria uma redundância. Embora informasse, isso estava longe de ser a sua meta" (ALONSO, 2004, p. 8). No decorrer do século XIX, a imprensa continuou sendo um dos mais importantes instrumentos para se fazer política. Expectativas e discussões variadas tinham na imprensa periódica o seu espaço de divulgação. Novamente, Paula Alonso destaca:

---

6   Sobre as fronteiras e a nomenclatura da região, Ana Frega escreve: "a região a oeste do rio Uruguai era uma zona fronteiriça, de trânsito e de tráfico, um espaço transcultural cujas denominações contemplavam um espaço geográfico díspar e nem sempre coincidente. Algumas aludiam ao nome com que se conhecia algum grupo étnico, 'Banda de los Charrúas', por exemplo. Outras consideravam uma referência geográfica vinculada com os centros de poder de onde se realizava a nominação. Desta maneira, designações como 'Banda Norte', 'Banda Oriental' ou simplesmente, a 'outra Banda' tinham como ponto de referência o Rio da Prata em uma expressão da influência e interesses provenientes do centro político de Buenos Aires. Outras denominações como 'Província do Uruguai' ou 'Doutrinas do Uruguai' apareciam na cartografia de época e em informes, cartas e memórias de membros da Companhia de Jesus, responsáveis pela fundação – em várias etapas ao largo do século XVII – de povoações missioneiras em ambas margens do alto Uruguai, em permanente tensão com os avanços lusitanos (FREGA, 2008, p. 96-97).

7   Do original: "decir que esta prensa era política, de opinión o partidaria sería una redundancia. Aunque informara, ésa distaba de ser su meta".

> A imprensa também se converteu em um dos principais meios com os quais se mediu o grau de liberdade de um governo e o nível de "civilização" de uma sociedade, sendo computada, juntamente com números de população, alfabetização, etc., nos primeiros censos nacionais.[8] (ALONSO, 2004, p. 8) (tradução nossa)

Dada toda a transformação ao longo dos anos, existem poucas semelhanças entre as publicações contemporâneas e os primeiros impressos oitocentistas na América. Enquanto os periódicos atuais se dedicam a fornecer informações do mundo todo, inseridos no mercado global, e supostamente mantêm os seus editoriais sob o signo da imparcialidade, nos oitocentos se destacavam "aqueles jornais de vida curta, tiragem pequena, linguagem violenta e apaixonada, produzidos por quem fazia política, ademais, com uma pena"[9] (Alonso, 2004, p. 9) (tradução nossa). Singularidade frisada igualmente por Álvaro Antonio Klafke, que ressalta ainda o caráter pedagógico da imprensa da época:

> Diferentemente da imprensa atual, os jornais eram vistos como uma obra que poderia ser considerada "total", coerente e "fechada", no sentido de constituir um texto completo, depois de reunido. Alguns jornais eram publicados com um objetivo específico, quase sempre político, e que, uma vez alcançado, eliminava a razão de ser do órgão. Este passava a constituir, então, uma espécie de registro ou memória do acontecido. Os periódicos, em suma, pela sua intenção formativa para além da mera informação, eram para ser lidos, discutidos, mostrados a outras pessoas e principalmente guardados, de modo que o exemplar do dia anterior não servia meramente de papel de embrulho. (KLAFKE, 2011, p. 34).

Essas características se aliam à proposição de Benedict Anderson ao expor que a imprensa, ao centralizar ações individuais, oferece à população a oportunidade de compartilhar uma mesma experiência, mesmo sem conhecimento mútuo. Por conseguinte, a imprensa periódica se constitui como importante instrumento para a criação e difusão de pertencimentos políticos, e posteriormente nacionais, em relação ao contexto de superação do Antigo Regime, marcado pela instabilidade social e política. A imprensa periódica é uma das principais ferramentas à disposição da

---

8   Do original: "la prensa también se convirtió en una de las principales varas con las que se medió el grado de libertad de un gobierno y el nivel de 'civilización' de una sociedad, siendo computada, junto con cifras de población, alfabetización, etcétera, en los primeros censos nacionales"

9   Do original: "aquellos diarios de corta vida, pequeña tirada, de lenguaje violento y apasionado, producidos por quienes hacían política, además, con la pluma"

população ainda não habituada à crítica política e à arregimentação de opiniões que constituíam esse espaço de debate (ANDERSON, 2008, p. 35-83).

Inserida nessas características, quando o periódico *El Patriota* fala do tempo e do objetivo da imprensa, as condições para seu surgimento são gestadas anteriormente. A partir do desenvolvimento de uma nascente cultura política, de uma esfera pública e, logo, do advento de novas formas de sociabilidade, é que a imprensa cisplatina pôde se desenvolver até se tornar um instrumento decisivo para criar e reafirmar as bases da nação, e do nacionalismo na região, no momento em que é possível se referir ao desenvolvimento de uma incipiente "opinião pública".[10]

Um dos principais indicativos das rápidas transformações no território da Província Cisplatina, que afetavam diretamente os acontecimentos locais, bem como os distintos grupos – com interesses diversos e antagônicos – que coabitavam a região, é apresentado por Carlos Real de Azúa. Na obra *Los Orígenes de la nacionalidad uruguaya*, o pesquisador combate a interpretação "ortodoxa" da independência do Uruguai, e o período de dominação portuguesa – e, a partir de 1822, brasileira – é indicado como de maior fluidez de identidades e impasses sobre o futuro da região:

---

10   Sobre o desenvolvimento da opinião pública no mundo hispano-americano, François-Xavier Guerra afirma que a emergência de novas formas de sociabilidade decorrente da ascensão do indivíduo na sociedade pautou a construção de uma ideia de unidade social através do uso da opinião (GUERRA, 2010, p. 91). No Brasil, Marco Morel aponta a ampliação dos espaços de sociabilidade no Império. Após grande desenvolvimento nos primeiros anos de independência, a grande produção jornalística se dá a partir do período regencial (1831-1840) (MOREL, 2005).
Andréa Slemian afirma que esse ambiente de circulação de ideias e debates em novos espaços construiu um importante espaço de crítica, onde se difundiam valores políticos gestados desde o final do século anterior. A tentativa da Corte de controlar os periódicos, bem como a crítica decorrente de seu debate, é entendida pela historiadora como uma forma de demonstração da crise política do Antigo Regime em sua porção portuguesa (SLEMIAN, 2006).
No contexto platino, Pilar González Bernaldo entende que as formas de sociabilidade, já existentes desde o final do século XVIII, é que tendem a politizar-se. Processo comum a toda América hispânica, mas que na região platina se acentua com as invasões inglesas de Buenos Aires e Montevidéu, em 1806 e 1807, respectivamente (GONZÁLEZ, 1991, p. 14).
Todavia, não existem muitos estudos sobre sociabilidades e circulação de ideias na Banda Oriental, mas Ana Frega aponta alguns caminhos. Como no restante da América espanhola, na região os principais locais de encontro eram cafés, *pulperías* e tertúlias, geralmente realizadas nas dependências das elites locais, onde se discutiam e se faziam leituras coletivas de folhetos, periódicos e impressos considerados importantes. Apesar de não existirem universidades e acesso à formação superior em Montevidéu e na campanha, a elite oriental tinha acesso à cultura letrada e ilustrada através da vida religiosa ou militar, e estudos em Santiago, Buenos Aires, Charcas ou Córdoba (FREGA, 2011a, p. 182-189).

> De fato, como já foi dito, os anos da Cisplatina testemunharam atitudes difíceis de classificar quanto à matização e à mobilidade. Locais e estrangeiros mudaram frequentemente as regras do jogo. Quase todos os "notáveis" orientais apoiaram em certa medida o regime luso-brasileiro, e quase todos em algum grau resistiram a ele, com apenas uns poucos posicionados em cada polo do espectro.[11] (REAL DE AZUA, 1991, p. 259-60)

Conforme essa perspectiva, buscar-se-á analisar o processo de construção da *orientalidade*. Anteriormente restrita à região da campanha, é durante o período de ocupação luso-americana que a identidade política dos *orientais* passa a identificar com mais homogeneidade os habitantes da região. Ainda reconhecida e utilizada para identificar os partidários de José Gervásio Artigas e o antigo projeto confederado na região platina, a *orientalidade* é conclamada pela união dos moradores da região para combater o exército imperial. Nos primeiros anos, principalmente nos movimentos de Montevidéu, em 1822, a identidade política *oriental* existe como elemento de um grupo maior do qual fazem parte Buenos Aires, Entre Rios e outras localidades. Todavia, é a partir da Guerra da Cisplatina (1825-1828) que ganha mais força a proposta de independência completa da Província Oriental.

Estes questionamentos fundamentam uma questão maior, que é a da projeção e da organização da região, disputada e pensada como parte do Império brasileiro, província de um projeto unificado platino, ou um Estado plenamente independente. Como estes distintos grupos pensaram, balizados em experiências anteriores, a Província Cisplatina/Oriental e como, em seu discurso, foram demarcados estes propósitos?

---

11   Do original: "En realidad, y como ya se decía, los años de la Cisplatina presenciaron un tornasol de actitudes de desorientadora matización y movilidad. Propios y extraños variaron a menudo su juego. Casi todos los 'notables' orientales apoyaron en cierta medida al régimen portugo-brasileño y casi todos en algún grado lo resistieron, con sólo unos pocos a cada lado del espectro".

A Identidade oriental em construção

Saindo às ruas algumas semanas após o final da Guerra da Cisplatina, já na primeira edição do periódico *Observador Oriental* é evidente a nova preocupação dos periodistas e colaboradores do jornal: construir e legitimar a "República Oriental". Afinal, "a guerra finalmente foi concluída; uma nova ordem de coisas se prepara e, absolutamente, tudo vai variar" e além de dotar a República de novas instituições, leis e representantes governamentais, quem comporia a nova nação também é objeto de debates e projeção nas páginas do jornal. É com este objetivo que uma carta dirigida aos editores do *Observador Oriental*, publicada nesta mesma edição e assinada por "Uns montevideanos", discorre sobre as diferenças entre os habitantes da cidade muralhada e dos moradores da região da campanha, espaços que nesse momento fazem parte da mesma jurisdição e do mesmo projeto nacional. Contudo, essa integração era vista com restrições pelos colaboradores, pois na carta afirmam temer pela sua segurança devido ao histórico de violência e anarquia no interior da Banda Oriental:

> O *vecindario* tem motivos justos para sentir medo? Há alguma razão que justifique isso? Oxalá que não houvesse! A lembrança daqueles desgraçados tempos em que, com a liberdade nos lábios e a espada na mão, a anarquia pisoteava todos os direitos, atacava todas as propriedades, adotava todos os meios capazes de converter esse belo país em um lugar de vergonha pública e de maldição, deve certamente, no mínimo, aqueles homens não viram aquela primeira luz e à sombra das armas do Império do Brasil gozaram de alguns anos de liberdade, quando não absoluta, relativa.[12] (tradução nossa)

Os temores dos autores da carta se justificariam pelo passado recente, as antíteses entre campo *versus* cidade e montevideanos *versus* orientais remontam do período artiguista, considerado anárquico e prejudicial para o progresso da região, e que seriam reabilitados com a intervenção estrangeira. Durante a segunda década do Oitocentos, Montevidéu, cidade que poderia almejar a ampliação de sua sobe-

---

12 *El Observador Oriental*. Montevidéu, n. 1, 11/10/1828. Do original: "la guerra al fin ha concluido; un nuevo orden de cosas se prepara, todo absolutamente vá á variar"; ¿Tendrá motivos justos de temer el vecindario? ¿Hay alguna razón que lo justifique? ¡Ojalá que no la hubiera! El recuerdo de aquellos aciagos tiempos en que con la libertad en los labios y la espada en la mano hollaba la Anarquia todos los derechos, atacaba todas las propiedades, adoptaba todos los medios capaces de convertir este hermoso País en el lugar da oprobio y maldición, debe ciertamente, cuando menos, aquellos hombres que no vieron aquella primera luz y que á la sombra de las armas del Imperio del Brasil han gozado de algunos años de libertad cuando no absoluta, relativa".

rania sobre toda a região da Banda Oriental, mantém-se fiel à Espanha e, desse modo, permite que o interior, nesse momento divido entre três jurisdições diferentes, busque o resgate de antigos direitos políticos. Sob a liderança de José Gervásio Artigas, o anseio pela liberdade dos habitantes da região da campanha se consolidou a partir da declaração da *"Soberania particular de los pueblos"*, implicando na unidade de todos os moradores da Banda Oriental sob um mesmo governo. Com a afirmação dos direitos do povo, o debate se ampliou a todo antigo Vice-Reino do Prata e levou a intensos conflitos. Nestes embates, a cidade de Montevidéu foi sitiada e atacada diversas vezes. Devido a este contexto, frente ao projeto unitário de Buenos Aires e à defesa realista de Montevidéu, a *orientalidade* espelhava a negação da submissão tanto ao domínio colonial, quanto a qualquer outro tipo de tirania, sobretudo a buenairense. Contudo, como lembra Ana Frega, tal representatividade não alcançou uma definição espacial, visto que, ser *oriental* "passou a representar uma comunhão de interesses, ou pelo menos uma aliança, em torno dos objetivos da revolução, antes que uma identidade territorial que, por outra parte, não estava definida".[13] (FREGA, 2008, p. 99) (tradução nossa).

Contrapondo-se aos colaboradores e argumentando em torno desse conflito e dessas separações que os redatores do *Observador Oriental* buscam a unidade de moradores do campo e da cidade na construção da "República mais nova do globo". Expondo que todos os habitantes da antiga Província Cisplatina fazem parte do mesmo corpo político e da mesma pátria, o periódico "não admite o contraste personificado que UNS MONTEVIDEANOS fazem de seus compatriotas, sejam da época que fossem",[14] afinal o passado sangrento e de desordem não teria sido uma opção ou vontade dos habitantes da campanha. O periódico também lembra que a paz deste último ano não alcançou a campanha na década anterior, para que seus habitantes, então, pudessem demonstrar seu verdadeiro valor:

> A ordem observada pelos ORIENTAIS nos anos 27 e 28 não é a ordem que tiveram naqueles outros desgraçados anos; mas, os ORIENTAIS de ambas as épocas têm sido valentes como apenas eles mesmos, e a crueldade não é jamais companheira da valentia. Meia dúzia de homens, uma dúzia, se você quiser, que não está comprovado fossem todos ou sua maior parte ORIENTAIS, afugentaram a massa da população dos próprios ORIENTAIS com seus horrores e foram muitos por ignorância, por inexperiência, ou por terror; os cúmplices forçados e aparentes; porém, na realidade,

---

13 Do original: "pasó a representar una comunión de interesses, o por lo menos una alianza, en torno de los objetivos de la revolución, antes que una identidad territorial que, por otra parte, no estaba definida."

14 *El Observador Oriental*. Montevidéu, n. 2, 15/10/1828.

as vítimas daquelas fúrias, que fo [...] – Tinham rostos de homens. Quem não ouviu gemer os ORIENTAIS dos anos 15 e 16 devido à insolência e aos crimes daquela gangue sanguinária? Quem não viu, na conduta destes mesmos ORIENTAIS durante a paz e posteriormente durante o período da guerra, que sua dor era sincera? Na paz, sóbrios por escolha, generosos em meio à pobreza, submissos com a consciência da sua força, honestos sob o jugo estrangeiro.[15] (tradução nossa)

Os *orientais*, segundo as páginas do *Observador Oriental*, não seriam os culpados pelos horrores que aconteceram na região durante a década revolucionária, tais eventos são incontestáveis e realmente assustaram toda a população. Contudo, não era possível averiguar a participação apenas de locais, transferindo para os estrangeiros a responsabilidade. Para os redatores, a maioria da população discordava do que estava ocorrendo. Todavia, por inocência ou impossibilidade de reação, acabaram sendo cúmplices dos acontecimentos. José Gervásio Artigas e seus líderes caudilhos cooptaram a população a participar dos crimes e da sanguinolência de suas atitudes. Afinal, após chegada de Portugal e da pacificação, os verdadeiros valores dos *orientais* puderam ser demonstrados, bem como os prejuízos e os arrependimentos dos anos de revolução. Sob as armas do Império do Brasil, este mesmo povo, mesmo em dificuldade, generosamente auxiliou a todos, aliou-se à cidade, e buscou expulsar o invasor. Desse modo, o periódico, que busca a união e projeta o futuro da região, separa o projeto artiguista da população da Banda Oriental, tendo sido esta vítima da ação do caudilho e dos anos de conflito. Assim, tanto a cidade como a campanha sofreram da mesma forma e, quando possibilitados pela paz, demonstraram o mesmo interesse na união e no desenvolvimento da região.

Com a impossibilidade de negar o passado artiguista e a relação do caudilho com a região da campanha, o periódico afastou a população dos eventos da década

---

15 *Idem, ibidem*. Do original: "El orden observado por los ORIENTALES en los años 27 y 28 no es el orden que tuvieron en aquellos otros años desgraciados; pero los ORIENTALES de ambas épocas han sido valientes como ellos solos, y la crueldad no es nunca compañera del valor. Media docena de hombres, una si se quiere, que no está probado, que todos ó su mayor parte fuesen ORIENTALES, espantaron la masa de la población de los ORIENTALES mismos, con sus horrores, y fueron muchos por ignorancia, por inexperiencia, ó por terror; los cómplices forzados y aparentes; pero en realidad las víctimas de aquellas furias, que fo[...] – tenían de hombres los rostros. ¿Quién no ha oído gemir a los ORIENTALES de los años 15 y 16 de la insolencia y los crímenes de aquella pandilla sanguinaria? ¿Quién no ha visto en la conducta de esos mismos ORIENTALES durante la paz, y posteriormente durante el periodo de la guerra, que su dolor era sincero? En la paz sobrios por gusto, generosos en medio de la pobreza, sumisos con la conciencia de su fuerza, francos bajo un yugo extranjero".

revolucionária, isentando os locais das lutas entre as tropas da cidade de Montevidéu e os seguidores de José Gervásio Artigas. Desta mesma forma, o conflito também foi destacado como experiência necessária para nesse momento, 1828, triunfar o projeto republicano *oriental*. A partir desse discurso, os redatores citam que para o fortalecimento da nova nação "Quantas virtudes garante esta ação isolada? Sem a experiência dos anos 15 e 16, de quem teria recebido conselhos a ira dos partidos irreconciliáveis?", sem a experiência do passado, onde as paixões se sobrepuseram à razão e a anarquia à ordem, "quantos interesses pessoais iriam triunfar, quantas paixões a satisfariam, passando uns e outros pelas armas, opondo o furor ao furor?".[16] (tradução nossa) Em tom conciliatório, o periódico indica que foi esta lição sobre os *orientais* e o passado da região que a carta de "unos Montevideanos" buscou levar aos leitores:

> Um jovem de quinze anos e um homem maduro de quarenta são a mesma pessoa, sem que estas diferentes idades possam dar o direito a aspirar a mesma confiança, e temos certeza que os MONTEVIDEANOS que foram antagônicos dos ORIENTAIS dos anos 15 e 16 e dos anos 17 e 18, não quiseram dizer outra coisa. Expressando-se como fizeram, deram a entender também que os ORIENTAIS da época mais remota estão unidos hoje num grande número de *paisanos*, distintos por sua privacidade e seus talentos, que de nenhum modo fizeram parte daquelas desordens; ao contrário, opuseram-se com todo seu poder aos fatos e às desgraças da Pátria.[17] (tradução nossa)

Não obstante a defesa da identidade *oriental* pelos redatores do periódico, as acusações de que José Gervásio Artigas e os habitantes do interior da Banda Oriental seriam os principais responsáveis pelas desgraças da região são concomitantes ao desenvolvimento da imprensa periódica da Província Cisplatina. É nas páginas

---

16 *Idem, ibidem*. Do original: "¿De cuántas virtudes es la garantia esta sola acción? Sin la esperiencia de los años 15 y 16 ¿De quiera habria recibido consejos la ira de los partidos enconados?";"¿Cuántos intereses personales iban a triunfar, cuántas pasiones la satisfacerían, probando unos contra otros las armas, oponiendo el furor al furor?".

17 *Idem, ibidem*. Do original: "Un joven de quince años y un hombre maduro de cuarenta, es el mismo hombre, sin que estas dos diferentes edades pueda tener derecho á inspirar la misma confianza y estamos seguros que los MONTEVIDEANOS que emplearan antitesis de los ORIENTALES de los años 15 y 16 y de los años 17 y 18 no han querido decir otra cosa. Expresándose como lo han hecho, han dado á entender tambien que á los ORIENTALES de la época mas remota están unidos hoy en un gran número de sus paisanos, distinguidos por su privacidad y sus talentos, que de ningún modo tubieron parte en aquellos desordenes, sino que por el contrario se opusieron con todo su poder, aunque al suceso, a las desgracias de la Patria…".

desses jornais que estão veiculadas as maiores críticas ao caudilho, a exemplo do que ocorre no ano de 1822, na edição de número 8 do periódico *El Ciudadano*. Neste, foi reconstruída a trajetória do caudilho que, segundo Santiago Vázquez, em poucos anos se transformou de um brilhante militar a favor da causa revolucionária buenairense na principal tormenta dos campos da Banda Oriental. Quando eclodiram os movimentos de maio de 1810 e as ações subsequentes nos dois lados do rio da Prata, um líder se destacou, "d. José Artigas, coronel daquele regimento (Blandengues), chefe das milícias, herói da brilhante jornada de Las Piedras, *oriental* entusiasta, declarado protetor da emigração" (grifo nosso), um militar que se "considerava geralmente como depositário da esperança, e a quem o governo de Buenos Aires deu um título de legitimidade que ele resolveu não utilizar". Contudo, conforme crescia seu prestígio como grande libertador do povo, o caudilho mudava sua postura: "Enquanto cada patriota lutava com o infortúnio e dirigia seu ansioso olhar ao *chefe dos orientais*, como um náufrago a uma tábua e enquanto suas virtudes e credibilidade pareciam ser um firme avalista da confiança pública [na região da campanha oriental]...", (grifo nosso) o caudilho "Artigas forjava na sua imaginação flamejante os raios que haviam de ser lançados desde as imediações do Rio negro e acenderiam o fogo destruidor que iria assolar a desgraçada Banda Oriental".[18] (tradução nossa)

Nesse sentido, é reiterado que a população *oriental*, tomada como o conjunto de habitantes da Província Cisplatina, incluindo também Montevidéu, foi vítima do caudilho. Após anos de atuação de José Gervásio Artigas, a região se encontrava em situação crítica, pois, sem a proteção de Buenos Aires, ele pôde convencer o povo de seu projeto político e espalhar a corrupção e a anarquia pela Banda Oriental:

> Eis aqui, *orientais*, a origem de vossas desgraças: no momento em que embarcaram as tropas de Buenos Aires e Artigas começou a colocar em prática seu terrível sistema: passados os primeiros momentos de entusiasmo, a maior parte dos habitantes da campanha sentiram a força dos vínculos que lhes ligava à terra, tremeram em seus lares por suas fortunas, em arrastar suas famílias a todas as alternativas de um porvir absolutamente incerto. Artigas, em meio aos Blandengues

---

18 *El Ciudadano*. Montevidéu, n. 8, 20/07/1823. Do original: "D. José Artigas, coronel de aquel regimiento [Blandengues], jefe de las milicias, héroe de la brillante jornada de las piedras, oriental entusiasta, declarado protector de la emigración; consideraba generalmente como el asilo de la esperanza y el gobierno de Buenos aires le dió un título de legitimidad que él se había resuelto a no necesitar. Mientras, cada patriota luchado con el infortunio, dirigía la ansiosa vista hacía el jefe de los orientales, como el náufrago a la tabla, mientras sus virtudes y crédito parecían un garante seguro de la confianza pública; Artigas fraguaba en su imaginación ardiente los rayos que habían de lanzarse desde las inmediaciones del Rio negro y encender el fuego destructor que iba a asolar a la desgraciada Banda Oriental..."

e aos patriotas mais apaixonados ou menos envergonhados, soube descobrir com perspicácia que os dotados de um coração mais simples eram mais capazes de levar ao extremo o fanatismo político, e cometer toda classe de excessos pelo bem da pátria. Aqueles que estavam muito tempo embriagados na corrupção e endurecidos pelo crime, ouviram-no como um oráculo, foram nomeados seus *procônsules* ou *vizires* e foram por ele espalhados em todas as direções, com escoltas escolhidas para dar cumprimento às suas ferozes instruções.[19]

Com a derrota de José Gervásio Artigas em 1820, seu posterior exílio no Paraguai e a ocupação luso-americana da Província Cisplatina, a identidade *oriental*, anteriormente restrita à campanha, ao interior da Banda Oriental e ao projeto confederado do caudilho, passa paulatinamente a receber aceitação também em Montevidéu. Na mesma medida que afasta o passado artiguista, a imprensa periódica cisplatina utiliza a orientalidade como elemento aglutinador de toda a população contrária ao invasor estrangeiro. A particularidade dos *orientais*, que negam ligações com o Brasil e/ou Portugal, mas mantêm Buenos Aires no horizonte de expectativas nesse novo contexto, é lembrada por João Paulo Pimenta:

> Foi durante o período de presença institucional portuguesa – e, a partir de 1822, também brasileira – na Província Oriental/Cisplatina que a identidade oriental pôde reafirmar fortemente sua especificidade e importância, na medida em que as circunstâncias permitiram a um grupo identificado como tal distinguir-se, e, não obstante a circunstancial união política costurada desde 1817 e oficializada em 1821, descartar identidades referentes a Portugal e ao Brasil. (PIMENTA, 2007, p. 46).

---

19   *Idem, ibidem*. Do original: "Hed aquí, orientales, el origen de vuestras desgracias: apenas embarcadas las tropas de Buenos aires empezó Artigas a poner en práctica su terrible sistema: pasados los primeros momentos del entusiasmo la mayor parte de los vecinos de la campaña sintieron la fuerza de los vínculos que los ligaban a la tierra, y trepidaron en sus hogares, sus fortunas, en arrastrar sus familias a todas las alternativas de un porvenir absolutamente incierto. Artigas en medio de los blandengues y de los patriotas más ardientes o menos embarazados supo elegir con perspicacia á los que acaso dotados de un corazón sencillo eran más capaces de llevar al extremo fanatismo político y cometer toda clase de excesos por el bien de la Patria. Y a los que mucho tiempo estaban embriagados en la corrupción y endurecidos en el crimen, y oído de todos como un oráculo, nombró sus procónsules o visires, y los derramó en todas direcciones con escogidas escoltas a dar cumplimiento a sus feroces instrucciones."

Esta posição, em maior ou menor grau, é frequente em praticamente todos os periódicos da Província Cisplatina. A adesão e promoção da identidade *oriental* não é exclusiva de artigos, notícias ou cartas de leitores colaboradores, mas também é evidente nos nomes, nas epígrafes e na organização das seções dos jornais. O primeiro periódico cisplatino, surgido cinco meses após a dissolução do Congresso Cisplatino, já no seu título realça seu posicionamento: *El Pacífico Oriental de Montevideo*. Apesar de ser favorável à incorporação lusitana que pacificaria a região, o jornal une as duas identidades presentes e debatidas desde os tempos de guerra civil: *orientais* e montevideanos. Portanto, a orientalidade nesse momento alcança também a capital muralhada. Como já observado, a condição provisória da permanência lusitana é enfatizada nas páginas do *El Pacífico Oriental de Montevideo*; desse modo, o jornal separa os assuntos dos periódicos do Brasil das notícias orientais e do rio da Prata. A região, apesar de oficialmente pertencer ao Reino Português, nunca é incluída neste âmbito. Caminho também seguido pelo outro periódico surgido nos anos iniciais de dominação luso-americana, *El Patriota*. Já na sua primeira edição, o jornal separa as notícias de Montevidéu daquelas oriundas do Brasil, e ainda em outra seção, das vindas de Buenos Aires. Mesma edição que confirma que o periódico é impresso e redigido na *Provincia de Montevideo*.[20]

Os periódicos que tinham uma postura mais contundente contra a ocupação brasileira seguem a mesma linha de organização e posição editorial. Na primeira edição do *El Pampero*, é anunciado que "pois bem montevideanos, e vós habitantes da margem esquerda do rio, não desanimem" (tradução nossa), região que posteriormente vai ser referenciada como "Banda Oriental". As notícias eram separadas entre "Buenos Aires", províncias locais a exemplo de "São José", a "política cisplatina", o "Brasil" e o "exército imperial", sempre buscando denotar a unidade dos habitantes locais e a diferenciação negativa em relação aos invasores estrangeiros e positiva aos portenhos.[21] Já o jornal *La Aurora*, favorável à independência parcial, destaca os acontecimentos da "Província Oriental do Rio da Prata" e, quando veicula notícias do "Interior", o título da seção vem acompanhado da frase: "campanha oriental".[22] O Império do Brasil não recebe nenhum espaço nas páginas do *El Ciudadano*, o periódico referencia os invasores tratando apenas das agruras do "Exército Imperial"; enquanto isso, a "Banda Oriental" divide as atenções com as "Províncias Unidas", "Montevidéu" e "São José".[23] Desse modo, as referências de grande parte dos periódicos tratam da Banda Oriental, de províncias, do Império do Brasil, mas

---

20   *El Patriota*. Montevidéu, n. 1, 17/08/1822.
21   *El Pampero*. Montevidéu, n. 1, 19/12/1822. Do original: "pues bien Montevideanos, y vosotros habitantes de la márgen izquierda del rio, no desanimeis".
22   *La Aurora*. Montevidéu, n. 1, 21/12/1822; *Ibidem*, n. 4, 11/01/1823.
23   *El Ciudadano*, Montevidéu, n. 1, 01/06/1823.

não destacam praticamente em nenhum momento a nomenclatura de Província Cisplatina, enfatizando, sempre que possível, a região sob a identidade *oriental* e a diferenciação com o invasor estrangeiro.

A unidade de Montevidéu e do interior da Província Cisplatina em oposição à dominação brasileira também é destacada nas páginas do *El Aguacero*. Entretanto, os redatores Antonio Díaz, Santiago Vázquez e Juan Francisco Giró adotam uma postura diferente das outras publicações das quais também fazem a redação e dos demais periódicos cisplatinos. Desse modo, atacam aqueles que não compartilham das mesmas intenções e do mesmo projeto para a região. Dentre os alvos preferidos, estão Nicolas Herrera e Lucas José Obes, dois membros da oligarquia montevideana e que trabalharam conjuntamente com Carlos Frederico Lecor para a oficialização da dominação e a organização política dos *brasilienses* na região. Com o objetivo de recontar, a partir da sua visão, a trajetória destes homens, na edição de número três do periódico, surge uma nova seção, prometida para ser fixa a partir de então, intitulada "Biografia". Antes de diretamente tratar de seus alvos, os redatores explicam o porquê dessa opção, pois o jornal "eterniza as grandes ações, faz reviver os heróis, oferece uma lição constante de virtudes sublimes, e assegura o prêmio não interrompido da fama que tributa a justa posteridade". Contudo, o jornal terá outra atitude, afinal a imprensa "está também destinada a perpetuar de mesmo modo os feitos dos malvados, apresentando esse quadro de seus crimes outra lição não menos útil para a posterioridade". Desse modo, o periódico *El Aguacero* retrata:

> Os *traidores* trabalham para escravizar os Orientais livres, e buscam entre o sangue, as ruínas e os crimes, os fragmentos de uma riqueza que consumiram: impelidos, então, pelo *inocente* desejo de que os nossos sucessores possam evocar as mãos dos *Herreras, Obes, Garcias, Velez, Bianquis* e demais da *loja imperial* e apresentá-los para a história fiel de sua vida e milagres, com esse objetivo, damos por aberto o presente artigo que terá um lugar constante em nossos números.[24] (tradução nossa)

Para Antonio Díaz, Santiago Vázquez e Juan Francisco Giró, ao menos quando escrevem no *El Aguacero*, a identidade *oriental* é extensiva a todos os habitantes da Província Cisplatina. Desse modo, inclui o interior e Montevidéu. Os *orientais*

---

24 *El Aguacero*. Montevidéu, n. 3, 08/05/1823. Do original: "Los traidores trabajan por esclavizar à los libres Orientales, y buscan por entre la sangre, las ruinas y los crímenes, los fragmentos de una riqueza que ya han consumido: impelidos pues por el inocente deseo de que nuestros venideros puedan evocar las manos de los Herreras, Obes, Garcias, Velez, Bianquis y demás de la logia imperial, y presentarles la historia fiel de su vida y milagros, hemos abierto con este objeto el presente artículo que tendrá un lugar constante en nuestros números".

sofrem com a ação dos brasileiros que atacam, violentam e roubam em todo o território; contudo, involuntariamente, o jornal aponta que nem todos os habitantes e nascidos na região compartilham dos sentimentos de unidade e de patriotismo que pretensamente a maioria da população declara. Existem habitantes locais que são próximos das autoridades brasileiras e formam a "*Logia imperial*", grupo de montevideanos que está ligado política e economicamente a Carlos Frederico Lecor e a o Império do Brasil. Contudo, estes homens são considerados traidores, não são *orientais* e são responsáveis pela opressão e pela escravidão dos verdadeiros cidadãos. Portanto, não bastaria apenas nascer em terras orientais e, sim, trabalhar pela unidade e liberdade da região.

Durante a Guerra da Cisplatina (1825-1828), o periódico que surge segue a mesma linha dos anteriores, exaltando a identidade *oriental*. O nome do periódico, estabelecido na cidade de Canelones, deixa clara sua posição: *La Gaceta de la Provincia Oriental*. Porém, diferentemente dos anteriores, surgem nas páginas do periódico algumas distinções com Montevidéu, sob domínio do Império do Brasil. Uma das mais interessantes é através da reprodução de um documento oficial e da exposição do contraste das diferentes designações que a cidade possuía, "na Imperial, muito fiel, reconquistadora e benemérita pátria, Cidade de San Felipe e Santiago de Montevideo", comentada pelos redatores da seguinte forma: "imperial, isto é, do Império Brasílico; *muito fiel*, isto é, aos reis da Espanha; e *benemérita, da Pátria. Que contraste*"![25]

Considerado o órgão oficial da província criada por decreto pelas Províncias Unidas do rio da Prata, o periódico renegava quaisquer ligações com o Brasil, descrevia as ações no campo de batalha e designava a região ainda como Banda Oriental; todavia, a Província Oriental fazia parte de um contexto maior, que seria o da unidade com Buenos Aires e as demais províncias do Prata.[26] É nesse sentido que, na edição de número nove do periódico, quando os redatores tratam da luta contra o invasor estrangeiro, foi questionado: "Qual é o dever das autoridades, e dos habitantes da Banda Oriental? A que objeto devem hoje determinar seus desejos, suas solicitações e seu constante empenho?" Perguntas respondidas no parágrafo seguinte:

> Observemos o movimento, que abriu a presente época: lembremos que os *orientais* inspirados pela força da opinião, ou do desespero,

---

25 *La Gaceta de la Provincia Oriental*. Canelones, n. 03, 28/11/1826. Do original: "En la Imperial, Muy fiel, Reconquistadora y Benemérita de la Patria Ciudad de San Felipe y Santiago de Montevideo; Imperial, esto es del Imperio Brasilico, Muy Fiel, esto es à los reyes de España y benemérita de la Patria ¡Que contraste!"

26 *Idem*, n. 5, 12/12/1826.

em que nos colocava a tirania estrangeira sem medir a extensão dos nossos riscos, nem o tamanho dos recursos, nem a situação mesma dos demais povos, jogamo-nos na arena para reivindicar nossos interesses e direitos. Nossos passos, quase tão rápidos como o desejo, foram seguidos fielmente pela vitória, e o projeto adquiriu então tal vulto e incremento que se converteu em uma demanda eminentemente *nacional*.[27] (grifo nosso)

Os *orientais* lutaram e ainda lutam contra o invasor tirânico que é o Império do Brasil, liderado pelo déspota d. Pedro. A região, que sofria e se via impossibilitada de defesa, pôde declarar sua contrariedade à posição em que se encontrava. Assim, a causa que era exclusiva de uma província, tornou-se uma demanda de toda nação, nesse caso, a Nação Argentina, da qual fazia parte. Posição que fica ainda mais clara em outro trecho do mesmo texto:

Não haverá um só que deixe de cumprir o primeiro dever do cidadão. Quando a segurança pública se vê ameaçada, as autoridades provinciais, com base nesse conceito, animadas por apoio tão forte e excitadas pelos modelos oferecidos pelos altos poderes da *Nação Argentina*, saberão adotar os passos e as medidas que urgentemente exigem a custódia e a conservação da ordem, da liberdade, e da honra do povo que presidem, e cuja sorte foi a eles confiada.[28] (grifo nosso)

Não obstante a força da identidade *oriental* na luta contra um invasor estrangeiro, a percepção da população de um sentimento de reconhecimento mútuo e de uma identidade específica que neste novo contexto alcançou inclusive a cidade de Montevidéu, a posição da maioria dos periódicos cisplatinos contraria a histo-

---

27 *Idem*, n. 9, 05/01/1827. Do original: ¿Cuál es el deber de las autoridades, y los habitantes de la Banda Oriental? ¿A que obgeto deben hoy terminar su anhelo, sus solicitudes y su constante empeño?; Echemos una ojeada al movimiento, que abrió la presente época: recordemos que los orientales inspirados ó de la fuerza de la opinión, ó de la desesperácion, en que nos ponia la tirania estrangera sin medir la estension de los riesgos, ni la escala de los recursos, ni la situacion misma de los demas pueblos, nos arrojamos á la arena á reclamar la vindicacion de nuestros intereses y derechos. Nuestros pasos casi tan rápidos como el deseo, fueron seguidos fielmente de la victoria, y la empresa adquirio entonces tal vueto é incremento, que se convertió en una demanda eminentemente nacional.

28 *Ibidem*. Do original: "No habrá uno solo que escuse llenar el primer deber del ciudadano. Cuando peligra la seguridad pública y las autoridades provinciales, partiendo de este concepto, animadas de tan firme apoyo, y escitadas por los modelos que ofrecen los altos poderes de la Nación Argentina sabrán adoptar las medidas y disposiciones que reclama urgentemente la custodia y conservasion del órden, la libertad, y el honor del pueblo que presiden, y cuya suerte les está encargada".

riografia oitocentista e do início do século XX, vendo nesse processo movimentos pela independência completa da região. Nesse sentido, estes mesmos periódicos corroboram e ampliam a posição de Carlos Real de Azúa. Segundo o historiador uruguaio, antes de 1828 não existiam movimentos que levassem a acreditar que se lutava pela independência total da região, ideia complementada com a suposição de que caso estes sentimentos existiram, surgiram apenas no contexto de ocupação luso-americana e eram parte de uma conjuntura mais ampla de possibilidades. Dentre elas, a mais provável seria uma unidade com Buenos Aires e as demais províncias do Prata:

> A pluralidade de direções e a ambiguidade de atitudes, características destacadas do setor dirigente oriental durante todo o processo independentista, talvez tenham se mostrado nesta instância de um modo mais ostensivo do que em qualquer outra: merece um reconhecimento o fato de que talvez tenham existido posturas "completamente independentistas" em um período anterior ao que costuma ser sublinhado pela tese independentista ortodoxa. Menos mensurável – por se tratar de um elemento que costuma ser desconsiderado devido à sua obviedade – é a importância dessa fração completamente independentista com relação às outras que, após 1822 e de um modo bem explícito, confrontaram-se e até polemizaram com ela.[29] (tradução nossa) (REAL DE AZÚA, 1991, p. 81-82).

Em trabalho recente, Ana Frega segue a mesma linha interpretativa do historiador uruguaio, e esclarece através da história dos conceitos como o vocábulo independência teve rápidas transformações e interpretações ambíguas em um contexto fluído e incerto. Para a historiadora, desde a independência do Brasil proclamada em 1822, e o reconhecimento de D. Pedro I na Província Cisplatina apenas no ano de 1824:

> As dificuldades experimentadas para formar governos estáveis remeteram várias vezes ao debate sobre a viabilidade dos territórios ao leste do Rio Uruguai como Estado 'independente', e à possibilidade de

---

29 Do original: "La pluralidad de direcciones y la ambigüedad de actitudes que se marcó en el sector dirigente oriental durante todo el proceso independentista, estuvieron tal vez en esta instancia más ostensibles que en ninguna otra: ahora sólo corresponde el reconocimiento de que tal vez antes de lo que suele subrayar la tesis independentista ortodoxa hayan existido entonces posturas 'independentistas totales'. Menos mensurable – un elemento que suele como es obvio ser soslayado – es la importancia de tal fracción independentista total respecto a las otras que bastante abiertamente después de 1822 – contendieron y aun polemizaron con ella"

incorporar-se ou anexar-se a um Estado mais poderoso.[30] (tradução nossa) (FREGA, 2013, p. 43).

Com o início da Guerra da Cisplatina, tais questionamentos tomam ainda mais força: "o combate pela independência foi seguido de apelos de união ao conjunto das Províncias Unidas do Rio da Prata",[31] (tradução nossa) posição que não era unânime, pois no ano de 1826, informes de representantes ingleses na região demostram a organização de parte da classe dirigente local em busca de uma independência total.No ano de 1827, a nova situação política buenairense e os conflitos internos entre os militares orientais apontavam para um realinhamento com Buenos Aires. Contudo um ano depois, Lord Ponsonby trabalhava pela independência total da região depois de encerrado o conflito armado. Momento de rápidas mudanças políticas e de interesses, jogo que se estendeu ao longo de todo o século XIX, enquanto foi debatida a viabilidade do Uruguai como Estado-Nação:

> Não tinha sido concretizado o objetivo que fora proclamado de forma unânime no levantamento de 1825, mas sim um realinhamento de forças sociais e políticas que entendiam a *independência* plena de um modo diferente. A formação do "Estado de Montevidéu" implicava em complexos equilíbrios e acordos entre aqueles que permaneceram fiéis ao império brasileiro e, ao término do conflito, controlavam Montevidéu e Colônia, e os 'patriotas', com suas divisões, que controlavam as vilas da campanha e tinham como sede a vila de Durazno, no centro do território. Isto favoreceu polêmicas na imprensa e nas câmaras legislativas, e obrigou os governos do nascente Estado a implementar estratégias para consolidar sua posição na região e no mundo.[32] (tradução nossa) (FREGA, 2013, p. 43).

---

30   Do original: "las dificultades experimentadas para conformar gobiernos estables remitieron una y otra vez al debate sobre la viabilidad de los territorios al este del río Uruguay como estado 'independiente' y a la posibilidad de incorporarse o anexarse a un estado más poderoso"

31   Do original: "el combate por la independencia se acompañó con planteos de unión al conjunto de las Provincias Unidas del Río de la Plata".

32   Do original: "No se había producido la concreción de un objetivo proclamado en forma unánime en el levantamiento de 1825, sino una realineación de fuerzas sociales y políticas que entendían la independencia plena de modo diferente. La formación del "Estado de Montevideo" implicaba complejos equilibrios y acuerdos entre aquellos que habían permanecido fieles al Imperio brasileño y al término del conflicto controlaban plazas de Montevideo y Colonia, y los 'patriotas', con sus divisiones, que controlaban los pueblos de la campaña y tenían como sede la villa de Durazno, en el centro del territorio. Esto dio lugar a polémicas en la prensa y en las cámaras legislativas y obligó a los gobiernos del naciente Estado a desplegar estrategias para afirmar su posición en la región y en el mundo"

Portanto, a identidade *oriental* – que nos primeiros anos de dominação, e segundo as páginas do primeiro periódico cisplatino, não era destoante de uma necessidade de pacificação e intervenção estrangeira –, no contexto do conflito armado e da proximidade com Buenos Aires poderia significar a consciência de uma particularidade em relação aos vizinhos do Prata. Compartilhavam um inimigo em comum, ao mesmo tempo em que se cristalizava uma aproximação ao projeto unitário maior do qual a Província Oriental, mesmo com particularidades, fazia parte. Desse modo, é apenas depois de firmada a Convenção Preliminar de Paz e definida a criação de uma nova nação na região platina que a identidade *oriental* é relacionada de maneira concreta com um projeto independentista total. É a partir desse momento que nas páginas do El Observador Oriental, como já foi dito, discute-se a relação entre a campanha e a cidade de Montevidéu. Nesse novo contexto independente, os redatores tomam posição em relação à constituição de um único povo oriental, composto por todos que habitam a região, e pretendem integrar a nação recém-criada:

> Como não é possível dizer tudo ao mesmo tempo em um periódico, e o presente artigo abraça visões extensas, é conveniente advertir que o Observador não entende por POVO ORIENTAL apenas os nascidos neste solo, mas sim os Europeus e Americanos de todas as nações vizinhas a ele. Foi falado aqui e até agora dos indígenas orientais. Nos números seguintes (doravante) o autor deste artigo se ocupará de todos os habitantes de diferentes denominações que povoam este Estado, com o desígnio de reunir tantas partes heterogêneas, em razão de sua origem, em um todo político homogêneo em razão de seus sentimentos e imutáveis interesses na nova organização que se fará dessa Província, ao se constituir em um Estado independente. Esta análise sucessiva dará o espírito do POVO ORIENTAL.[33] (tradução nossa)

---

33 *El Observador Oriental*. Montevidéu, n. 2, 15/10/1828. Do original: "Como no puede decirse todo á un mismo tiempo en un periódico, y el presente artículo abrasa miras estensas és conveniente advertir que no entiende el observador por PUEBLO ORIENTAL, á solo los nacidos en este suelo, sino á los Europeos y Americanos de todas las Naciones avencidados en él. Se ha hablado hasta aquí de los Orientales indigenas. En los números siguientes (deodante) se ocupará el autor de este articulo de los habitantes de diferentes denominaciones que pueblan este Estado, con el designo de hacer de tantas partes heterogenas en razon de su origen, en todo politico homogeneo en razon de sus sentimientos è invariables intereses en la nueva organización que vá á hacerse de esta Província, al constituirse en Estado independiente. Este analisis sucesivo dará el espiritu del PUEBLO ORIENTAL".

Não obstante a consciência de uma identificação local e a aproximação entre os habitantes nascidos na Banda Oriental, o periódico propõe que todos os interessados na organização do novo estado independente podem compor o espírito do povo oriental a ser construído. A nação constituída por diversos povos de distintos lugares, heterogênea, poderia, e deveria, se integrar e homogeneizar a partir de interesses políticos comuns. Desse modo, os periodistas contemporâneos ao processo de construção nacional da futura República Oriental do Uruguai demonstram claramente as posições dos teóricos liberais e dos posteriores estudiosos da *questão nacional*: nesse contexto, ainda afastado do princípio das nacionalidades, o pacto nacional e a necessidade de união pregada pelos seus defensores é estritamente política. Os interessados, não importando sua origem e etnia, podem fazer parte do mesmo Estado, construir a mesma nação e, desse modo, criar o espírito *oriental* que identificará a todos posteriormente.

Contudo, é necessário destacar que o desejo exposto de uma independência parcial em grande parte dos periódicos cisplatinos, ou seja, de livrar-se do jugo brasileiro para unir-se a Buenos Aires, não invalida ou diminui a força da existência de uma identidade *oriental*. Os apelos à orientalidade, às referências ao território oriental e às diferentes representações dessa identidade eram fortes o suficiente para que, posteriormente à assinatura de paz pelas partes beligerantes, fosse possível cogitar e criar uma República *Oriental* ainda sem nome, mas que terá essa denominação como parte definitiva de sua nomenclatura oficial.

Estas considerações e esta linha de raciocínio colocam este trabalho no sentido oposto à historiografia, que apresenta o processo de independência do Uruguai como fruto de um Estado-tampão, em consequência do intervencionismo e dos interesses do capital britânico na região platina. Em linhas gerais, tal argumentação apresenta a ideia de que a Inglaterra –principal potência econômica de então–, a partir da crescente importância da Bacia do Prata no comércio mundial, na consolidação do desenvolvimento industrial inglês, na imposição do liberalismo como doutrina econômica e social, e na tentativa de imposição de protagonismo no cenário internacional, agiu fortemente na tentativa de balcanização da região e na instituição de um Estado-tampão em busca de um equilibro regional. Essa ação britânica seria motivada por a Bacia do Prata "representar um vastíssimo território acessível através da rede fluvial existente", onde "por meio dela avançava a civilização europeia e os ideias liberais, e adequavam-se ou destruíam-se sistemas produtivos locais (de acordo com as necessidades e voracidade da economia mundial emergente)" (PADRÓS, 1996, p. 107). Portanto, a independência uruguaia e, por conseguinte, a criação do Estado-tampão era uma solução duplamente favorável aos interesses britânicos: protegia seus interesses comercias e a preponderância sobre a concorrência no sistema mundial, bem como obtinha maior mobilidade na região assegurar que esta não fosse controlada por uma única potência regional. Como lembra Enrique Serra Padrós, defensor dessa linha de argumentação, tal postura não é por si só explicativa da independência, mas apresenta a intervenção britânica como fator preponderante (PADRÓS, 1996, p. 107-135).

Embora a consideração que de fato a diplomacia britânica agiu na *Convenção Preliminar de Paz* em 1828, é interessante destacar que existiam fortes movimentos internos em busca da independência. Essa se deu em decorrência do processo de construção social e identitária local com articulações regionais, em um contexto revolucionário atlântico. A independência só foi possível pois haviam movimentos internos da classe dirigente de Montevidéu que, desde a independência do Brasil e os movimentos do *cabildo* em 1822 e 1823, passaram a considerar o afastamento do jugo lusitano, posteriormente o brasileiro, conveniente aos seus interesses políticos e comerciais. Em primeiro plano, os objetivos eram a pacificação da região e a manutenção do controle sobre as propriedades da região da campanha. Esta poderia ser possível, inclusive com o auxílio buenairense e uma aproximação da política centralizadora dos portenhos. Como observado em todo este trabalho, na imprensa periódica, o apelo à orientalidade e à intenção de união entre o interior e Montevidéu, de modo inédito, corroboraram para a politização de uma forma de autorreconhecimento dos locais em que vigorava anteriormente – obviamente que sem a predestinação pela independência e pelo autonomismo –, sendo fator determinante para o conflito armado (a Guerra da Cisplatina), encerrado com a independência e a criação da República Oriental do Uruguai. O substrato da identidade *oriental* e os movimentos endógenos em busca da libertação, total, ou para unir-se a Buenos Aires, oferecem no mínimo subsídios e força suficiente para a independência ser considerada uma possibilidade efetiva pelos britânicos. Com o advento do princípio das nacionalidades, uma amálgama de grande importância para a manutenção do Uruguai como um Estado-Nação, viabiliza-se sua existência ao longo de todo o século XIX, mesmo com as novas interferências das nações limítrofes na região.

Por fim, a imprensa periódica da Província Cisplatina aponta o fortalecimento e a cristalização da identidade *oriental*, sobretudo como contraponto ao Brasil. Em um contexto fluido nas relações políticas e conturbado socialmente, a identidade *oriental* passou por um processo de transformações bastante rápidas, e nem sempre claras, nas páginas dos periódicos. Os *orientais*, inicialmente representantes do projeto artiguista confederado e dos anos de guerra civil na região da campanha, recebem outra conotação na Província da Cisplatina, são afastados do caudilho e compõem uma unidade com a antes inimiga cidade de Montevidéu. Nesse contexto, o interesse não é mais a luta de diferentes projetos locais e, sim, a expulsão da região de um inimigo em comum. Desse modo, Artigas é renegado, a população vitimada, e a orientalidade torna-se um ponto de coesão entre todos. A partir da Guerra da Cisplatina, fica mais claro o desejo de integrar-se ao projeto buenairense. Entretanto, esta aspiração não diminui a importância dos *orientais* e seu apelo retórico nos momentos de dificuldades impostos pela beligerância. A partir da oficialização da paz, a identidade que antes ainda era questionada, e antagonizava em alguns pontos moradores do campo e da cidade, vira elemento aglutinador, congregando todos os habitantes da região, inclusive os que não eram naturais da Banda Oriental – elemento que notadamente marca em última instância a opção política de se integrar a essa nova nação –, oferecendo subsídios suficientes para a criação de uma nova República, que recebe desde o seu nascedouro a alcunha de *Oriental*.

Referências Bibliográficas:

ANDERSON, B. *Comunidades imaginadas: reflexões sobre a origem e a difusão do nacionalismo*. São Paulo: Companhia das Letras, 2008.

ALONSO, P. (comp.). *Construcciones impresas: panfletos, diarios y revistas en la formación de los Estados nacionales en América Latina, 1820-1920*. Buenos Aires: Fondo de Cultura Económica, 2004.

CHIARAMONTE, J. C. "Formas de identidad en el Río de la Plata luego de 1810". *Boletín del Instituto de Historia Argentina y Americana "Dr. E. Ravignani"*, Buenos Aires, n. 1, vol. III, jan-jun. 1989. p. 71-92.

DE MARÍA, I. *Montevideo antiguo: tradiciones y recuerdos*, Montevidéu: Biblioteca Artigas, 1976. t. II.

FREGA, A. "Uruguayos y orientales: itinerario de una síntesis compleja". In: CHIARAMONTE, J. C.; GRANADOS, A.; MARICHAL, C. (comps.). *Crear la nación: los nombres de los países de América Latina*. Buenos Aires: Editorial Sudamericana, 2008.

FREGA, A. *Pueblos y soberanía en la revolución artiguista: la región de Santo Domingo Soriano desde fines de la colonia a la ocupación portuguesa*. Montevidéu: Ediciones Banda Oriental La República, 2011a.

FREGA, A. *Historia regional e independencia del Uruguay: proceso histórico y revisión crítica de sus relatos*. Montevidéu: Ediciones Banda Oriental La República, 2011b.

FREGA, A. "Independencia: los significados de la independencia desde la colonia hasta la afirmación del estado-nación". In: CAETANO, G. (coor.). *Historia conceptual: voces y conceptos de la política oriental (1750-1870)*. Montevidéu: Banda Oriental, 2013.

DEMURO, W. *Prensa periódica y circulación de ideas en la Provincia Oriental, entre el final de la dominación española y la independencia (1814-1825)*. Dissertação de Mestrado – Universidad de la República, Montevideo, 2013.

GONZÁLEZ, P. B. "La Revolución Francesa y la emergencia de nuevas prácticas de la política: la irrupción de la sociabilidad política en el Río de la Plata". *Boletín del Instituto de Historia Argentina y Americana "Dr. E. Ravignani"*. Buenos Aires, n. 3, vol. III, jan-jun. 1991.

GUERRA, F. X. et al. *Los espacios públicos en Iberoamérica: ambigüedades y problemas. Siglos XVIII-XIX*. Cidade do México: Fondo de Cultura Económica, 1998.

GUERRA, F. X. *Modernidad e independencias. Ensayos sobre las revoluciones hispánicas*, 3ª ed. 2ª reimp. Madrid: FCE/MAPFRE, 2010.

ISLAS, A. Límites para un Estado: notas controversiales sobre las lecturas nacionalistas de la Convención Preliminar de Paz de 1828. In: FREGA, A. *Historia Regional e Independencia del Uruguay: proceso histórico y revisión crítica de sus relatos*. Montevidéu: Ediciones Banda Oriental La República, 2011b.

JANCSÓ, I.; PIMENTA, J. P. "Peças de um mosaico (ou apontamentos para o estudo da emergência da identidade nacional brasileira)". In: MOTA, C. G. (Org.). *Viagem incompleta: a experiência brasileira (1500-2000)*. São Paulo: Ed. Senac, 2000.

KLAFKE, A. A. *Antecipar essa idade de paz, esse império do bem: imprensa periódica e discurso de construção do Estado unificado (São Pedro do Rio Grande do Sul, 1831-1845)*. Tese de doutorado – UFRGS, Porto Alegre, 2011.

MOREL, M. "Os primeiros passos da palavra escrita". In: MARTINS, A. L.; LUCA, T. R. (orgs.). *História da imprensa no Brasil*. São Paulo: Editora Contexto, 2008.

MOREL, M. *As transformações dos espaços públicos: imprensa, atores políticos e sociabilidades na cidade imperial (1820-1840)*. São Paulo: Hucitec, 2005.

MOREL, M. "La génesis de la opinión pública moderna y el proceso de independencia (Rio de Janeiro, 1820-1840)". In: GUERRA, F.X. et al. *Los espacios públicos en Iberoamérica: ambigüedades y problemas. Siglos XVIII-XIX*. Cidade do México: Fondo de Cultura Económica, 1998.

NEVES, L. M. B. P. *Corcundas e constitucionais: a cultura política da independência (1820-1822)*. Rio de Janeiro: Revan/FAPERJ, 2003.

NEVES, L. M. B. P.; MOREL, M.; FERREIRA, T. M. B. (orgs.) *História e imprensa, representações culturais e práticas de poder*. Rio de Janeiro: DP & A Editora, 2006.

PADRÓS, E. S. "A *pax britânica* e a independência do Uruguai: Estado-Tampão e balcanização no espaço platino". *Revista anos 90*, Porto Alegre, n. 5, jul. 1996, p. 107-135.

PIMENTA, J. P. "Nas origens da imprensa luso-americana: o periodismo da Província Cisplatina (1821- 1822)". In: NEVES, L. M. B.; MOREL, M. & FERREIRA, T. M. B. *História e imprensa, representações culturais e práticas de poder*. Rio de Janeiro: DP & A Editora, 2006a.

PIMENTA, J. P. *Estado e nação no fim dos impérios ibéricos no Prata: 1808-1828*, 2a ed. São Paulo: Hucitec, 2006b.

PIMENTA, J. P. "Província Oriental, Cisplatina, Uruguai: elementos para uma história da identidade oriental (1808-1828)". In: PAMPLONA, M. A. & MÄDER, M. E. (orgs.) *Revoluções de independências e nacionalismos nas Américas: região do Prata e Chile*. São Paulo: Paz e Terra, 2007.

REAL DE AZÚA, C. *Los orígenes de la nacionalidad uruguaya*. 2a ed. Montevidéu: Arca, 1991.

SLEMIAN, A. *Vida política em tempo de crise: Rio de Janeiro (1808-1824)*. São Paulo: Hucitec, 2006.

Capítulo 2. Circulação de impressos e antilusitanismo em Rio de Contas, Bahia (1822-1831)

Moisés Frutuoso[1]

A palavra impressa como instrumento político

Periódicos publicados nas províncias e na Corte tiveram uma significativa circulação entre os diversos espaços letrados do Império brasileiro durante o século XIX. Acontecimentos dos grandes centros políticos chegavam através dos jornais às mais distantes regiões, arregimentando indivíduos por meio de ideias e influenciando a transformação do vocabulário político. Assim, os jornais se tornaram uma ferramenta de mobilização social no período pós-independência.

O surgimento da imprensa no Brasil está vinculado ao processo de desagregação do Império português, marcado pelas transformações dos espaços públicos, pela modernização política das instituições e, também, pela nova organização do Estado em solo americano (MOREL; BARROS, 2003, p. 7). A imprensa, em virtude do seu aspecto pedagógico, teve atuação importante na divulgação do novo vocabulário político, do qual faziam parte termos como *nação*, *pátria*, *constituição*, *liberdade*, entre outros.

O ano de 1808, além de marcar a chegada da Família Real em solo americano, se destacou também por ser o início das atividades da imprensa periódica na América portuguesa. O primeiro jornal publicado na Corte pela Imprensa Régia foi a *Gazeta do Rio de Janeiro*, dirigido pelo frei Tibúrcio José da Rocha (SODRÉ, 1966, p. 22-29).[2] Sua primeira edição foi lançada em 10 de setembro de 1808. Veículo oficial do governo sem atrativos para o público, a *Gazeta do Rio de Janeiro* foi um periódico mais voltado para os acontecimentos europeus do que uma reflexão sobre os problemas da América portuguesa.

A Idade d'Ouro do Brazil foi o segundo periódico publicado na Colônia. O português Manuel Antônio da Silva Serva recebeu autorização real em 5 de feve-

---

1 Mestre em História pela Universidade Federal da Bahia (UFBA), bolsista CAPES.
2 Três meses antes da publicação da *Gazeta do Rio de Janeiro*, Hipólito José da Costa fundou em Londres o *Correio Braziliense*, que circulou clandestinamente na América portuguesa entre 1808 e 1822. Livre da censura, o *Correio Braziliense* criticava abertamente as ações da Coroa no Brasil, apesar de também possuir uma postura monarquista.

reiro de 1811 para instalar uma tipografia em Salvador. Três meses depois, a *Idade d'Ouro* já estava em circulação. O Conde dos Arcos, então governador da Bahia, elaborou uma série de diretrizes que deveriam nortear o redator do periódico. Dentre os princípios a serem seguidos, um ressaltava que as notícias políticas deveriam ser apresentadas "[...] sempre da maneira mais singela, anunciando simplesmente os fatos, sem interpor quaisquer reflexões que tendam direta ou indiretamente a dar qualquer inflexão à opinião pública" (CASTRO, 1969, p. 27). Da mesma forma que no Rio de Janeiro, a censura política também esteve presente na província baiana. Nesse momento, a censura foi uma marca da imprensa no Brasil.

Mesmo com a baixa alfabetização no século XIX, é preciso ter cautela ao caracterizar a imprensa como "elitista", pois as práticas de leitura coletiva em papéis manuscritos faziam parte do cotidiano da população desde período colonial, tendo os periódicos impressos potencializado tais práticas. Nesse contexto, observamos que:

> [...] havia cruzamentos e interseções entre as expressões orais e escritas, entre as culturas letrada e iletrada. A leitura, como nos tempos então recentes do Antigo Regime, não se limitava a uma atitude individual e privada, mas ostentava contornos coletivos. Nesse sentido, a circulação do debate político ultrapassava o público estritamente leitor. (SLEMIAN; PIMENTA, 2003, p. 45-46)

Portanto, não seria exagero afirmar que, por mais remota que fosse a região, a palavra impressa se fazia presente como instrumento político ao ser lida coletivamente. Nesse sentido, a imprensa periódica constituiu-se como uma "força ativa na história" (DARNTON; ROCHE, 1996, p. 15) por ter ajudado a dar forma aos eventos que registrou e também por ter propagado para as diversas localidades os acontecimentos dos grandes centros urbanos ocorridos durante o Primeiro Reinado.

Em Rio de Contas, os periódicos publicados na Bahia e no Rio de Janeiro contribuíram para articular a constituição da Junta Temporária de Governo durante o processo de ruptura política entre Brasil e Portugal em 1822. Além disso, observamos também que os jornais que circularam na sociedade rio-contense em 1831 influenciaram as ações políticas locais após a abdicação do imperador d. Pedro I, quando os sentimentos de aversão aos portugueses natos estavam exacerbados nesta vila do alto sertão baiano (NEVES, 2008, p. 28).[3]

Para compreender as dinâmicas políticas de Rio de Contas durante o Primeiro Reinado é necessário conhecer a formação social e econômica do alto sertão da Bahia a partir do século XVIII. O povoamento e desenvolvimento dos *sertões de*

---

3 Neves utiliza a expressão *alto sertão*, referindo-se à "distância do litoral, talvez com os reforços da posição relativa ao curso do rio São Francisco e do relevo baiano, que ali projeta as maiores altitudes do Nordeste do Brasil".

cima[4] baianos faziam parte dos interesses da Coroa portuguesa e, também, associaram-se às ações de sertanistas e bandeirantes que adentraram o interior da América portuguesa em busca de enriquecimento.

Uma vila mineradora no sertão baiano

A criação de vilas, principalmente em localidades distantes do litoral, era uma forma de controle da política ultramarina sobre a Colônia. Era por meio delas que se pretendia realizar a arrecadação de impostos de passagem, principalmente, sobre o ouro e o gado. Desde o final do século XVII, fazia parte das atribuições dos governadores e vice-reis a fundação de vilas onde estes julgassem haver necessidade. Ainda assim, em 20 de outubro de 1722, o vice-rei Vasco Fernandes César de Menezes (1720-1735) solicitou ao rei d. João V permissão para criar uma vila nas proximidades do rio das Contas, região que começava a se destacar como uma zona mineradora no interior da Bahia.[5]

A autorização da Coroa portuguesa para a criação da vila de *Nossa Senhora do Livramento das Minas do Rio de Contas* foi concedida através de Carta Régia de 9 de fevereiro de 1725, tendo já sido erigida no ano anterior por Pedro Barbosa Leal onde localiza-se atualmente o município de Livramento de Nossa Senhora.[6] Em virtude das condições de insalubridade do local a sede da vila foi transferida para o sítio denominado *Pouso dos Creoulos*,[7] no planalto da Serra das Almas, ponto de descanso de viajantes e tropeiros oriundos de Goiás e Minas Gerais que se dirigiam para a capital da Bahia. A solicitação de transferência de local, feita por seus moradores, foi atendida por meio da provisão régia de 2 de outubro de 1745.[8] A antiga sede perdeu parte de sua população para o novo sítio e passou a ser denominada *Vila Velha*, tornando-se distrito da nova vila construída às margens do rio de Contas Pequeno (atual rio Brumado) (FREIRE, 1998, p. 156-157).

O processo de ocupação do interior da Bahia ocorreu antes dos atos oficiais da Coroa portuguesa no século XVIII. A expansão da pecuária e da mineração na

---

4   A expressão *sertões de cima* também faz referência às altas altitudes da região. No entanto, possui maior amplitude que *alto sertão*, pois incorpora outras áreas do interior baiano, como a região centro-norte da Bahia e, por conta da proximidade, das vilas localizadas na margem esquerda do rio São Francisco. (SILVA, 2000, p. 47-73).

5   AHU_ACL_CU_005, cx. 16, Brasil/Bahia. Doc. 1365. Carta-Régia de 20/10/1722.

6   APEB. Arquivo Colonial e Provincial. Ordens Régias – Livro 19 (1723-1725). Cartas Régias de 09.02.1725 (Docs. 43-46) *Cf.* SILVA, 1925, p. 358.

7   Alguns autores, como Pedro Tomás Pedreira, indicam que o *Pouso dos Creoulos* era "um grande 'quilombo' de negros fugidos" (PEDREIRA, 1962, p. 588).

8   AMRC, Fundo Câmara Municipal. Diversos. Cópia da Carta-Régia de 02/10/1745.

região atraiu fluxos migratórios, principalmente de baianos e paulistas. Os primeiros, subindo o rio São Francisco e, os segundos, descendo o caudaloso rio. Erivaldo Fagundes Neves aponta que o alargamento das fazendas de gado de Antônio Guedes de Brito e seus rendeiros no São Francisco contribuíram para o povoamento da região, bem como o contingente populacional atraído pela grande exploração aurífera das Minas Gerais, nas cabeceiras do rio Itapicuru (Jacobina), nas serras do Tromba e das Almas e, também, nas nascentes dos rios das Contas e Paramirim (NEVES, 2008, p. 96).

Durante o século XVIII, a vila de Rio de Contas exerceu papel de importância para o alto sertão em virtude da mineração aurífera. A descoberta do ouro e a conquista e incorporação do sertão fazem parte de

> [...] um processo que, de um lado, significou novas alternativas de exploração econômica e de ampliação do poder metropolitano, através da extensão da estrutura político-administrativa e jurídica e, de outro, instituiu relações com novas formas de sujeição para diferentes grupos sociais, além de consolidar as relações escravistas. (VASCONCELOS, 1998, p. 16)

Com o declínio da mineração no início do século XIX, a agricultura e a pecuária tornaram-se as principais atividades dos distritos vinculados à vila de Rio de Contas. O padre Manuel Aires de Casal registrou que os habitantes de Rio de Contas e os "do seu vasto termo culti[va]vam mandioca, milho, arroz, feijão, tabaco para consumo [...], e ainda cana-de-açúcar, que faz haver alguns engenhos e alambiques" (grifo nosso) (CASAL, 1947, p. 136). No entanto, o mesmo clérigo fez uma ressalva: "mas só são ricos os negociantes, os criadores de gado *vacum* e os cultivadores de algodoeiros, cuja cultura floresce pela excelente qualidade de sua produção".

A vila de Rio de Contas era um importante centro econômico dos sertões baianos nas primeiras décadas do século XIX. Ainda que as secas eventualmente assolassem seus territórios, a manutenção da produção de gêneros agrícolas de forma estruturada era uma característica da região, o que nos permite afirmar que se tratava de uma economia dinâmica e diversificada, baseada no trabalho escravo, mas que contava, também, com a presença de homens livres pobres em diversas atividades comerciais.

"Papéis incendiários" em Rio de Contas

As mudanças das estruturas políticas portuguesas com a Revolução do Porto em agosto de 1820 marcaram a trajetória da imprensa e da vida política no império luso-brasileiro. De imediato, os revolucionários portuenses deliberaram pela liberdade de imprensa em todos os territórios que compunham o Reino. No Brasil, várias Juntas de Governo que apoiaram as Cortes foram instituídas, inclusive na Bahia. A Junta Provisória baiana, estabelecida em Salvador em 10 de fevereiro de 1821, reconheceu o movimento liberal-constitucional vintista e, posteriormente, enviou oito deputados para Lisboa, dos quais podemos destacar Cipriano José Barata de Almeida, Francisco Agostinho Gomes e Luís Paulino de Oliveira Pinto da França (TAVARES, 2001, p. 225).

As elites que compunham a sociedade baiana, formadas por proprietários de terras, grandes negociantes e militares, tornaram-se "revolucionárias" quando aderiram ao movimento vintista e ao projeto de monarquia constitucional. No entanto, tiveram uma forte decepção quando perceberam os intuitos ditos "recolonizadores" dos deputados portugueses reunidos em Lisboa.

No decorrer de 1821, vieram à tona insatisfações em relação às posturas adotadas pela Junta Provisória de Governo estabelecida em Salvador. Alguns dos descontentamentos manifestados foram a instalação de uma comissão de censura para os jornais, a continuidade dos problemas relacionados ao abastecimento e, também, a deficiência da instrução pública. Tais questões frustraram as pretensões de segmentos da população soteropolitana, que acreditava na possibilidade de materialização dos ideais emanados do liberalismo português e da Revolução do Porto em solo americano (SILVA, 2012).

Os eventos de fevereiro de 1822 na Bahia, em decorrência da nomeação de Inácio Luís Madeira de Mello como governador das Armas, insuflaram os ânimos da população e provocaram o êxodo para o Recôncavo. O controle de Salvador pelas tropas lusitanas deu início a uma série de escaramuças e batalhas entre o exército português e as forças lideradas pelas elites políticas das vilas do Recôncavo que pretendiam retomar a capital da província, objetivo somente concretizado em 2 de julho de 1823.

As *juntas governativas*, ou *juntas temporárias de governo*, foram constituídas nas vilas do interior da Bahia a partir de junho de 1822, com o objetivo de reconhecer a regência do príncipe d. Pedro e, também, como uma forma de administração em virtude de Salvador ter sido ocupada pelas tropas portuguesas comandadas por Madeira de Mello. As juntas locais, no contexto da desagregação do Império luso-americano, além de se constituir como uma expressão institucional do poder local, "representavam uma importante mudança político-administrativa e refletiram, em sua composição e em seu modo de atuação, as especificidades dos espaços nos quais iam sendo criadas" (BERNARDES, 2006, p. 317).

Enquanto entes jurídicos, as juntas governativas não foram constituídas para substituir a administração das câmaras nas vilas. As câmaras continuaram sendo responsáveis pelas atividades de governança, tendo as juntas assumido um papel político mais amplo nas províncias até a sua extinção, através da lei imperial de 20 de outubro de 1823. Ademais, os *homens bons* das câmaras poderiam ser membros das juntas governativas e vice-versa. Espaços de exercício do poder local, as câmaras tiveram um papel fundamental durante o período colonial e, também, no processo de ruptura política entre o Brasil e Portugal, na medida em que seus vereadores tomaram parte nas disputas políticas e aderiram ao poder emanado pela Corte no Rio de Janeiro.

Na vila de Cachoeira foi formado, em 6 de setembro de 1822, um Conselho Interino que articulou as ações contra o general Madeira de Mello e manteve contato permanente com o governo do Rio de Janeiro. Este comando reuniu representantes das diversas vilas do Recôncavo que haviam reconhecido d. Pedro como *Regente Constitucional do Brasil* desde os fins de junho de 1822. Durante o conflito, o Conselho Interino "exerceu enérgica e constante ação política, militar e administrativa desde a sua instalação" e "procurou manter-se governo ao longo da campanha militar para expulsar o Exército português da cidade do Salvador" (TAVARES, 2001, p. 237).

Em Rio de Contas, a Junta Temporária de Governo foi estabelecida em 14 de agosto de 1822 mediante o uso da força e sob a égide daqueles que, meses depois, seriam apontados como componentes do *partido europeu* (ou *português*).[9] Posteriormente, alguns indivíduos nascidos na região, que também apoiaram a constituição da junta local, se agruparam politicamente e se autodenominaram *brasileiros* – o que indica a fluidez das identidades políticas no processo de desagregação do Império americano.

Cabem duas ressalvas: (1) ao termo *partido*, no sentido utilizado à época, não corresponde a sua acepção atual, que se refere a uma agremiação política formal. Podemos entendê-lo, no início do século XIX, como um *grupo detentor de certa coesão* (mas não homogêneo), ou mesmo uma corrente de opinião, no qual os interesses em jogo conferiam a tônica das alianças estabelecidas. Partilhar ideias e interesses, "tomar um partido", conferia a estes indivíduos uma identidade política; (2) em meados de 1823, a expressão *partido português* passou a ser utilizada ao invés de *partido europeu*, pois até então todos os nascidos no Reino do Brasil consideravam-se "portugueses da América", sendo os nascidos na metrópole chamados de portugueses europeus.

---

9   APEB. Arquivo Colonial e Provincial. Coleção Independência do Brasil na Bahia. Dossiê 19, doc. 65. Correspondência de 18/10/1822. Nesta e nas demais citações, optamos por atualizar a grafia e a concordância dos vocábulos.

Em correspondência ao Conselho Interino, a junta rio-contense explicou que os relatos sobre a aclamação de d. Pedro como "Regente Constitucional do Brasil", realizada em Cachoeira, chegaram a Rio de Contas em 20 de julho de 1822, acompanhados das edições de "*O Constitucional* número trinta e sete e o *Semanário Cívico* número sessenta e seis [...] [indicando também] a notícia *das aclamações do Rio de Janeiro e de Pernambuco*" (grifo nosso). Segundo os componentes da Junta, o povo da vila, cheio "do mais patriótico entusiasmo", pretendeu fazer a mesma aclamação. No entanto, esta não ocorreu por ter sido impedida pelo juiz de fora Miguel Joaquim de Castro Mascarenhas.[10]

Ainda de acordo com a correspondência encaminhada ao Conselho Interino, a aclamação somente foi realizada em 14 de agosto, após a vila ser cercada por 500 homens armados que ali estariam para garantir a realização do ato. Nesse mesmo dia, a junta rio-contense foi constituída. Assumiu sua presidência o tenente-coronel Joaquim Pereira de Castro, proprietário de terras e procurador da Casa da Ponte. Em sua companhia, alguns indivíduos oriundos da região: o bacharel, recém-chegado de Coimbra, Joaquim José Ribeiro de Magalhães e o sargento-mor das Ordenanças Antonio Rocha de Bastos,[11] ambos como secretários. Também participaram da Junta, como vogais, o capitão José Valentim de Souza e o português Antônio de Souza de Oliveira Guimarães.[12] A composição do órgão deliberativo, assim como daqueles que conferiam apoio às suas ações, era majoritariamente de portugueses natos, além de alguns aliados nascidos na região que tinham interesses vinculados aos dos lusitanos.

Constata-se, assim, que entre a chegada dos periódicos impressos e a formação da junta governativa local, os relatos sobre os acontecimentos do Recôncavo e as notícias veiculadas nos jornais motivaram os portugueses natos, com apoio de alguns nascidos na região, a reconhecerem d. Pedro como "Regente Constitucional". Estas, pelo menos, foram as motivações apresentadas ao Conselho Interino por aqueles que estavam à frente da Junta Temporária.

Era perceptível aos contemporâneos que o Conselho Interino havia "tomado [para si] o título de governo da Província".[13] Em virtude disso, a junta rio-contense

---

10 *Ibidem*.

11 As Companhias de Ordenanças eram tropas auxiliares, organizadas no período colonial, compostas pela população local e encarregadas pela manutenção da ordem interna das capitanias/províncias, não recebendo pagamento pelo desempenho de tal função. Esta instituição, de caráter militar, foi extinta em 1831, com a criação da Guarda Nacional. Cada ordenança possuía seu capitão-mor, que era auxiliado pelo sargento-mor e demais capitães. (SALGADO, 1985, p. 97-98).

12 APEB, *op. cit.*

13 *Idem*, Dossiê 16, doc. 52. Correspondência de 15/11/1822.

sabia que sua existência causaria um mal-estar em Cachoeira. Por isso seus membros reconheceram, no ofício que informou a sua criação, a "superioridade" do Conselho Interino daquela vila, além de indicarem que, "em qualidade de subalternos, [a junta rio-contense] esta[va] pronta para cooperar com tudo quanto chegar a seu alcance para restauração da capital [da Bahia], e para a conservação da integridade da província".[14]

Mesmo tendo admitido a proeminência do Conselho Interino, a Junta Temporária de Rio de Contas não agia de forma submissa às autoridades da vila de Cachoeira, pois protelou, o quanto pode, a realização dos novos juramentos solicitados por aquele órgão deliberativo, que incluíam "obediência a Sua Alteza Real", "fidelidade à Causa do Brasil e *obediência ao Conselho Interino de Governo desta província*"[15] (grifo nosso). Como demonstração de apoio, os componentes da junta local enviaram oitenta arrobas de pólvora para Cachoeira através do tropeiro português Manoel de Souza Fogaça como contribuição aos esforços para retomada da capital.[16]

Ao avaliar as edições dos jornais que chegaram a Rio de Contas (*O Constitucional* e o *Semanário Cívico*, ambos publicados na Bahia), percebemos que os acontecimentos relatados nestes periódicos diferem, em parte, do indicado pelos componentes da junta rio-contense. Mesmo tendo posicionamentos políticos contrários, tais periódicos delinearam um cenário mais dramático, impregnado por traços de antilusitanismo, que repercutiram na estrutura social da região.

O Constitucional foi o jornal que se conservou leal ao príncipe d. Pedro e ao projeto de autonomia do reino do Brasil após a Revolução do Porto. Publicado entre 1821 e 1822, este periódico teve como um dos seus redatores o soteropolitano Francisco Gomes Brandão Montezuma que, posteriormente, exerceu papel de destaque no Conselho Interino de Cachoeira e na vida política do Império (SILVA, 1870, p. 296-297).[17] Maria Beatriz Nizza da Silva (2011) afirma que este periódico não defendeu a Independência do Brasil, mas a existência da ligação entre a Bahia e o Rio de Janeiro, sendo o Rio o centro político e administrativo com d. Pedro enquanto regente. A edição de número 37, publicada em 3 de julho de 1822, em menos de vinte dias circulava em Rio de Contas. Além de anunciar a aclamação de

---

14 *Idem*. Dossiê 19, doc. 65. Correspondência de 18/10/1822.
15 *Idem*. Dossiê 18, doc. 02. Ata de 08/09/1822.
16 *Idem*. Dossiê 19, doc. 65. Correspondência de 18/10/1822.
17 Futuro visconde de Jequitinhonha, Francisco Gomes Brandão era recém-chegado de Coimbra à época da Independência, onde havia feito o curso jurídico. Mulato, mudou seu nome como sinal de ruptura com os europeus, acrescentando ao seu prenome de origem lusitana sobrenomes americanos. Assim, adotou o nome Francisco Gê-Acaiaba Montezuma.

d. Pedro ocorrida no Rio de Janeiro, o periódico também indicava que tal ato havia sido realizado nas vilas de Cachoeira, Santo Amaro e São Francisco.[18]

O *Semanário Cívico*, publicação que circulou na Bahia entre 1821 e 1823, teve como único redator o comerciante português Joaquim José da Silva Maia, natural da cidade do Porto. Nas palavras do próprio Silva Maia, o *Semanário* tinha como missão "não só instruir o povo e dirigir-lhe a opinião para os verdadeiros princípios constitucionais", mas também "desmascarar a impostura" e "fazer calar a calúnia" sobre os cidadãos honrados.[19] Este periódico apoiou Madeira de Mello e posicionou-se contra o governo do Rio de Janeiro, sendo o mais combatido pela imprensa carioca.

A edição de número 66, publicada em 6 de junho de 1822, noticiou, em tom de imprecisão, que a Corte no Rio de Janeiro reconheceu d. Pedro como *Perpetuo Regente do Brasil*, o que não contradiz com o noticiado pela edição supracitada de *O Constitucional*.[20] Diferente do que foi indicado pela Junta Temporária rio-contense em correspondência ao Conselho Interino de Cachoeira, acreditamos que não foi a aclamação em Pernambuco que inflamou os ânimos da população, mas o que esta mesma edição do *Semanário Cívico* informou sobre o clima de tensão da sociedade pernambucana:

> [...] Tem continuado em toda esta *província a terrível perseguição contra os portugueses europeus*: debalde alguns cidadãos prudentes, [...] o mesmo governo tem procurado todos os meios de fazer cessar aquelas vergonhosas rixas. Um povo desenfreado, sem tropas disciplinadas que possam fazer respeitar as autoridades, naturalmente deve ser sacrificado aos caprichos de um punhado de facciosos e reduzir o país em anarquia: é o que infelizmente tem acontecido em Pernambuco. (grifo nosso)

As crises política e social instauradas em Pernambuco eram muito similares às existentes na Bahia. Em Salvador, a nomeação de Madeira de Melo inflamou os ânimos de segmentos da população baiana e, também, dos portugueses natos. Esta sensação de instabilidade pode ser percebida nas palavras da proprietária de engenho Maria Bárbara Madureira Garcês Pinto, através das cartas encaminhadas ao seu esposo Luís Paulino Pinto da França, deputado baiano, às Cortes. Numa correspondência enviada em 12 de maio de 1822, ela afirmou ao esposo:

Tu não podes formar ideia da rivalidade que há entre europeus e brasileiros. [...]. Asseguro-te que, se o príncipe tem partido, o Brasil estava a esta hora em

---

18   *O Constitucional*, n. 37, 03/07/1822.
19   *Semanário Cívico*, n. 23, 02/08/1821.
20   *Semanário Cívico*, n. 66, 06/06/1822.

perfeitíssima anarquia. Teriam corrido rios de sangue e nisto nada ganhava o pobre Brasil e muito perdia o bom Portugal. (FRANÇA, 1980, p. 54)

A visão de Maria Bárbara nos confirma a crescente animosidade entre os nascidos na Europa e parte da população baiana, que começava a reconhecer-se brasileira. A rica proprietária, que durante o ano de 1822 transitou entre Salvador e o Recôncavo na administração do engenho Aramaré, nos indica também a importância da permanência do então príncipe Pedro de Alcântara em solo americano (o *Fico*, 9 de janeiro de 1822) após o decreto das Cortes que exigiu seu retorno para a Europa em outubro de 1831. No entanto, mesmo a presença do príncipe d. Pedro em solo americano não diminuiu as tensões sociais existentes nas províncias do Brasil.

As rivalidades entre portugueses natos e baianos não se restringiam apenas a Salvador e ao Recôncavo. Em virtude disso, os componentes da junta rio-contense almejavam, a partir da constituição daquela instância de poder local, atuar na conservação da "harmonia social com todos os portugueses ultramarinos, domiciliados no Brasil" e, se fosse necessário, "unir-se à província de Minas [Gerais], que esta[va] de posse da liberdade".[21] Tais aspirações vinculavam-se aos relatos vindos do Recôncavo e, também, aos fatos veiculados pelos jornais *O Constitucional* e o *Semanário Cívico*.

Acreditamos que as notícias e relatos referentes à perseguição de portugueses poderiam, no entendimento dos lusitanos que detinham o poder político e econômico em Rio de Contas, contribuir para que segmentos da população rio-contense compostos por nascidos na região realizassem a aclamação de d. Pedro e mudar a composição político-adminstrativa da vila. Além disso, o temor dos "portugueses europeus" de serem assassinados era intenso nos recônditos da província da Bahia. Como salientou o médico e botânico inglês George Gardner "sempre que um motim ou qualquer tentativa de revolta se verifica[va] no interior", os portugueses eram "as primeiras vítimas, chacinados sem piedade, roubados de quanto possuem" (GARDNER, 1942, p. 10).

Os lusitanos exerciam papel de destaque na estrutura estatal e militar de Rio de Contas, além de serem grandes proprietários de terras na região. Para não perderem prestígio político que detinham naquele espaço regional, conduziram o processo revolucionário na vila (só que de forma conservadora). Seguiram, assim, a máxima de Lampedusa: "Se quisermos que tudo fique como está, é preciso que tudo mude".[22] (tradução nossa) (LAMPEDUSA, 1962, p. 42)

---

21 APEB, *op. cit.* Dossiê 03, doc. 75. Traslado do Requerimento encaminhado à Câmara em 14/08/1822.

22 O original: "*se vogliamo che tutto rimanga com'è, bisogna che tutto cambi*".

Para os nascidos na América portuguesa que buscavam a desobstrução das barreiras que os impediam a ascensão aos altos postos civis e militares, este contexto de incertezas poderia trazer possibilidades de mudanças. Após diversos acontecimentos, que envolveram assassinatos de inimigos políticos do "partido português" e algumas tentativas de invasão da vila, alguns representantes dos grupos abastados locais, associados aos setores médios da população de Rio de Contas, autodenominaram-se *brasileiros* e esboçaram uma reação, que acarretou na prisão de alguns componentes da junta rio-contense e seus aliados, mas posteriormente soltos por intervenção do Conselho Interino.[23] Os embates entre *brasileiros* e *portugueses natos* continuaram no decorrer da década de 1820 e alcançaram seu ponto crítico à época da abdicação do imperador d. Pedro I, em 1831.

No desenrolar dos fatos, novas identidades políticas foram forjadas, pois "ser português" ganhou um novo significado e "ser brasileiro" foi proposto enquanto uma nova identidade política. Como consequência desses embates, diversos integrantes do "partido brasileiro" foram levados à prisão nos primeiros meses de 1823. No processo de (re)elaboração destas identidades a imprensa periódica exerceu relevante papel, principalmente no que diz respeito à circulação e divulgação de ideias.

A "Guerra do Mata-maroto" em 1831

O papel exercido pela imprensa nas disputas políticas em curso na Corte contribuiu para a abdicação do imperador d. Pedro I. Jornais do Rio de Janeiro e de Salvador influenciaram na conformação política das vilas do interior baiano, propagando os acontecimentos políticos que culminaram no sete de abril de 1831. No entanto, diferentemente dos motins da Corte que antecederam a abdicação, nos quais segmentos pobres da população manifestavam-se na luta pela *liberdade* (entendida neste contexto enquanto *igualdade*) (RIBEIRO, 2002, p. 263), em Rio de Contas as manifestações antilusitanas foram protagonizadas por algumas autoridades locais nascidas na região, que buscaram associar os lusitanos e seus aliados que residiam na vila e seu termo a uma suposta "conspiração portuguesa".[24]

O antilusitanismo permaneceu como a tônica na (re)elaboração das identidades políticas em Rio de Contas durante o Primeiro Reinado. Novas configurações políticas foram estabelecidas nos anos subsequentes à independência política do Brasil, a partir de novas alianças e novos agentes sociais envolvidos, principalmente, nas ações protagonizadas por brasileiros e portugueses natos ao final do Primeiro Reinado.

---

23   AMRC. Seção Judiciária. Caixa 2, maço 01. Autos da Devassa Mata-maroto,1823.

24   *Idem*, Fundo Câmara Municipal. Caixa 6, maço 2. Doc. s/d.

Mais uma vez, os periódicos contribuíram para a deflagração do conflito nesta vila dos *sertões de cima*. As manifestações antilusitanas foram tão intensas ao final do Primeiro Reinado que ficaram marcadas na memória social rio-contense. Até meados do século XX, os moradores de Rio de Contas denominavam tais acontecimentos como "guerra do mata-maroto"[25] por conta do clima de insegurança existente após a abdicação, quando aconteceram diversas prisões e assassinatos de portugueses que residiam na vila e seu termo.[26]

Ainda que os sentimentos antilusitanos estivessem presentes na sociedade rio-contense durante a década de 1820, as disputas políticas não haviam alcançado tamanha dimensão como no período que sucedeu a abdicação do imperador Pedro I. As notícias sobre a "noite das garrafadas",[27] ocorridos na Corte, e dos motins antilusitanos que tiveram lugar em Salvador,[28] chegaram à vila de Rio de Contas em 11 de maio de 1831, através dos periódicos *Astréa*, *O Bahiano* e *O Repúblico*, "cujos escritos fazem certo a impunidade dos crimes cometidos por tais malvados [portugueses]", conforme exposto no abaixo-assinado composto por 47 assinaturas que foi encaminhado à Câmara da vila.[29]

Em seguida, diversos assassinatos de portugueses ocorreram desde que "soaram as notícias dos acontecimentos da capital do Império no dia 13 de março [de 1831]".[30] Na representação enviada à Câmara, os reclamantes solicitaram às autoridades o recolhimento de todos os portugueses à prisão. Afirmaram que suas motivações não eram a

> [...] impostura, o espírito de partido, a calúnia e [nem] mesmo a vingança que nos faz[iam] exprimir por estas frases e que nos dirigiu

---

25 Eram chamados de "mata-maroto" os conflitos de rua protagonizados por brasileiros e portugueses natos com ocorrências de saques, quebra-quebras, espancamentos e assassinatos. "Maroto", além de designar "marinheiro", era uma forma pejorativa utilizada pelos baianos para indicar os indivíduos nascidos em Portugal. Luiz Maria da Silva Pinto, em seu *Dicionário da Língua Brasileira* (1832, p. 699), definiu maroto como "vil, aquele que se porta mal, descortês", muito próximo de uma das definições mais recentes do termo: "indivíduo capaz de ações vis, canalhas, condenáveis; ladino, vivo, malandro". (HOUAISS; VILLAR, 2009, p. 1.250).

26 AMRC. Livro da Intendência Municipal. 1928.

27 Sobre os conflitos antilusitanos no Rio de Janeiro durante o Primeiro Reinado, ver RIBEIRO, 2002.

28 Sobre os motins de abril de 1831 em Salvador, ver SILVA, 1933, p. 253-272; MOREL, 2001, p. 250-256.

29 AMRC. Fundo Câmara Municipal. Caixa 6, maço 2. Doc. s/d.

30 APEB. Arquivo Colonial e Provincial. Juízes de Rio de Contas. Maço 2483. Correspondência de 28/04/1831.

a representar sobre a segurança de todos os portugueses residentes neste município, e sim o bem que tal medida vem a resultar um favor nosso, da Constituição, do nosso país e até do Brasil inteiro, sendo está precaução provisória, [...], durante o receio que há de conspiração portuguesa.[31]

Numa sessão extraordinária realizada em 21 de abril de 1831, "a fim de evitar o furor popular", a Câmara de Rio de Contas deliberou que os juízes de paz dos distritos conduzissem para a cadeia pública localizada na sede da vila todos os indivíduos de origem lusitana "a bem da manutenção do sossego e tranquilidade pública, de alguma maneira interrompida por alguns assassínios, indicativo de maior explosão entre brasileiros adotivos e brasileiros natos". Com tal ação, pretendeu-se "evitar a anarquia e não ver correr o sangue de nossos concidadãos".[32]

Tal atitude, supostamente com o intuito de proteger os cidadãos portugueses residentes em Rio de Contas, ambicionou retirá-los das esferas de poder e mando da vila. Em correspondência à presidência da Província, o juiz de paz Manoel Justiniano de Moura e Albuquerque solicitou a expulsão de nove portugueses dos cerca de cento e vinte que viviam na vila, sob a justificativa de que tal ação conteria os ânimos da população.[33] A presidência da Província, ocupada interinamente por Luis dos Santos Lima, ordenou para a Câmara rio-contense a libertação de todos os portugueses presos, já que não haviam cometido crime algum.[34] No entanto, a documentação indica que até meados de julho de 1831 os portugueses ainda permaneciam sob custódia.[35]

No decorrer de 1831 os assassinatos de portugueses e seus aliados continuaram, fato que chamou a atenção das autoridades provinciais. Para uma melhor avaliação das violências praticadas no período, é importante recolher as afirmações dos personagens locais. Uma autoridade judicial afirmou ao presidente da Província, anos mais tarde, que um "homem célebre" naqueles sertões chamado Honório José das Neves, em companhia de outros dois criminosos, foram responsáveis pelo assassinato de "mais de vinte cidadãos pacíficos" em julho de 1831, quando o mata-maroto atingiu o auge na região.[36]

---

31 AMRC. Fundo Câmara Municipal. Caixa 6, maço 2. Doc. s/d.

32 APEB. Arquivo Colonial e Provincial. Correspondências recebidas da Câmara de Rio de Contas. Maço 1354. Correspondência de 25/04/1831.

33 APEB. Arquivo Colonial e Provincial. Juízes de Rio de Contas. Maço 2483. Correspondência de 29/05/1831.

34 *Idem*. Correspondências expedidas pelo Governo da Província. Maço 1636. Correspondência de 17/05/1831.

35 *Idem*. Juízes de Rio de Contas. Maço 2483. Correspondência de 13/08/1831.

36 *Idem*. Maço 2557. Correspondência de 03/11/1835.

Jornais baianos, pernambucanos e mineiros repercutiram tais acontecimentos. O número 37 do *Nova Sentinella da Liberdade*, publicado em Salvador por Cipriano Barata em 23 de outubro de 1831, relatava em tom de aprovação que "o povo" de Rio de Contas estava envolvido em grandes desordens, pois haviam "tomado para si o trabalho que pertencia as autoridades do Brasil".[37] Também na capital baiana, o jornal conservador *O Orgão da Lei* destacou numa de suas edições, provavelmente do segundo semestre de 1831, que a vila de Rio de Contas

> [...] tem sido vítima de sanguinários anarquistas, os quais, a pretexto de ódio contra os portugueses, tem desumanamente assassinado muitos pais de família, deixando muitos e tenros brasileiros órfãos. [...] Em um pequeno espaço de tempo houve naquela vila dezessete assassinatos, ficando mais de quarenta órfãos e muitas viúvas.[38]

O mesmo artigo foi reproduzido pelo jornal pernambucano *O Olindense* (Olinda-PE) em 8 de novembro de 1831. Jornais mineiros, como *O Universal* (Ouro Preto-MG) e *Astro de Minas* (São João Del Rey-MG) relataram os acontecimentos rio-contenses a partir de julho de 1831, muito provavelmente por conta da proximidade territorial e dos intensos contatos comerciais da vila com o norte de Minas Gerais. Na edição número 660 d'*O Universal*, publicada em 17 de outubro de 1831, foi noticiado que "tem havido em Rio de Contas mortes de brasileiros adotivos feitas por esse partido que aí tem se conservado, aterrando com sua presença os habitantes pacíficos do lugar: muitas famílias tem deixado as suas propriedades para escaparem ao assassínio e a pilhagem".[39]

Por conta de sua postura controversa, o juiz de paz Manoel Justiniano de Moura e Albuquerque foi preso sob a acusação de favorecer as agressões e assassinatos de portugueses natos no início de 1832. A prisão de Manoel Justiniano, em companhia de alguns seus aliados, foi executada por juízes de paz dos distritos que compunham o termo da vila, tendo o aval do presidente da Província Honorato José de Barros Paim que solicitou, inclusive, que fossem levados à capital baiana.[40] O responsável pela transferência dos prisioneiros foi o capitão ajudante Germano José da Silva Pinto, que recebeu a guarda dos presos em Rio de Contas no dia 11 de abril de 1832.[41] No entanto, enquanto cumpria outras determinações que lhe

---

37 *Nova Sentinella da Liberdade*, n. 37, 23/08/1831.
38 *O Olindense*, n. 55, 08/11/1831.
39 *O Universal*, n. 660, 17/10/1831.
40 AMRC. Seção Judiciária. Caixa 2, maço 1. Cópia da portaria ao capitão ajudante Germano. 22/03/1832.
41 APEB. Arquivo Colonial e Provincial. Correspondências expedidas pelo Governo da Província. Maço 1640. Correspondência de 22/03/1832.

foram encarregadas, faleceu "acometido de uma morte súbita" durante uma sessão da Câmara rio-contense em 30 de abril de 1832.[42] Por esta razão, não sabemos se Manoel Justiniano e os demais presos chegaram a ser transferidos para Salvador. Como as tropas dos juízes de paz que os prenderam foram desmobilizadas, é provável que tenham sido soltos ainda em 1832 por ordem do governo da Província. Manoel Justiniano e seus descendentes continuaram detentores de prestígio político na região no decorrer do século XIX (SANTOS FILHO, 1956, p. 149-177).

Os fatos narrados nos jornais contribuíram sobremaneira para as agitações políticas e sociais ocorridas na vila. O *Astréa*, O *Bahiano* e O *Repúblico* foram publicações que tiveram um importante papel na divulgação dos projetos políticos liberais, num ambiente de efervescentes debates em torno da construção do Estado Imperial. As ideias veiculadas por estes periódicos provocavam movimentos de ação e reação que não se restringiam apenas às localidades em que eram publicados.

Como não foram especificadas na representação encaminhada à Câmara quais edições dos jornais citados circularam em Rio de Contas e que motivaram as ações contra portugueses e seus aliados, analisamos as edições destes periódicos que abordaram os eventos políticos ocorridos na Corte e em Salvador do período. Os jornais citados no abaixo-assinado eram "liberais exaltados", apesar do *Astréa* ter sido, em sua primeira fase, um periódico "moderado".

O Repúblico, que circulou em sua primeira fase no Rio de Janeiro entre 1830 e 1831,[43] teve como redator o paraibano Antônio Borges da Fonseca. Jornalista combativo com participação relevante nos conflitos políticos que levaram a abdicação, Borges da Fonseca defendeu a adoção do regime federativo para "afrouxar" os laços que "arrocham as províncias do Império, e que por muito apertado estão em perigo de rebentarem".[44]

Desde a segunda metade de 1830 que o redator d'*O Repúblico* sinalizava a existência de um "gabinete secreto" composto por "homens ferozes" que influenciavam as decisões do imperador d. Pedro I. Estes seriam, inclusive, os responsáveis pelo assassinato do jornalista Libero Badaró.[45] Após a "noite das garrafadas", Borges da Fonseca incorporou em seu periódico o antilusitanismo como discurso. Na

---

42   *Idem.* Juízes de Rio de Contas. Maço 2483. Correspondência de 05/05/1832.

43   Segundo Carolina Paes Barreto da Silva (2010, p. 13), *O Repúblico* apresentou durante sua trajetória cinco fases: a primeira entre 1830 e 1831; A segunda entre 1831 e 1832; a terceira iniciada em 1834, sendo indeterminado quando havia parado de circular; a quarta, exclusivamente no ano de 1837; e a quinta e última fase, no segundo semestre de 1853. Com exceção da segunda fase, que foi trazida a lume na Paraíba (com três números impressos em Recife), as demais foram todas publicadas no Rio de Janeiro.

44   *O Repúblico*, n. 47, 16/03/1831.

45   *Idem*, n. 21, 11/12/1830.

edição de 16 de março de 1831, ao abordar pela primeira vez os acontecimentos dos dias anteriores, questionou aos seus interlocutores: "é dessa forma, brasileiros, que somos agredidos atraiçoadamente pela gente sorumbática? E dir-se-á que a provoquemos? Ah, malvados, que acobertados pelo infame gabinete secreto, assim derramais o sangue brasileiro que pede vingança".[46] Nas edições seguintes, os ataques aos "marinheiros" (como eram chamados os portugueses no Rio de Janeiro) aumentaram cada vez mais.

Outro jornal fluminense citado foi o *Astréa*, que circulou na Corte de 1826 a 1832 e teve como redatores Antônio José do Amaral e José Joaquim Vieira Souto. A *Gazeta do Brazil*, jornal áulico fluminense, chamava o *Astréa* de "insolente" e "demagógico" (SODRÉ, 1966, p. 123-124). Em sua edição de 17 de março de 1831, publicada após os tumultos decorrentes da "noite das garrafadas", o *Astréa* afirmou que o governo do Brasil não era nacional, mas que havia passado "a ser exclusivamente português recolonizador".[47]

Neste mesmo artigo, indicou aos seus leitores, assim como O *Público*, a existência de um "gabinete secreto" detentor de "grandes projetos" que estavam em curso, no qual um "irreconciliável lusitanismo bradava pela destruição da Independência e Liberdade do Brasil". Na edição seguinte, o *Astrea* abordava mais detalhadamente sobre a "noite das garrafadas", quando "bárbaros e sanguinários portugueses [...] derramaram o sangue brasileiro".[48] O tom antiluso continuou nas edições seguintes até as vésperas da abdicação.

As imagens evocadas pelas palavras destes periódicos, independente de quais edições tenham circulado em Rio de Contas, teriam motivado as autoridades brasileiras rio-contenses a atacar seus inimigos políticos nascidos em Portugal, com os quais tinham desavenças desde 1822, quando os nascidos na região se autodenominaram *brasileiros* e, em seguida, acusaram os portugueses natos e seus aliados de pertencerem ao *partido europeu* (FRUTUOSO, 2015).

O Bahiano, cujo subtítulo era "pela constituição e pela lei", foi um periódico liberal que circulou em Salvador entre 1828 e 1832. Seu redator, Bernardino Ferreira Nóbrega, havia sido preso em 1829 acusado do crime de abuso da liberdade de imprensa, tendo sido posteriormente absolvido (SILVA, 2009, p. 61-65). Nóbrega foi acusado também por seus detratores de ser o "mulatinho redator testa de ferro" do "façanhoso" Antonio Pereira Rebouças, que também foi o fundador d'*O Bahiano* (CASTRO, 1984, p. 83).

A edição d'*O Bahiano* que possivelmente chegou à vila de Rio de Contas em fins de abril foi a de número 37, publicada em 12 de abril de 1831, em meio aos motins ocorridos em Salvador. Nesta edição, além de abordar a saída de Luís Paulo de

---

46   *Idem*, n. 47, 16/03/1831.
47   *Astrea*, n. 683, 17/03/1831.
48   *Idem*, n. 684, 22/03/1831.

Araujo Bastos (futuro visconde de Fiais) da presidência da Província, alertava que seria de "sumo interesse" a saída dos "numerosos portugueses que aqui se acha[va]m, e que chega[va]m todos os dias, para se 'arrumarem' [...] em ocupações que deviam" ser exercidas pelos brasileiros.[49]

Por mais que o redator d'*O Bahiano* se referisse principalmente aos caixeiros e lojistas solteiros nascidos em Portugal, em Rio de Contas as manifestações foram direcionadas, principalmente, aos lusitanos que ocupavam as posições de poder e mando. Estratégia utilizada com maestria pelas autoridades locais nascidas na região, pois garantiu a destituição dos portugueses natos e seus aliados políticos dos postos de proeminência da vila. As notícias veiculadas nos periódicos que circularam nesta vila do sertão baiano teriam justificado as ações antilusitanas praticadas num momento de grande instabilidade social e política na província da Bahia.

A circulação de impressos teve importante papel durante os eventos do Primeiro Reinado. Para além de sua finalidade noticiosa, a imprensa foi utilizada como instrumento doutrinário e mobilizador, além de ter se constituído enquanto novo espaço de debate político. Como observamos, na vila de Rio de Contas os jornais redigidos nos grandes centros urbanos influenciaram na (re)elaboração das identidades políticas durante o processo de ruptura política entre Brasil e Portugal e, também, no período que se seguiu a abdicação do imperador d. Pedro I. O trânsito dos periódicos entre os círculos letrados do Império possibilitou a associação de indivíduos por meio das ideias e influenciou na vida política desta vila do sertão baiano, palco de diversos episódios de antilusitanismo num momento de grande instabilidade social no país.

Referências Bibliográficas:

BERNARDES, d. A. de M. *O patriotismo constitucional*: Pernambuco, 1820-1822. São Paulo: HUCITEC; Recife: UFPE, 2006.

CASAL, M. A. de. *Corografia brasílica*, Rio de Janeiro: Imprensa Nacional/Ministério da Educação e Saúde, 1947. t. 2.

CASTRO, R. B. de. *A primeira imprensa da Bahia e suas publicações*: tipografia de Manuel Antonio da Silva Serva, 1811-1819. Salvador: Imprensa Oficial, 1969.

CASTRO, R. B. de. *A Tipografia Imperial e Nacional, da Bahia (Cachoeira, 1823 – Salvador, 1831)*. São Paulo: Ática, 1984.

DARNTON, R.; ROCHE, d. (org.). *A Revolução Impressa*: a imprensa na França, 1775-1800. São Paulo: Edusp, 1996.

---

49   *O Bahiano*, n. 37, 12/04/1831.

FRANÇA, A. d. P. (org.). *Cartas baianas, 1821-1824: subsídios para o estudo dos problemas da opção na independência brasileira*. São Paulo: Ed. Nacional; Rio de Janeiro: UERJ, 1980.

FREIRE, F. *História Territorial do Brazil (Bahia, Sergipe e Espírito Santo)*, Salvador: Secretaria da Cultura e Turismo/Instituto Geográfico Histórico da Bahia, 1998. vol.1.

FRUTUOSO, M. A. *"Morram marotos!": antilusitanismo, projetos e identidades políticas em Rio de Contas (1822-1823)*. Dissertação de Mestrado – Universidade Federal da Bahia, Salvador, 2015.

GARDNER, G. *Viagens no Brasil, principalmente nas províncias do norte e nos distritos do ouro e diamantes durante os anos de 1836-1841*. São Paulo: Companhia Editora Nacional, 1942.

HOUAISS, A.; VILLAR, M. de S. *Dicionário Houaiss da Língua Portuguesa*, 1ª ed. Rio de Janeiro: Objetiva, 2009.

LAMPEDUSA, G. T. *Il Gattopardo*. Milão: Feltrinelli, 1962.

MOREL, M. *Cipriano Barata na Sentinela da Liberdade*. Salvador: IGHB/ALB, 2001.

MOREL, M.; BARROS, M. M. de. *Palavra, imagem e poder: o surgimento da imprensa no Brasil do século XIX*. Rio de Janeiro: DP&A, 2003.

NEVES, E. F. *Uma comunidade sertaneja: da sesmaria ao minifúndio (um estudo de história local e regional)*. Salvador: EDUFBA; Feira de Santana: UEFS, 2008.

PEDREIRA, P. T. "Os quilombos baianos". *Revista Brasileira de Geografia*, n. 4, Rio de Janeiro: IBGE, 1962.

PINTO, L. M. da S. *Diccionario da Lingua Brasileira*. Ouro Preto: Typographia de Silva, 1832.

RIBEIRO, G. S. *A liberdade em construção: identidade nacional e conflitos antilusitanos no Primeiro Reinado*. Rio de Janeiro: Relume-Dumará/Faperj, 2002.

SALGADO, G. (org.). *Fiscais e meirinhos: a administração no Brasil Colonial*. Rio de Janeiro: Nova Fronteira, 1985.

SANTOS FILHO, L. *Uma comunidade rural do Brasil antigo*. São Paulo: Companhia Editora Nacional, 1956.

SILVA, C. da C. e. *Os Segadores e a Messe: o clero oitocentista na Bahia*. Salvador: Secretaria da Cultura e Turismo/Edufba, 2000.

SILVA, C. P. B. da. *A trajetória d'O República no fim do Primeiro Reinado e início da Regência: os discursos impressos de Antônio Borges da Fonseca sobre a política imperial (1830-1832)*. Dissertação de Mestrado – Universidade Federal Fluminense, Niterói, 2010.

SILVA, D. A. da. "A duras e pesadas penas: imprensa, identidade e nacionalidade no Brasil imperial". *Topoi*, n. 19, vol. 10. Rio de Janeiro, UFRJ, jul-dez. 2009, p. 55-69.

SILVA, I. de A. de C. e. *Memórias históricas e políticas da Província da Bahia. Anotações de Braz do Amaral*, vol. 2, 1925 e vol. 4, 1933. Bahia: Imprensa Oficial do Estado, 1925.

SILVA, I. F. da. *Diccionario Bibliographico Portuguez*, t. 9. Lisboa: Imprensa Nacional, 1870.

SILVA, M. B. N. da. *Diário Constitucional: um periódico baiano defensor de d. Pedro – 1822*. Salvador: EDUFBA, 2011.

SILVA, M. R. S. *Independência ou morte em Salvador: o cotidiano da capital no contexto do processo de independência brasileiro (1821-1823)*. Dissertação de Mestrado. Universidade Federal da Bahia, Salvador, 2012.

SLEMIAN, A. & PIMENTA, J. P. G. *O "nascimento político" do Brasil: as origens do Estado e da nação (1808-1825)*. Rio de Janeiro: DP&A, 2003.

SODRÉ, N. W. *A história da imprensa no Brasil*. Rio de Janeiro: Civilização Brasileira, 1966.

TAVARES, L. H. D. *História da Bahia*. São Paulo: Unesp; Salvador: Edufba, 2001.

VASCONCELOS, A. L. *Ouro: Conquistas, tensões, poder, mineração e escravidão. Bahia do século XVIII*. 1998. Dissertação de Mestrado – Universidade Estadual de Campinas, Campinas, 1998.

Capítulo 3. Embates discursivos: os escritos políticos dos republicanos liberais na queda do Brasil-Império (1870-1891)

Daiane Lopes Elias

O presente artigo visa expor algumas questões sobre os escritos políticos de expoentes do grupo republicano-liberal contra a monarquia brasileira no período de 1870 a 1891. A escolha de 1870, como marco histórico inicial, parte do irromper do *Manifesto Republicano*,[1] por ser esse um dos principais registros de contestação ao regime monárquico, estendendo-se até o ano de 1891, no qual o texto constitucional, de viés liberal, servirá como marco histórico final, obviamente, por demonstrar que o significado de república construído pelos liberais vencera a disputa política.

Para isso, dialogou-se com os enunciados contidos nos textos dos principais expoentes da corrente republicana liberal, para melhor compreender sua construção discursiva estudando o porquê de certas escolhas para realizarem o que pretendiam. O interessante é perceber que a estratégia discursiva vencedora fez uso de um determinado contexto linguístico: o da política científica,[2] de meados do Oitocentos que, após ser escolhido e adaptado, encontrou sentido na realidade brasileira e proporcionou sua vitória em detrimento de outras propostas de república existentes. O objetivo é entender a busca por ideias para construção de um discurso que mobilizasse à ação, haja vista os vários "usos de significados" no momento de disputa entre as linguagens antigas e novas desse período.

---

[1] É importante ressaltar que embora se adote como marco inicial para a análise a publicação do *Manifesto Republicano* em 1870, a experiência republicana, entendida como regime político – e não como um conjunto de valores orientados para o bem comum – já havia sido vislumbrada em outros momentos da história brasileira, como, por exemplo, na Confederação do Equador (1824) e nas revoltas provinciais: Farroupilha (1835-1845), ocorrida no Rio Grande do Sul, e Sabinada (1837-1838), na Bahia. Esses episódios constituem alguns bons exemplos na busca pela implantação de um tipo de república. Sobre as revoltas provinciais ler CARVALHO, 2006. Sobre a Confederação do Equador ver MELLO, 2004.

[2] Sobre a adoção da linguagem da "política científica" ver ALONSO, 2002, p. 176.

Entende-se que os republicanos liberais, bem como positivistas e jacobinos, não eram meros copistas de doutrinas estrangeiras, leram-nas a seu modo, para encontrar nelas as ferramentas capazes de instrumentalizá-las na ação de deslegitimação das instituições, práticas e valores imperiais; consequentemente, de legitimação de seu próprio grupo através da criação de um discurso capaz de reinventá-los como nova elite política do país.

Travava-se a disputa, sobretudo pela via do discursivo, pelos postos de comando do país entre os vários setores insatisfeitos com a Monarquia. A busca por alternativas possíveis para solucionar as tensões existentes na sociedade oitocentista brasileira surge a partir de questões, como, por exemplo, a escravidão, a imigração estrangeira, ou ainda a centralização política. É desse modo que "a opção pela república e o modelo de república escolhido tinham a ver com a solução que se desejava para tais problemas" (CARVALHO, 1990, p. 23). As correntes republicanas passaram a disputar a organização política da sociedade, como observa José Murilo de Carvalho:

> Havia no Brasil pelo menos três correntes que disputavam a definição da natureza do novo regime: o liberalismo à americana, o jacobinismo à francesa, e o positivismo. As três correntes combateram-se intensamente nos anos iniciais da República, até a vitória da primeira delas, por volta da virada do século. (CARVALHO, 1990, p. 23)

O modelo vencedor possui como características a liberdade civil, o direito individual, a não intervenção do Estado na economia, visto que tem "por base um contrato político-social que reconhece todos os indivíduos como livres e iguais, postulando sua autonomia e abrindo campo para um novo tipo de interesse sobre esse 'eu moderno'. Uma ideia que confere à vida individual uma importância até então desconhecida" (GOMES, 2004, p. 12). Assim, para os defensores deste ideal de sociedade seria viável a concepção de república baseada no modelo americano, visto que o pacto social acontecia a partir da lógica do interesse individual. O caráter de "público" era o somatório dos interesses particulares, o que servia de justificativa para a defesa de seus próprios interesses. Desse modo, a corrente liberal pode ser associada à "liberdade dos modernos" (CARVALHO, 1989, p. 265-280), ou seja, uma liberdade pautada na busca de satisfação dos interesses particulares com uma organização política capaz de garantir-lhes a realização destes interesses. Alguns de seus expoentes eram: Alberto Sales, principal teórico da república federal-liberal paulista, Quintino Bocaiúva, representante na Corte e Assis Brasil, no Rio Grande do Sul. Esses pensadores se dedicaram a tratar de temas importantes ao país, seus escritos visavam a ação política e não a formulação de teorias. O próprio título de algumas de suas obras[3] já fornece indícios para interpretá-los enquanto agentes de seu tempo, pois traziam consigo a opção pela república liberal, que nesse período era indissociável do conceito de democracia, pelo federalismo, pelo oportunismo político (significava implantar a república o quanto antes, assim que viável), etc. [4]

Para isso, o grupo republicano liberal elaborou estratégias de ação, como, por exemplo, a escolha pelo repertório da política científica que serviu de arma para justificar a oposição à Monarquia. A linguagem da política científica, ao ser adaptada, forneceu argumentos à orientação política, pois o "movimento intelectual encontrou aí uma linguagem e um esquema conceitual para se diferenciar da tradição imperial" (ALONSO, 2002, p. 238). Desse modo, pensou-se o país como partícipe dos estágios civilizatórios pelos quais o mundo moderno "necessariamente" passaria. A aceitação da ideia da "marcha do progresso" tornava indispensável mudanças de ordem econômica, cultural, política e social. Por isso, dever-se-ia promover as transformações cabíveis para auxiliar o pleno desenvolvimento do Brasil no mundo moderno. Assim:

> O repertório político-intelectual de fins do oitocentos deu ao movimento intelectual instrumentos para interpretar sua conjuntura como crise de um padrão de sociedade e de um regime político, incompatíveis com o ritmo e a direção da história mundial. E como decadência: desagregação da ordem sociopolítica legada pela colonização. (ALONSO, 2002, p. 240-241)

Com a adoção de uma linguagem combativa, criada a partir dos empréstimos feitos do vocabulário da política científica que construía uma visão de mundo evolutiva, os contestadores passaram a interpretar a monarquia sob a ótica do decadentismo,[5] que era lido como um movimento contrário à marcha da evolução social, ou seja, eram as "estruturas artificiais" que se mantinham no tempo devido a atitudes políticas equivocadas. A monarquia, por exemplo, era entendida como

---

3   Alguns exemplos são: *Política republicana* (1882); *A pátria paulista* (1887); *Catecismo Republicano* (1885), *Ciência Política* (1891) de Alberto Sales, ou ainda, os títulos de Assis Brasil: *O oportunismo e a revolução* (1880); *A República Federal* (1881); *Democracia Representativa. Do voto e do modo de votar* (1893), entre outras.

4   Sobre a questão do "oportunismo político" ver NICOLET, 1982.

5   A versão científica de decadentismo adotado pelos contestadores é proveniente da geração portuguesa de 1870. Segundo Angela Alonso (*op. cit.*, p. 174), era um grupo que, em sua maioria, defendia a postura "anticlerical, anti-romântico, republicano e federalista", pontos caros às reformas sociais pretendidas pelos contestadores do Brasil, por isso a escolha consciente pela versão portuguesa do decadentismo.

uma herança colonial que permanecera na Modernidade[6] e que deveria ser superada. Os novos tempos exigiam mudanças estruturais para facilitar a marcha do progresso. Essas mudanças eram entendidas como típicas da Modernidade, período em que a aceleração temporal promove o desvelar do progresso e torna toda e qualquer tradição obsoleta. A monarquia, seus valores e práticas tinham que necessariamente desaparecer para dar lugar ao "novo". O vocabulário político dos republicanos construía uma retórica que visava mover à ação, a partir da oposição entre tradição e modernidade, tendo como objetivo primeiro questionar a tradição, bem como legitimar aquilo que apresentavam como "novo" e, portanto, próprio da Modernidade. Como ressaltou Maria Tereza Chaves de Mello em relação ao ataque discursivo contra o regime monárquico:

> [...] recebeu um tratamento crítico bipolar pela propaganda republicana. Pôs-se, então, em confrontação um par antitético: monarquia versus república, onde o último elemento apresenta o primeiro de maneira que aquele não se reconhece. (MELLO, 2007, p. 174)

Era assim que a estratégia de ação dos grupos republicanos contestadores se pautava no empréstimo do vocabulário da política científica, na adoção do decadentismo como forma de interpretar a política e no oportunismo que garantiria uma transição pacífica ao progresso. Desse modo, fizeram escolhas para criar uma nova linguagem política eficaz ao intervir e instaurar o novo regime que poria fim à experiência comum de marginalização, através da linguagem combativa não apenas criavam o "novo", mas o constituíam a partir da crítica aos valores, práticas e instituições anteriores. A deslegitimação do *status quo* imperial se deu pela inversão de discurso, tudo aquilo que se referia à monarquia encontrava seu pleno oposto no vocabulário contestador.

Invertia-se o espelho para criar o ambiente favorável para que a nova linguagem instaurasse o real. Assim, a batalha discursiva contra a monarquia fez uso, sobretudo, de "conceitos antitéticos" (KOSELLECK, 2006, p. 191-231). Os pares

---

6 Modernidade entendida, segundo Reinhart Koselleck, como momento histórico no qual se constata um esgarçamento entre as categorias históricas de "espaço de experiência" e "horizonte de expectativas", sobretudo, quando do evento singular da Revolução Francesa (KOSELLECK, 2006, p. 41-60). Momento que propiciou o surgimento do tempo histórico, haja vista o descolamento entre passado e futuro. Se antes a 1789 passado e futuro permaneciam unidos, com o advento da Revolução Francesa, "que parecia ultrapassar e reorganizar toda a experiência anterior", inaugura-se uma nova forma de experimentação temporal, na qual o futuro mostra-se inédito, surge então a "história em si". O porvir não mais sendo conhecido, permitiu uma infinidade de possibilidades, despontaram-se assim no cenário mundial as mais variadas filosofias da história e seus respectivos horizontes utópicos.

de conceitos em oposição, monarquia x república, passaram a ser muito utilizados, sendo a monarquia identificada como um "regime de privilégios", de "corrupção dinástica", "despótico" e de "atraso", enquanto que a república era, por excelência, associada ao "governo de si", à "plena soberania popular", ao "bem comum", ao "talento" e ao "progresso". O recurso aos pares de antônimos era muito usado na retórica dos grupos contestadores para denegrir a imagem da monarquia, enquanto se fortalecia a da república.

É importante ressaltar que o século XIX fora fortemente marcado pelas teorias científicas de reforma como, por exemplo, o positivismo, evolucionismo, cientificismo e darwinismo social.[7] Os empréstimos feitos do vocabulário da política científica eram constitutivos do discurso contestador, por isso a repetição de expressões como "evolução", "leis científicas", "ciência política", "ordem e progresso", "passagem do homogêneo para o heterogêneo", "organismo social", "anarquia mental", "marcha geral da civilização", "estados da humanidade", "evolução mental", "regime científico de governo", entre outras tantas.

O diálogo dos contestadores com essas teorias possibilitou a formação de uma nova linguagem política republicana que, para fins práticos, optou por entender a república brasileira como a forma de governo do progresso, como último estágio da evolução social, ou ainda, como o desvelar do estado positivo. Assim, observa Maria Tereza Chaves de Mello em relação aos grupos contestadores do período:

> [...] para aquela geração ilustrada, o regime republicano passou a ser percebido como uma fatalidade histórica. Essa cultura democrática e científica penetrou profundamente na sociedade brasileira do final do Império. Ela renovou o vocabulário e a semântica. (MELLO, 2011, p. 124)

A necessidade de superar a fase monárquica, que passara a ser sinônimo de atraso e crise no discurso republicano, tornara-se a ordem do dia. A crença no progresso a fez anacrônica e o choque entre os dois conceitos de velho (monarquia) e novo (república) ocorreu. Era assim que o intenso debate político criava um vocabulário combativo com o intuito de transformar o contexto político-social do país. Cada grupo desenvolveu um significado próprio para a república que almejava implantar, o que demonstrou a grande mobilização de recursos semânticos, não apenas para mudar a realidade do Brasil, mas para que, ao se alterar essa realidade,

---

7 É importante destacar que as obras de teorias científicas não se situaram temporalmente apenas no Oitocentos, mas, de acordo com Tânia Bessone (1999, p. 142), houve "Registros e comentários a respeito de obras mais lidas ou muito 'faladas' na primeira década do século XX", dentre as quais estavam a dos principais autores utilizados no Oitocentos quando se tratava de teorias científicas tais como: Spencer, Darwin, Comte, Haeckel, etc.

se garantisse os postos de comando aos "líderes" dos grupos marginalizados. A busca pela inserção no campo político fora o elo comum dos contestadores do Império.

Desse modo, ao lançar um olhar sobre a guerra discursiva feita a partir das enunciações dos principais representantes republicanos que se sentiam marginalizados pela monarquia, sobretudo os liberais aqui escolhidos, que se obtém uma maior inteligibilidade do período. Os três expoentes da república liberal, Alberto Sales, Quintino Bocaiúva e Assis Brasil, cada um representando uma região do país, compartilhavam as mesmas leituras, bem como o modo de interpretá-las, defendendo de forma semelhante os interesses de grupo para alcançarem o mesmo objetivo: dar fim à experiência de marginalização ao se tornarem a nova elite política do país com a instauração da república. Mas, até ocuparem os principais cargos no recente regime, participaram de conferências públicas, tentaram dar uma unidade ao Partido Republicano, colaboraram e dirigiram jornais e, sobretudo, escreveram obras que construíram imagens opostas entre a monarquia e a república, seguindo uma mesma lógica discursiva.[8] A oposição conceitual em seus textos é clara, para isso, os conceitos antitéticos, monarquia/república, dialogavam sob a leitura positivista, evolucionista, cientificista em textos de propaganda que, como tal, buscavam "informar" e "formar" republicanos. O vocabulário da política científica emprestou justificativas e permitiu a criação de argumentos pelos contestadores. Importante destacar também que o embate discursivo se deu, sobretudo, via imprensa, que à época se mostrou o espaço por excelência da propaganda dos grupos insatisfeitos. A imprensa passou a ser entendida como um espaço de "renovação das abordagens políticas e culturais" (MOREL; BARROS, 2003, p. 8-9).[9]

Assim, muitos dos representantes dos grupos contestadores ocupavam importantes cargos nos jornais à época, bem como eram seus colaboradores. Havia, inclusive, o texto de um mesmo colaborador noticiado em diferentes jornais e regiões. Desse modo, temos, por exemplo, no periódico "*A Federação (RS)*" de 01/10/1886 o registro: "Os republicanos de Campinas, S. Paulo, já iniciaram a serie de conferencias prometidas, no club que fundaram n'aquella cidade, como já demos notícia".

---

8   Muitas das obras dos expoentes do grupo republicano eram distribuídas pelo Partido para intensificar a ideia de república que propagavam, como atesta a passagem a seguir: "A commissão permanente do partido republicano de S. Paulo vai mandar imprimir a *Republica Federal* de Assis Brazil e o *Cathecismo Republicano* que Alberto Salles está escrevendo" ver A Federação (RS), 06/05/1884, p. 02.

9   E mais, para a historiografia, "passou a ser considerada fonte documental (na medida em que enuncia discursos e expressões de protagonistas) e também agente histórico que intervém nos processos e episódios, em vez de servir-lhes como simples "reflexo". Força ativa, não mero registro de acontecimentos, como sublinhou o historiador francês Daniel Roche. Essa nova concepção implica, portanto, verificar como os meios de comunicação impressos interagem na complexidade de um contexto".

Essas conferências tratavam do "estado actual de nossa sociedade, dos nossos defeitos de organisação, do nosso pessimo governo; as suas theorias sobre os deveres e direitos do cidadão em relação com a liberdade e democracia".[10] E mais, em relação ao discurso proferido na conferência por Alberto Sales:

> O seu espirito, fortemente educado nas mais sãs theorias dos mestres modernos, encaminhado por uma methodologia perfeita no terreno da sciencia politica, professando os mais adiantados principios e as mais salutares idéas, sabe persuadir a quem o ouve e faz jús à mais sincera attenção dos que já sabem e dos que desejam aprender.[11]

Os contestadores da Monarquia tinham consciência da importância da imprensa como espaço de divulgação e intervenção de seus discursos embasados nas teorias de reforma social, não por acaso fora largamente usada. Como mencionado, muitos desses contestadores trabalhavam ativamente na redação dos jornais e eram colaboradores de tantos outros. Eram nos jornais que se publicavam os encontros dos contestadores – *meetings* –,[12] a descrição desses encontros, as conferências, a inauguração dos Clubes Republicanos, com toda a simbologia que adotavam e algumas listas de membros, os manifestos, as letras de música contra a monarquia, os posicionamentos do Partido Republicano, etc. Isso apenas do lado dos contestadores, obviamente que os impressos ligados à Monarquia respondiam as críticas e o debate enfim se dava. Abaixo, segue exemplo de trecho do jornal *O Paiz (RJ)*, de 08/07/1887, cujo título era "Manifesto do Congresso Nacional Republicano – Aos seus co-religionarios e ao Paiz":

> A republica federativa brazileira, fundada na base da reciproca autonomia e independencia das provincias e circumscripções, que no futuro hão de formar os Estados Unidos do Brazil, apoiada nos principios eternos da liberdade e da justiça; -: al é a bandeira

---

10 *A Federação (RS)*, 1886, p. 02.

11 *Ibidem*.

12 Os *meetings* eram uma prática frequente. Foram encontros promovidos pelos contestadores que se posicionavam contra o Império através de conferências com discursos de crítica. Eram constantemente noticiados pelos jornais à época, como, por exemplo: "Em Campinas diversos cidadãos republicanos iniciaram uma série de *meetings*. As conferencias versarão sobre os *Tempos coloniaes, D. João VI, D. Pedro II* e outros assumptos de nossa historia politica. A primeira se realisou no Theatro-Rink, perante uma concorrencia enorme, occupando a tribuna o dr. Alberto Salles, que dissertou longamente sobre a these – *Tempos coloniaes*. Analysou os elementos formadores da nacionalidade, a actual anarchia dos partidos monarchicos, a falta absoluta de orientação que nelles se nota, de tudo se aproveitando para realçar o brilho da idéa republicana" ver *A Federação* (RS), 12/06/1888, p. 01.

> em torno da qual nos achamos congregados na mais perfeita solidariedade para o fim de conquistarmos, com o bem ser dos nossos concidadãos e com a grandeza da patria, a effectividade de todos os direitos inherentes á communidade social, taes como: o suffragio universal, a liberdade da palavra falada, a liberdade da palavra escripta, a liberdade da consciencia, a liberdade dos cultos, a inviolabilidade do domicilio e da correspondencia postal, a liberdade de ensino, a liberdade de reunião, a liberdade de associação, a liberdade de prosperidade, a instituição do jury para toda a classe de delictos, a abolição dos privilegios pessoaes, titulos de nobreza ou condecorações, a instituição do poder judicial como delegação directa da soberania nacional, finalmente, a intervenção do povo em todos os negocios publicos.
> Concidadãos – Dos problemas sociaes ou políticos, cuja solução mais urgentemente está sendo reclamada pelos interesses elementares da sociedade, não carecemos tratar especialmente nesta exposição.
> Elles estão sendo debatidos pela imprensa livre e para todos elles acha-se a solução natural dentro dos principios cardeaes do nosso credo político.[13]

E ainda destacam que:

> A experiencia da instituição monarchica está feita. Um longo e esteril reinado de quasi cincoenta annos, que não pôde produzir outro fruto mais do que a anarchia moral das consciências e a anarchia mental dos espiritos; que apesar das virtudes pessoaes e das boas intenções attribuidas ao soberano não pôde impedir a corrupção dos costumes nem obstar a ruína moral e a decadencia do paiz, basta, na nossa opinião, para demonstrar que a instituição monarchica é impotente para produzir o bem e radicalmente tão infensa aos interesses elementares das sociedades modernas quanto contraria aos principios da sciencia politica e aos estimulos da propria dignidade dos cidadãos.[14]

A passagem supracitada destaca a propaganda feita pelo grupo dos republicanos liberais na imprensa sobre seus posicionamentos, bem como ressaltam ter na "imprensa livre" o lugar de debate e oferta de soluções para os problemas vividos em seu tempo. Assim, pode-se perceber a importância dada à imprensa como espaço de debate e de intervenção, com intuito de promover mudanças e resolver as tensões e anseios de seu tempo. Não por acaso, os grupos contestadores se utilizam

---

13 *O Paiz* (RJ), 1887, p. 02.
14 *Ibidem*.

desse espaço para atacarem a monarquia e se colocarem no debate com intuito de se estabeleceram à frente do campo político. Afinal,

> [...] mais do que um encontro entre letrados, o que estava em jogo era a consolidação de alianças que aproximassem essa elite cultural das elites dirigentes e dominantes. Esses homens de letras buscavam uma integração com outros grupos de poder, que não eram necessariamente integrantes do campo cultural. (MOREL; BARROS, 2003, p. 38-39)

De fato, os homens de letras que escreviam nos jornais buscavam uma intervenção direta no debate da época para solucionar os problemas de seu tempo e muitas dessas questões estavam para além do âmbito cultural. No caso dos republicanos liberais aqui destacados, observa-se a utilização do meio da imprensa como um espaço para o debate de ideias e para a propaganda com o objetivo não apenas de deslegitimar a monarquia, mas de se legitimar enquanto novo grupo político à frente do país.

Vale lembrar também que muitos destes contestadores compartilhavam uma formação de base retórica, o que lhes permitia ainda o bom uso das técnicas de mobilização de "lugares-comuns", visto ser a retórica a arte que visa convencer para mover à ação.[15] Os argumentos retóricos utilizados na construção discursiva, como podem ser observados a partir de algumas das obras de Alberto Sales, Quintino Bocaiúva e Assis Brasil, pautavam-se, sobretudo, em repetidos exemplos políticos e históricos, em autoridades ilustres e na criação de imagens mentais opostas entre monarquia e república que permitiam "ver" com clareza o encadeamento "lógico" construído na tentativa de mover à ação seus leitores. Por isso, a propaganda se tornou uma das maiores e melhores armas para deslegitimar a Monarquia. Fora desse modo que os seus discursos se tornaram arma contra o Império e instrumento de caráter pedagógico na disputa pela organização do país. Assim, explica-se a importância dada à propaganda,[16] que, como forma primordial de participação no debate da época, intensificou a disputa no campo da linguagem, sendo capaz de criar uma

---

15 Sobre o ensino de retórica, bem como a utilização da retórica como chave de leitura para acessar os textos do século XIX, entendidos como forma discursiva de pensamento, ou ainda, a manutenção pela geração de 70 do discurso ornado para defender a mudança no ensino da retórica à ênfase nas ciências físicas e naturais. Ver, respectivamente, HÉBRARD, 1999, p. 33-78; CARVALHO, 2000, p. 123-152; VERGARA, 2008, p. 1-13.

16 A propaganda era feita, sobretudo, via imprensa que, nesse momento, fins do Oitocentos, foi mais um espaço possível para a batalha discursiva entre os ideais republicanos contra a monarquia, afinal a imprensa muitas vezes ao longo da história serviu "como um dos meios de transformação, de incitamento à transformação". Ver PALLARES-BURKE, 2000, p. 170-171.

nova linguagem política republicana que fora eficaz ao deslegitimar o Império e ao justificar o "novo".

Todavia, isso só fora possível porque, dentre todos os grupos que disputaram o poder político, os republicanos liberais, além de observar a sociedade e escolher o momento oportuno de agir, construíram um discurso coeso para ir de encontro ao *status quo* imperial, haja vista o contextualismo linguístico criado entre a Corte, São Paulo e Rio Grande do Sul, respectivamente representados por Quintino Bocaiúva, Alberto Sales e Assis Brasil. Não houve disputas internas capazes de ramificar, ou mesmo, enfraquecer sua ação, por isso atingiram uma forte coesão no discurso que os tornou ainda mais eficazes na ação, possibilitando-os ser a nova elite política. A Constituição de 1891 e a ocupação dos principais cargos políticos pelos republicanos liberais após 1889 demonstram a vitória dessa corrente.

Neste momento, é importante lembrar que uma das principais marcas dessa mesma sociedade era a inexistência do sentimento de comunidade, incapaz de construir a nação, de criar elos sociais eficazes para sustentar uma gestão política comprometida com o bom governo. Essa ausência de sentimento de pertencimento coletivo não apenas propiciou a volta da corrupção e das negociatas no recente regime, como também, talvez, seja uma das principais razões da república liberal se instalar no poder em detrimento dos outros ideais republicanos - jacobino e positivista. Esses dois últimos, respectivamente, atribuíam à república, ou um ideal ligado à liberdade dos antigos, com ampla participação popular na busca da instauração de um regime para o "bem comum", o que exigia a constituição da nação, ou então, afirmavam seu oposto, instaurar uma república ditatorial, a partir de um Estado forte e intervencionista. Pois bem, se não havia sentimento de pertencimento comum, se a nação não existia, como falar em participação popular? Por outro lado, um regime que prega a falta de liberdade, por sua vez também não poderia ser interessante àqueles que não fariam parte do círculo de poder político. A república liberal, embora também fosse composta por uma elite que almejava estar à frente no campo político, tinha embutido em seu discurso a necessidade dos indivíduos de buscarem a satisfação pessoal, o "público" entendido como o somatório de interesses particulares facilitaria sua aceitação pelos insatisfeitos com a monarquia, afinal abria-se uma brecha à ação, pois todos enquanto indivíduos poderiam ser contemplados.

No entanto, talvez, por ser a sociedade brasileira oitocentista extremamente fragmentada, o discurso construído pelo grupo republicano liberal tenha sido aquele que melhor se adequou às suas características, sobretudo porque o coletivo era entendido como o somatório dos interesses particulares. Os representantes do grupo político republicano liberal tinham em comum, sobretudo, a opção por ler a república pela chave das filosofias típicas do Oitocentos, que surgiram como possibilidades de experimentação de um novo tempo pautado na lógica do progresso, e de usá-las de forma própria na construção discursiva para fazer sentido na realidade do Brasil. O futuro desconhecido era então repleto de esperança e a marcha evolucionista[17] impulsionaria a todos para um horizonte de expectativas, no qual a forma de governo republicana atestaria a transformação dessa expectativa no mais recente espaço de experiência em que seriam a nova elite política do país. Por isso, o uso intenso de termos combativos promovendo uma guerra discursiva para instaurar uma imagem de monarquia opressora e atrasada em oposição a uma república de autogoverno e de progresso. Como os dois conceitos passaram a ser lidos como oposição um do outro, criaram não apenas o significado de república liberal, mas ressignificaram o de monarquia constitucional, visto que a instauração da república só pode se dar com a destruição da imagem monárquica. Para isso, muitas vezes, utilizaram-se da imprensa. Também nesse momento histórico, a literatura combativa que usaram "foi eficaz porque encontrou um terreno já pronto para se transformar" (PALLARES-BURKE, 2000, p. 171).

Vale ressaltar também que embora fossem três as principais correntes republicanas citadas anteriormente na disputa pela organização política e social do Brasil em fins do Oitocentos, a formação e a constituição de seus respectivos "ideais de república" foram fortemente marcados por ideias comuns a todas elas, contudo, ressignificadas a partir de perspectivas e interesses próprios, em meio ao embate discursivo na tentativa de se legitimarem no poder e constituírem uma das "repúblicas ideais" como prática comum. Assim, apesar da supremacia das correntes francesas, jacobina e positivista, em relação à utilização de símbolos na disputa pela organização do país, foi a corrente norte-americana de viés liberal que se fez vitoriosa, em 1889. Afinal, como já fora apontado anteriormente, o discurso liberal pautado na valorização do interesse pessoal se adequou muito bem em uma sociedade que tinha como uma de suas principais características a inexistência da nação.

Todavia, os anos iniciais do novo regime mostraram que o ideal republicano liberal, idealizado antes de sua implantação, não correspondeu à realidade de então, pois o que prevaleceu foi o espírito predatório, sem comprometimento com a virtude republicana. O problema de equilibrar o público e o privado continuou, e embora a corrente vitoriosa pregasse o não patrimonialismo, o não apadrinhamento de

---

17   A Monarquia foi lida pelos contestadores republicanos como sendo uma estrutura arcaica que permanecera no tempo por um equívoco na marcha da história. Vários são os exemplos que demonstram a interpretação adotada à época que a Modernidade estava sob o signo da "marcha civilizacional", cujo Brasil deveria, em alguma medida, acompanhar. Por isso, segue um pequeno trecho que exemplifica essa interpretação: "Mas o movimento republicano é bem ou mal? Si a nação brasileira está condenada á immobilidade, é mal. Si não é assim, si a nação brasileira, actualmente uma das mais atrazadas na orbita dos povos cultos, deve caminhar, então é um bem, é um dever, é o supremo dever a marcha que começa". Ver *A República* (RJ), 10/01/1871, p. 03.

cargos e a seleção pelo mérito individual, as velhas práticas continuaram. Inclusive com a "nova elite política" que, entre o público e o privado, optou por satisfazer seus interesses pessoais, algo típico em uma sociedade fragmentada sem um forte sentimento de pertencimento; a nação não fora construída pelo Império e os elos sociais ficaram inconclusos na República que deixara de ser dos sonhos para cair num quadro real de corrupção já conhecido há tempos. Era assim que a insatisfação voltava à cena política brasileira. Desse modo, explica-se o estado de frustração que se instalou nos anos seguintes a 1889.

Com a proclamação da República, realizada pelos adeptos de um viés liberal de republicanismo, surge o entusiasmo por mudanças e por maior participação política, sobretudo dos setores que se sentiam marginalizados do cenário político do país. No entanto, esse entusiasmo vivido no momento da proclamação logo viraria sentimento de frustração, sobretudo pela impossibilidade de mudanças efetivas quanto a maior participação política. Desse modo, notou José Murilo de Carvalho, que:

> [...] a mudança de regime político despertava em vários setores da população a expectativa de expansão dos direitos políticos, de redefinição de seu papel na sociedade política, razões ideológicas e as próprias condições sociais do país fizeram com que as expectativas se orientassem em direções distintas e afinal se frustrassem. O setor vitorioso da elite civil republicana ateve-se estritamente ao conceito liberal de cidadania, ou mesmo ficou aquém dele, criando todos os obstáculos à democratização. (CARVALHO, 1987, p. 64)

O autor ressalta também que "o liberalismo foi utilizado pelos vitoriosos como instrumento de consolidação do poder, desvinculado da preocupação de ampliação das bases deste poder" (CARVALHO, 1987, p. 65). Percebe-se assim a permanência, ou mesmo, a construção de mecanismos capazes de afastar a intervenção dos "cidadãos" na cena política, o que se tem é uma briga de elites que, para se manterem no poder, afastam a grande parcela da população das decisões políticas do país.

Um bom exemplo de certas permanências é a Lei eleitoral de 1881 que ao transformar as eleições indiretas em diretas, eliminando o papel dos votantes, cria também proibições para o ato do voto. Os praças, por exemplo, com a reforma eleitoral, são privados do seu direito de votar. Outras exclusões também foram mantidas, pois "embora a República tivesse eliminado o voto censitário, manteve, por outro lado, todas as outras restrições, inclusive a exclusão dos analfabetos e das mulheres" (CARVALHO, 1987, p. 84). O documento que reafirma a postura excludente das elites políticas em relação ao restante da população, durante o recente regime republicano, é a Constituição de 1891 que, embora eliminasse a exigência de renda para o exercício do voto, mantinha o critério da alfabetização. E como a maior parcela da população não sabia ler e escrever, o exercício de seus direitos políticos ficava totalmente comprometido.

A restrição imposta à maioria da população comprova o descompasso existente entre o discurso "ideal" e a ação do estado republicano liberal, pois "pode-se dizer que a República conseguiu quase literalmente eliminar o eleitor e, portanto, o direito de participação política através do voto" (CARVALHO, 1987, p. 86).

É importante ressaltar que a exclusão da participação eleitoral era um movimento de mão dupla, ou seja, ocorria tanto pela via do Estado, que criava mecanismos excludentes, quanto pela via do próprio "cidadão", que adotava a postura de autoexclusão.[18] Obviamente, essa postura adotada pela maioria da população não era

---

18 Embora existam outros trabalhos que interpretam a atuação popular de forma distinta, como os de Angela de Castro Gomes, Cláudio H. M. Batalha, Marcelo Badaró Mattos, entre outros, optou-se interpretar essa atuação pela via da autoexclusão elaborada por José Murilo de Carvalho, já que se entende a opção interpretativa pela autoexclusão consciente da população como majoritária durante o século XIX. Ainda que tenham existido em relação ao início da formação da classe trabalhadora, tanto pela via de experiências comuns de escravizados e livres nesse processo, quanto pela formação operária defendidas, respectivamente, por Marcelo Badaró e Cláudio Batalha, associações com ações coletivas que buscavam defender os interesses comuns dos associados, essas mesmas associações tinham caráter efêmero, só começando a ganhar fôlego nos anos iniciais do século XX, ou seja, no Oitocentos não representavam a maioria dos trabalhadores, afinal ainda estavam em fase "embrionária". Como ressalta Cláudio Batalha: "Assim, de 1917 a 1919 nas cidades do Rio de Janeiro e de São Paulo, foram criadas mais organizações operárias do que em qualquer outro período de tempo equivalente". Ver BATALHA, 2008, p. 172. Ou ainda, como afirma Marcelo Badaró Mattos (2004, p. 246), foi a coexistência de trabalhadores livres e escravizados em vários espaços, tanto nas ruas, quanto nas fábricas, que propiciou experiências de associação e de ação coletiva. Foram várias as associações que tinham sua origem nas antigas Irmandades que existiam desde o período colonial, possibilidades de coexistência e trocas entre os escravos; assim, "entre as lutas dos escravos pela liberdade e as primeiras lutas de trabalhadores assalariados urbanos, na cidade do Rio de Janeiro, na segunda metade do século XIX, existiam elos significativos e compartilhamento de experiências – de trabalho, de organização, de ação coletiva – essenciais para uma compreensão mais ampla do processo de formação da classe trabalhadora". Assim, também Angela de Castro Gomes afirma que, em relação aos anos iniciais da Primeira República, "embora esse tenha sido um tempo de organizações de trabalhadores ainda muito frágeis (as atividades industriais se iniciavam e os operários eram pouco numerosos), elas conseguiram disseminar uma experiência de reivindicações, consolidando ideias e práticas de luta entre os trabalhadores (GOMES, 2002, p. 20-21). Mesmo que suas conquistas materiais tenham sido pequenas e efêmeras, pode-se dizer que, ao final da Primeira República, existia uma figura de trabalhador brasileiro que lutava por uma nova ética do trabalho e por direitos sociais que regulamentassem o mercado de trabalho". E mais, "é certo que essas lutas foram fragmentárias, difíceis e conseguiram poucos resultados imediatos, até porque o Estado não dispunha de instituições para garantir a aplicação das

descabida, já que as fraudes eleitorais se davam em meio à violência generalizada. Fazia-se uso de capangas, capoeiras, todos eles contratados pela elite política, que visava garantir sua manutenção no poder. A violência era tão generalizada durante o processo eleitoral, que até mesmo médicos eram contratados nos dias das eleições para atenderem os que saíam feridos de seu "exercício de cidadania". Assim, os pilares das eleições eram compostos pela violência e pela fraude. O que torna todo o processo uma grande farsa; por isso, é razoável a atitude de autoexclusão adotada pela maioria dos "cidadãos inativos" do novo regime político (CARVALHO, 1987, cap. III).[19]

Em relação à Constituição de 24 de fevereiro de 1891, esta confirmou o viés escolhido pelo grupo republicano liberal que estava à frente do campo político brasileiro. Tornou-se por excelência o conjunto de leis que definiram os princípios políticos e a estrutura do recente regime. Para isso, modificações importantes foram feitas em relação à Constituição do Império de 1824, tendo em vista não apenas dar início à descaracterização de alguns pontos do regime político que a antecedia, mas, sobretudo, a garantir ao grupo republicano vitorioso as condições para a realização de seus interesses.[20]

Assim, tendo como inspiração a Constituição dos Estados Unidos, que tinha como base a descentralização dos poderes, seus principais redatores, dentre eles Prudente de Moraes e Rui Barbosa, adotaram: o princípio do federalismo, que concedia mais autonomia aos municípios e às "antigas províncias" que, a partir desse momento, passariam a ser chamadas de estados; a divisão dos poderes entre Executivo, Legislativo e Judiciário, que eram independentes entre si, ficando então extinto o Poder Moderador, símbolo do Império; a separação entre Igreja e Estado; o fim dos títulos nobiliárquicos; a eleição do Presidente e Vice-Presidente que passariam a ser eleitos individualmente, com mandatos de quatro anos sem direito a reeleição para o mandato imediatamente seguinte; o voto, contudo, continuaria não-secreto; o Legislativo também seria eleito por voto popular; entre outras medidas. Entretanto, a Constituição de 1891 não optou por ampliar os direitos dos cidadãos, pois continuou a garantir os mesmos direitos civis da Constituição de 1824, que assegurava as liberdades dos indivíduos contra os possíveis arbítrios do Estado e/ou

---

leis". Sendo assim, adota-se como versão mais adequada ao contexto oitocentista brasileiro a análise que identifica uma sociedade fragmentada, formada por grupos díspares que viam no Estado a figura de poder que conduziria à realização de seus interesses pessoais. Estado esse que também proporcionava as fraudes, violências e negociatas, que propiciavam a autoexclusão popular.

19 Sobre a categoria de "cidadão inativo", ver o capítulo III de CARVALHO, 1987.
20 Sobre as Constituições de 1824 e 1891, ver <http://www.planalto.gov.br>. Acesso em: 25 nov. 2015

da Igreja. Também não foi além do que a Constituição do Império garantia em termos de direitos políticos, já que adotaram somente a eliminação da exigência de renda, mas, como fora mencionado anteriormente, mantiveram a de alfabetização em relação ao processo de votação, deixando a maior parte da população excluída das eleições.

Assim, a Carta Constitucional de 1891 não avançara em termos de direitos civis, políticos e tampouco sociais; quanto a este último, inclusive, "retirou um dispositivo da anterior que se referia à obrigação do Estado de promover os socorros públicos, em outra indicação de enrijecimento da ortodoxia liberal em detrimento dos direitos sociais" (CARVALHO, 1987, p. 45).

Embora a recente constituição republicana se mostrasse liberal, limitava ainda mais qualquer medida de caráter democratizante, postura que assegurava os interesses do grupo que disputou e venceu a batalha pelo comando político do país.

Não por acaso,

> A República, ou os vitoriosos da República, fizeram muito pouco em termos de expansão de direitos civis e políticos. O que foi feito já era demanda do liberalismo imperial. Pode-se dizer que houve até retrocesso no que se refere a direitos sociais. Algumas mudanças, como a eliminação do Poder Moderador, do Senado vitalício e do Conselho de Estado e a introdução do federalismo tinham sem dúvida inspiração democratizante na medida em que buscavam desconcentrar o exercício do poder. Mas, não vindo acompanhadas da expansão significativa da cidadania política, resultaram em entregar o governo mais diretamente nas mãos dos setores dominantes, tanto rurais quanto urbanos. O Império tornara-se um empecilho ao dinamismo desses setores, sobretudo os de São Paulo. O Estado republicano passou a não impedir a atuação das forças sociais, ou, antes, a favorecer as mais fortes, no melhor estilo spenceriano. (CARVALHO, 1987, p. 45-46)

Era assim que a expectativa gerada pelas várias possibilidades de a república implementar algo novo e funcional cai por terra. As propostas apresentadas e fortemente defendidas pelas principais correntes republicanas pareciam agora totalmente utópicas.

A sensação de desencanto frente ao cenário político foi expressa em jornais, revistas e caricaturas, que aspiravam não apenas registrar tamanha insatisfação, mas também buscavam tornar inteligível a situação na qual se encontravam. Segundo José Murilo de Carvalho, "foi geral o desencanto com a obra de 1889. Os propagandistas e os principais participantes do movimento republicano rapidamente perceberam que não se tratava da república de seus sonhos" (CARVALHO, 1987, p.

33). Cada grupo vislumbrou um tipo de república ideal que lhes garantisse o fim da situação de marginalização política. Contudo, a frustração frente à experiência republicana forneceu a possibilidade de pensar, através das várias visões de "repúblicas ideais", o seu desencanto.

Afinal, a tradição republicana clássica foi relida na Modernidade de forma híbrida, sobretudo a partir das várias propostas de república surgidas com o embate travado entre as correntes liberal, positivista e jacobina pela organização política e social do Brasil. Contudo, posteriormente à disputa, tem-se o modelo liberal como vencedor. Não por acaso, a Constituição de 1891 e a ocupação dos principais cargos políticos pelos republicanos liberais após 1889 demonstram a vitória dessa corrente. Todavia, isso só fora possível porque, dentre todos os grupos que disputaram o poder político, os republicanos liberais, além de observar a sociedade e escolher o momento oportuno de agir, construíram um discurso coeso para ir de encontro ao *status quo* imperial, haja vista o contextualismo linguístico criado entre a Corte, São Paulo e Rio Grande do Sul, respectivamente representados por Quintino Bocaiúva, Alberto Sales e Assis Brasil. Não houve disputas internas capazes de ramificar, ou mesmo, enfraquecer sua ação, por isso atingiram uma forte coesão discursiva e, com isso, tornaram-se a nova elite política, mas também experimentaram a frustração dos anos iniciais.

A situação de marginalização política atrelada à observação da experiência republicana pelos principais propagandistas, via perspectiva comparada com regimes adotados nos Estados Unidos, França e nas repúblicas vizinhas do Brasil, fez com que a opção pela república fosse vista como a mais viável para se confrontarem ao regime monárquico e se colocarem à frente do poder político do país. Entretanto, isso só fora possível porque, a partir de um vocabulário comum, os republicanos liberais construíram uma nova linguagem capaz de deslegitimar a Monarquia, bem como fazer sentido no real. A *performance* dos republicanos liberais construída durante o embate discursivo surgido com a instauração de um ambiente de "crise monárquica" garantiu aos mesmos a inserção no campo político como nova elite, pois seus esforços ao usar, transformar e adaptar vocabulários e teorias existentes foram eficazes para justificar novas práticas, valores e instituições.

Assim, conclui-se que o estudo dessa nova linguagem, surgida pelo jogo de enunciados oriundos da batalha pelo domínio do campo político, torna-se importante para obter-se uma melhor compreensão dos agentes em seu contexto, pois somente através da investigação das ideias escolhidas e modificadas para a intervenção política nesse ambiente histórico é que se pode conferir sentido aos textos dos contestadores da monarquia brasileira entre 1870 e 1891.

Referências Bibliográficas:

ALONSO, A. *Ideias em movimento: a geração 1870 na crise do Brasil-Império*. São Paulo: Paz e Terra, 2002.

BONAVIDES, P.; VIEIRA, R. A. A. "Manifesto Republicano de 1870". In: *Textos Políticos da História do Brasil: Independência – Império (I)*. Fortaleza: Biblioteca de cultura série A – documentário, s/d.

BRASIL, J. F. A. *Democracia representativa: do voto e do modo de votar*. Rio de Janeiro: Typ. De J. Leuzinger & Filhos, 1893.

BRASIL, J. F. A. "A República Federal". In: *A democracia representativa na República (antologia)*. Brasília: Senado Federal, 1998.

CARVALHO, J. M. de. *Os bestializados: o Rio de Janeiro e a República que não foi*. São Paulo: Companhia das Letras, 1987.

CARVALHO, J. M. de. "Entre a liberdade dos antigos e a dos modernos: a República no Brasil". In: *Dados. Revista de Ciências Sociais*, v. 32, n. 3. Rio de Janeiro: IESP/UERJ, 1989.

CARVALHO, J. M. de. *A formação das almas: imaginário da República no Brasil*. São Paulo: Companhia das Letras, 1990.

CARVALHO, J. M. de. "História intelectual no Brasil: a retórica como chave de leitura". In: *Topoi*. Rio de Janeiro: UFRJ, set. 2000.

CARVALHO, J. M. de. *A construção da ordem: a elite política imperial. Teatro de sombras: a política imperial*, 2ª ed. Rio de Janeiro: Civilização Brasileira, 2006.

CARVALHO, J. M. de. & NEVES, L. M. B. P. das (org.). *Repensando o Brasil do Oitocentos: cidadania, política e liberdade*. Rio de Janeiro: Civilização Brasileira, 2009.

FERREIRA, J.; DELGADO, L. de A. N. (org.). *O tempo do liberalismo excludente: da Proclamação da República à Revolução de 1930*. Rio de Janeiro: Civilização Brasileira, 2008.

FERREIRA, T. M. T. B. da C. *Palácios de destinos cruzados: bibliotecas, homens e livros no Rio de Janeiro (1870-1920)*. Rio de Janeiro: Arquivo Nacional, 1999.

GOMES, Â. de C. *Cidadania e direitos do trabalho*. Rio de Janeiro: Jorge Zahar Editora, 2002.

GOMES, Â. de C. (org.). *Escrita de si. Escrita da História*. Rio de Janeiro: Editora FGV, 2004.

HÉBRARD, J. "Três figuras de jovens leitores: alfabetização e escolarização do ponto de vista da história cultural". In: ABREU, Márcia (org.). *Leitura, história e história da Leitura*. Campinas: Mercado das Letras; São Paulo: Associação de Leitura do Brasil/FAPESP, 1999.

KOSELLECK, R. *Futuro Passado. Contribuição à semântica dos tempos históricos*. Rio de Janeiro: Contraponto/Ed. PUC-Rio, 2006.

MATTOS, M. B. "Trabalhadores escravizados e livres na cidade do Rio de Janeiro na segunda metade do século XIX". In: *Revista Rio de Janeiro*, Rio de Janeiro, UERJ, n. 12. jan.-abr. 2004.

MELLO, E. C. de. *A outra independência. O federalismo de 1817 a 1824*. São Paulo: Editora 34, 2004.

MELLO, M. T. C. de. *A república consentida: cultura democrática e científica do final do Império*, 1ª ed. Rio de Janeiro: Editora FGV/EDUR, 2007.

MELLO, M. T. C. de. "A República e o Sonho". In: *Varia História*. Belo Horizonte: UFMG, n. 45, vol. 27, jan.-jun. 2011.

MOREL, M.; BARROS, M. M. de. *Palavra, imagem e poder: o surgimento da imprensa no Brasil do século XIX*. Rio de Janeiro: DP&A, 2003.

NICOLET, C. *L'idée Républicaine en France (1789-1924)*. Paris: Gallimard, 1982.

PALLARES-BURKE, Maria L. G. *As muitas faces da história: nove entrevistas*. São Paulo: Editora Unesp, 2000.

SALES, J. A. *Política republicana*. Rio de Janeiro: Typ. Leuzinger & Filhos, 1882.

SALES, J. A. *Catechismo republicano*. São Paulo, Leroy King Book Walter, 1885.

SALES, J. A. *A pátria paulista*. Brasília: Editora Unb, 1983.

SALES, J. A. *Sciencia política*. São Paulo: Teixeira & Irmão, 1891. Edição fac-similar. Brasília: Senado Federal, 1997.

VERGARA, M. de R. "Reflexões acerca da educação em periódicos científico-literários do século XIX no Rio de Janeiro: os ideais da geração de 1870". In: *Revista Ágora*, n. 8. Vitória: UFES, 2008.

Impressos periódicos

Capítulo 4. A *Revista Musical e de Bellas Artes* (1879-1880)

Alexandre Raicevich de Medeiros

Nos anos de 1879 e 1880, circulou na cidade do Rio de Janeiro um periódico intitulado *Revista Musical & de Bellas Artes*. Esse periódico foi editado e publicado pela *Casa Arthur Napoleão & Miguez* (1878-1880),[1] um estabelecimento que comercializava partituras e instrumentos, dirigido pelo pianista português Arthur Napoleão (1843-1925) e pelo violinista Leopoldo Miguez (1850-1902).

Arthur Napoleão dos Santos nasceu na cidade do Porto, e foi revelado na mais tenra infância pelo pai, o napolitano Alexandre Napoleão, como um prodígio musical. Após algumas apresentações na sua cidade natal, foi levado a Lisboa onde teve o talento reconhecido pela elite local. Em 1852, deixou Portugal e passou a apresentar-se em diversos palcos da Europa e Américas, incluindo o Brasil, que visitou por três vezes (1857, 1862 e 1866), até se fixar definitivamente em 1868 na cidade do Rio de Janeiro, onde tornou-se, além de pianista e compositor, um atuante homem de negócios do campo das artes.

Em 1869, um ano após sua chegada ao Brasil, se associou a Narciso José Pinto Braga, um editor de partituras, e fundou a *Narciso, Arthur Napoleão & Cia*, uma nova casa de edição, publicação e comercialização de partituras (NAPOLEÃO, 1907, p. 145). Em 1878, Narciso deixou a firma, e Arthur Napoleão se associou ao jovem e talentoso violinista Leopoldo Miguez fundando a *Casa Arthur Napoleão & Miguez* (NAPOLEÃO, 1907, p. 191).

Leopoldo Américo Miguez era filho de Juan Manuel Miguez, um abastado comerciante espanhol, e da brasileira Firmina Vieira Miguez. Em 1852, sua família se transferiu do Rio de Janeiro para a cidade de Vigo, na Espanha, onde permaneceu por cinco anos, até partir para a cidade do Porto, em Portugal. Miguez iniciou seus estudos de violino no *Liceu do Porto*, sob a tutela de Nicolau Medina Ribas (1832-1900), e composição com o italiano Giovanni Franchini, que se instalara na cidade do Porto em 1857. Ao retornar ao Rio de Janeiro em 1869-1870, Leopoldo Miguez tornou-se conhecido por atuar esporadicamente como violinista nas companhias de óperas que chegavam à capital do Império nesse período (CORRÊA, 2005, p. 23-24).

---

1   Contrato Social da firma *Arthur Napoleão & Miguez*, 1878.

A intenção de Arthur Napoleão e Leopoldo Miguez era formar um estabelecimento de cunho mais artístico que comercial. A nova firma foi fundada em março de 1878, e passou a ocupar o prédio do extinto periódico, *Diário do Rio*, localizado na rua do Ouvidor 89 (NAPOLEÃO, 1907, p. 190).

A localização do estabelecimento era privilegiada, pois a rua do Ouvidor desde a metade do século XIX havia se tornado um importante ponto de atividades comerciais e sociabilidade, acompanhando o grande movimento de diversidade cultural que envolvia toda a cidade do Rio de Janeiro. Seu espaço abrigou, dentre outros estabelecimentos, a *Livraria Garnier* (1844-1893), a *Typographia Universal* (1868-1880) dos irmãos Eduard (1806-1880) e Heinrich (1812-1884) Laemmert, os periódicos *A Nação*, *Diário de Notícias*, *O País*, *Gazeta de Notícias*, além das confeitarias *Cailtau*, e *Pascoal* (GERSON, 1965, p. 50-51).

A *Casa Arthur Napoleão & Miguez* tornou-se então um importante espaço de sociabilidade musical do último quartel do século XIX, por, além de comercializar instrumentos musicais, editar partituras e a *Revista Musical e de Bellas Artes*; também comportar um pequeno salão destinado a apresentações de música de câmara e concertos solo, pelo qual passaram atrações internacionais e nacionais como o violoncelista português Frederico do Nascimento (1852-1924), o violinista cubano José White (1836-1918), o virtuose da flauta e filho de escravos Viriato Figueira da Silva (1851-1883),[2] e o então jovem e talentoso pianista Ernesto Nazareth (1863-1934).[3] Quanto à tarefa primordial do estabelecimento, a edição de partituras, a *Casa Arthur Napoleão & Miguez* editou a primeira peça de Ernesto Nazareth, a polca-lundu *Você bem sabe*, que o compositor dedicou ao seu pai, contando com um anúncio publicado no *Jornal do Commercio*: "Sahio a luz: Você bem sabe, linda polca para piano, composição do distincto pianista Ernesto Júlio Nazareth, acha-se a venda unicamente em casa de Arthur Napoleão & Miguez – 89 Rua do Ouvidor 89".[4] A pianista Chiquinha Gonzaga (1847-1935) também teve diversas composições editadas pela firma de Arthur Napoleão, dentre as quais a balada *Manhã de Amor*,[5] e a valsa *Carlos Gomes*,[6] escrita em homenagem ao maestro e compositor brasileiro.

A *Revista Musical e de Bellas Artes* trazia na capa do seu primeiro número, publicado em 04 de janeiro de 1879, um artigo que destacava a falta de outro periódico que tratasse especificamente das questões da música e das belas-artes no Brasil. Esse, sem indicação de autoria, relatava ainda que tal problema já encontrava

---

2   *Revista Musical e de Bellas Artes*, 17/05/1879, p. 5.
3   *Idem*, 13/03/1880, p. 45.
4   *Jornal do Commercio*, 25/12/1878, p. 5.
5   *Revista Musical e de Bellas Artes*, 26/06/1880, p. 111.
6   *Idem*, 17/07/1880, p. 138.

solução em países "até mais atrazados" que possuíam um, ou até mais periódicos responsáveis por registrar as atividades artísticas dos seus nacionais. Concluindo, afirmava: "Não nos illudimos com as pretenções de supprir de remédio infallível este mal. O que podemos asseverar é que, o que nos falta em forças e competência, sobejanos em diligência e boa vontade".[7] Já no seu segundo número, em 11 de janeiro de 1879, os editores Arthur Napoleão e Leopoldo Miguez não pouparam agradecimentos tanto à acolhida, quanto ao incentivo da imprensa fluminense à "recém-chegada" *Revista Musical e de Bellas Artes*.[8]

O periódico foi publicado semanalmente em 1879, contando com 52 números. Em 1880, a *Casa Arthur Napoleão & Miguez* editou apenas 38 exemplares da revista. Esse fato que foi justificado pela "reconhecida apathia da nossa vida artística no Rio de Janeiro", fez com que o editorial da revista compensasse o gasto dos seus assinantes, com a inclusão de partituras recém lançadas para canto e piano em alguns números da *Revista Musical e de Bellas Artes*.[9]

Uma nota constante na primeira página dos seus 90 exemplares apresentava a *Revista Musical e de Bellas Artes* como um *Semanário Artístico*, publicado aos sábados e cujo preço da assinatura na Corte era de 10$000 anual, 6$000 semestral e 4$000 trimestral, enquanto que na província a anuidade era de 12$000 e a semestralidade de 7$000. A contracapa era sempre dividida entre a propaganda e uma descrição sumária da revista, como um periódico responsável pela publicação de matérias relativas ao movimento artístico nacional e estrangeiro, além de textos musicais didáticos, análise de óperas, crítica e seções referentes às belas-artes.

A revista podia ser adquirida pelo público em geral, e apesar de sua ligação direta com os eventos organizados pelo estabelecimento de Arthur Napoleão e Leopoldo Miguez, também costumava retratar as especificidades de todo o universo cultural do *fin de siècle*. Dentre seus colaboradores se encontravam o cronista Urbano Duarte (1855-1902); o engenheiro André Rebouças (1838-1898); o pianista, crítico de arte e dramaturgo Oscar Guarabarino (1851-1937); o visconde de Taunay, Alfredo d`Escragnolle Taunay (1843-1899), o engenheiro-arquiteto, jornalista e músico Alfredo Camarate (1840-1904), Alfredo Bastos e o próprio editor chefe Arthur Napoleão (NAPOLEÃO, 1907, p. 194).

Esses redatores estavam ligados a uma proposta nova, e corajosa de abrir caminhos com a organização de um periódico musical, capaz de acompanhar a vida artística citadina. Os textos eram redigidos com precisão, apesar de alguns serem "assinados de maneira intimista", apenas com as iniciais de seus autores (FERREIRA, 2007, p. 41-66). No nosso trabalho nos propomos a estudar a *Revista Musical*

---

7   *Idem*, 04/01/1879, p. 1.

8   *Idem*, 11/01/1879, p. 1.

9   *Idem*, 03/01/1880, p. 1.

e de Bellas-Artes por reconhecê-la como fonte capaz de nos guiar na reconstrução de um pequeno fragmento do universo da música e das artes do Rio de Janeiro no fim do século XIX. Devido tanto à escolha dos temas, quanto à competência dos redatores "que, mais do que a eloquência e os primores de linguagem, possuão o conhecimento profundo da matéria de que se occupão".[10]

Quanto aos artigos publicados na revista, alguns eram traduzidos e copiados de livros ou periódicos que costumavam circular pela França, Inglaterra e Alemanha. As publicações sobre os compositores Jean-Philippe Rameau (1682-1764), Johann Sebastian Bach (1685-1750), Franz Schubert (1797-1828), Robert Schumann (1810-1856) e Felix Mendelssohn (1809-1847) foram retiradas do livro *Symphonistes et virtuoses*, 1878, de autoria do pianista e professor do Conservatório de Paris, Antoine François Marmontel (MARMONTEL, 1878, p. 36-48). Outros três textos retirados de periódicos franceses, foram escritos pelos compositores Hector Berlioz, *Os maus e os bons cantores e a claque*,[11] e *Da imitação musical*;[12] e Franz Liszt, *Uma noite na casa de Chopin*.[13] Já o artigo sobre o compositor Ludwig van Beethoven, intitulado *Testamento de Beethoven*,[14] foi retirado do periódico alemão *Neue Zeitschrift für Musik*.[15]

Ao descrever as práticas comuns do universo das artes no Oitocentos, duas longas matérias publicadas no periódico apresentavam como objeto o investimento no talento de prodígios musicais no velho continente. A primeira, assinada por Arthur Napoleão, fazia uma bela homenagem ao amigo e incentivador, o pianista alemão naturalizado francês Henri Herz (1803-1888).[16] Arthur Napoleão destacava inicialmente o talento musical de Herz, e os muitos pontos em comum entre a sua carreira e a do pianista francês. Herz, como Arthur Napoleão, foi iniciado na música pelo pai, o pianista Hunten, e deu seu primeiro concerto na cidade de Koblenz, com oito anos de idade. Partiu depois para Paris, onde completou seus estudos no conservatório. Seu talento foi reconhecido na Inglaterra, e posteriormente, como era de costume, circulou por diversos países da Europa e América do Norte. Arthur Napoleão ressaltava que o amigo foi o primeiro artista a perceber a necessidade da

---

10 *Idem*, 04/01/1879, p. 1.
11 *Idem*, 29/11/1879, p. 6.
12 *Idem*, 23/08/1879, p. 7.
13 *Idem*, 22/11/1879, p. 4.
14 *Idem*, 14/06/1879, p. 6.
15 Esse periódico musical que circula até os dias atuais foi fundado em 1834, na cidade de Leipzig pelo compositor e crítico musical Robert Schumann, o professor de piano e canto Friedrich Wieck e pelo pianista e compositor Christian Ludwig Schuncke.
16 *Revista Musical e de Bellas Artes*, 22/03/1879, p. 5.

construção de um salão próprio para apresentações, que satisfizesse principalmente as necessidades acústicas para grandes concertos. Foi nesse salão que o pequeno Arthur Napoleão, com dez anos de idade, deu seu primeiro concerto em Paris, em 20 de março de 1853 (NAPOLEÃO, 1907, p. 26).

A segunda matéria, de autoria de L. Escudier, publicada em quatro números da revista, descrevia a trajetória do violinista belga Henrique Vieuxtemps (1820-1881), nascido na pequena cidade de Verviers, iniciado no violino pelo pai e levado para Bruxelas, onde deu continuidade aos seus estudos sob a tutela de Charles Auguste de Bériot. Na adolescência, Henrique Vieuxtemps foi estudar na Alemanha, e depois em Paris. Tornou-se um mestre do violino, que como os demais do seu tempo circulou pelos palcos da Europa e América do Norte.[17]

O editorial do periódico permitia a publicação de um conteúdo muito diversificado, como os *libretos* das óperas *Don Carlo* (1867), de Giuseppe Verdi, e *Le Roi de Lahore* (1877), de Jules Massenet (1842-1912).[18] Podemos citar também a publicação de *A Música na América antes da descoberta de Christóvão Colombo*, tradução de um artigo apresentado pelo pianista e musicólogo Oscar Comettant (1819-1898) no Congresso Internacional dos Americanistas na cidade de Nancy, em 1875. A *Revista Musical e de Bellas Artes* considerou a importância do texto para o público nacional, e decidiu traduzi-lo e publicá-lo. No seu texto Oscar Comettant define a música como mais natural ao homem do que a própria linguagem, justificando que as crianças se expressam desde a mais tenra infância através de melodias rudimentares. O autor apresenta então uma análise das expressões vocais mais primitivas, como os gritos e gemidos, baseando-se no livro do musicólogo francês Jean-Georges Kastner (1810-1867), *Les cris de Paris* (1857), concluindo que tais expressões sonoras são capazes de produzir intervalos musicais nítidos. Em um segundo momento, o autor descreve a diversidade dos instrumentos produzidos pelos povos americanos como flautas, guitarras e instrumentos de percussão, bem como a utilização desses instrumentos, e da música vocal nos seus rituais. Oscar Comettant conclui afirmando que o belo na música não depende de regra, meio material ou escola de nenhuma raça de homens ou civilização, "encontra-se em toda a parte em que uma aspiração elevada se manifesta".[19]

Um artigo intitulado *Instrumentos* apresentava um breve estudo histórico sobre alguns instrumentos musicais, desde a sua criação. A publicação dividia os instrumentos em três categorias, sopro, cordas de atrito, e cordas de percussão, nas quais se destacavam tuba, trombetas, bandolins, guitarras, violas, flautas, clarinetas, oboés,

---

17   *Idem*, 29/11/1879, p. 3.
18   *Idem*, 23/08, 13 e 20/09/1879.
19   *Idem*, 04/01/1879, p. 5.

cravos, e o piano-forte.[20] Já o artigo *Musicas Militares*, que estampou a primeira página do periódico em 18 de janeiro de 1879, pode ser considerado um apelo à melhoria das condições das bandas militares, tão importantes para os governos, tanto por suavizar a marcha, quanto por encorajar os soldados na batalha. Assim, o conteúdo voltava-se para o que "pode interessar mais os leitores da Revista Musical", levantando a questão da adequação das bandas à realidade da nossa tropa. Consequentemente, concluía que as bandas militares não necessitavam de gastos financeiros, mas sim de uma organização em termos de instrumentação, e de uma melhor formação para os executantes. Essa solicitação foi feita pela *Revista Musical e de Bellas Artes* diretamente ao Ministro da Guerra, General Osório na esperança da conservação e regeneração das bandas militares nacionais.[21]

No texto *Execução Musical*, sem indicação de autoria e publicado em 15 de fevereiro de 1879, inicialmente discutia-se as diferenças e semelhanças entre a música e as demais artes, apresentando seus privilégios e compensações. Sua segunda parte ressaltava que a música, dentre as artes, é a que necessita constantemente dos executores, que devem transformar-se em talentosos intérpretes, capazes de compreender o pensamento dos compositores e transmiti-los aos ouvintes, cabendo portanto, aos intérpretes um conhecimento profundo do contexto da obra, "porque se os pintores podem calcular antecipadamente a mudança que soffrerão as cores", "o autor de uma partitura não sabe o que os executores farão de sua obra".[22]

A Música Instrumental, publicado em 08 de março de 1879, descrevia as técnicas de instrumentação e ressaltava a sua importância para a música universal. Desde as pequenas formações instrumentais até a orquestra, servindo de campo fértil para compositores, gêneros e estilos. Na parte final, eram lembradas ainda as escolas, academias e conservatórios como berço de professores, solistas e virtuoses.[23]

Em *A Melodia*, d. Bertini trata do elemento primário da composição musical num longo escrito dividido em quatro números do periódico. Bertini inicialmente faz um detalhado estudo da melodia, apresentando diversas definições do tema, contidas em obras como os *Diccionarios da Musica* de Maximo Vissian, e de Predasi, e no livro *Le Rivoluzioni del Teatro Musicale Italiano*, do musicólogo Esteban de Arteaga, bem como uma breve descrição da concepção melódica de alguns dos mais importantes compositores do século XIX. Na segunda parte, o autor critica a postura dos conservatórios que dão demasiada importância aos estudos de harmonia

---

20   *Ibidem*, p. 7.
21   *Idem*, 18/01/1879, p. 1.
22   *Idem*, 15/02/1879, p. 6.
23   *Idem*, 08/03/1879, p. 1.

em detrimento do aperfeiçoamento melódico, fator que teria como consequência o empobrecimento das composições do período.[24]

Especificamente, sobre o campo das belas-artes citamos um artigo sobre a abertura da Exposição da *Academia de Bellas-Artes* em 15 de março de 1879.[25] Essa publicação, sem indicação de autoria, levanta uma série de questões sobre a real importância da exposição.

> Revelará ella uma evolução artística, que transforme completamente a nossa esthetica, que não tem tido, entre nós outro norte senão a convenção?
> Indicará ella qual a tendência idealista ou realista da nova geração de artistas que ha de vir substituir Victor Meirelles, o falecido Motta, e muitos outros que por tantos annos tem accupado a atenção do Brasil com as suas magníficas composições?
> Os discípulos pensionistas, ao chegar do estrangeiro, trouxeram nos seus saccos de viagem, alguma idéa nova que rasgue novos horizontes á arte brasileira, e que ponha de lado idéas e processo rotineiros adoptados até aqui?
> A academia de bellas artes terá feito escola?
> Imprimirá ella os seus alunos discípulos essa feição uniforme, rígida e, em melhores termos: acadêmica, que, que levada ao extremo, condemnada tem sido nos outros paizes?[26]

A partir dessas questões a *Revista Musical e de Bellas-Artes* discutia o caráter da exposição e a evolução da arte brasileira. Conclui que as artes plásticas no Brasil ainda se encontravam fixadas aos modelos de 1850. Tendo como inspiração, pintores franceses, como Eugène Delacroix (1798-1863) e Dominique Ingres (1780-1867), fechava assim os olhos para as transformações ocorridas nos últimos 20 anos no campo das artes. O texto ressaltava veementemente que quadros do pintor e professor da *Academia de Bellas-Artes*, Victor Meirelles, como *A Batalha dos Guararapes* (1879) e *O Combate Naval do Riachuelo* (1872), não apresentavam qualquer progresso quando comparados com a tela *A Primeira Missa no Brasil*, produzida pelo mesmo autor, em 1860.[27]

Dessa forma, a *Revista Musical e de Bellas-Artes* se posicionava claramente contra a deficiência apresentada no campo das belas-artes e culpava o governo por esse retrocesso. Apontava a "athmosphera artística deplorável que respiram todos aqui,

---

24   *Idem*, 11/10/1879, p. 4.
25   *Idem*, 08/03/1879, p. 1.
26   *Idem*, 22/03/1879, p. 1.
27   *Ibidem*.

n'um paiz em que uma oligraphia, ou mesmo uma lithographia colorida é a ultima expressão da arte do desenho e da pintura". O periódico junto com os demais membros da imprensa reconhecia as limitações da *Academia de Bellas-Artes* e pedia aos órgãos responsáveis uma melhor remuneração para os professores da academia, além de melhores condições de trabalho. Em 14 de junho de 1879, a *Revista Musical e de Bellas-Artes* noticiava que na semana anterior uma comissão de alunos da *Academia de Bellas-Artes* havia solicitado diretamente ao Imperador que a metodologia de ensino da instituição também fosse modificada.[28]

No fim de 1879, foi publicado um interessante artigo, que abria campo para mais uma discussão entre os universos da música e das belas-artes. Tratava-se de um texto assinado pelo compositor francês Charles Gounod, que recebeu o título de *A Rotina da Arte*. Nele, Gounod descrevia a ineficiência dos críticos musicais diante de um objeto tão fugidio, ao contrário daqueles que estudam a pintura. Pois, segundo Gounod, além do movimento natural das notas impedir a precisão da crítica, as diferentes leituras da música, por parte dos intérpretes, poderiam pôr em risco a ideia prima do compositor "porque a interpretação má ou insuficiente pode prejudicar o ouvinte quanto ao juízo que faz de uma obra-prima, do mesmo modo que o prestigio de uma brilhante execução pode encobrir banalidades". Em contrapartida, afirmava que a pintura não necessitava de intermediários, encontrando-se sempre à disposição do espectador, que tinha o tempo suficiente para uma análise minuciosa e profundamente crítica.[29]

No ano seguinte, uma outra publicação intitulada *Quadros*, assinada por Alfredo Camarate, e publicada na primeira página do periódico em 25 de setembro de 1880, destacava que a *Revista Musical e de Bellas-Artes* não havia se esquecido das belas-artes. Camarate ressaltava que, apesar da carência de exposições na cidade, alguns espaços como a casa *La Glace Elegante*, a *Galeria Moncada* e a *Academia de Bellas-Artes* expunham importantes quadros de artistas nacionais que haviam sido consagrados na Europa.[30]

A literatura também era assunto em destaque no periódico, que costumava abrir um espaço para comentar as produções doadas à revista, justificando que "Comquanto esta Revista, se dedique a uma especialidade, nem por isso se julga isempta de emitir seu juízo sobre as producções literárias com que a mimosêam semanalmente".[31]

---

28 *Ibidem*.
29 *Idem*, 29/11/1879, p. 4.
30 *Idem*, 25/09/1880, p. 213.
31 *Idem*, 13/09/1879, p. 6.

A *Revista Musical e de Bellas-Artes* também costumava publicar temas que enriqueciam ainda mais a edição do periódico, como o *Resumo da História da Arte Antiga na Grécia e em Roma*, publicado em quatro partes e assinado por Pedro Laurent, que faz uma detalhada descrição dos estilos artísticos na antiguidade. Dentre as questões propostas, Laurent discute sobre os restauradores e a dificuldade no reconhecimento de fatores que podem atestar a veracidade das peças, como a diferença entre mitos primitivos e lendas, localização, e cronologia. Fatores esses que muitas vezes foram esquecidos pelos historiadores antigos, os quais, segundo o autor, teriam "pouco amor à exatidão", e que a "archeologia moderna" ainda considera como verdadeiros, mas que se tornam imprecisos se não forem bem estudados, dificultando assim a determinação de datas ou períodos de produção artística. Em consequência do desconhecimento, Pedro Laurent critica os restauradores que contribuem com a manutenção de erros: "Outra causa contribuiu para persistirem essas ideias falsas sobre a arte antiga, referimo-nos a singular mania, no tempo da Renascença, quanto á restauração dos legados artísticos da Grécia e de Roma". O autor também critica os museus, que muitas vezes deixam que esculturas e pinturas sejam expostas sem qualquer referência precisa da sua autenticidade. Em seguida, Laurent destaca a importância dessa produção artística para a humanidade e descreve cronologicamente a arte na Grécia e Roma, ressaltando estilos e nome de escultores. Conclui com a apresentação de uma lista de museus europeus e das suas principais coleções.[32]

As artes dramáticas também encontravam espaço no editorial da revista, com pequenas notas de apresentações e algumas críticas. Dentre estas, destacamos uma de primeira página, sem indicação de autoria, sobre o brilhantismo da arte da interpretação. Essa nota apresentava ao público nacional a grandiosidade de *Othello*, "a mais popular das seis tragédias de Shakespeare", e a sua capacidade de vencer e subjugar até "os espectadores mais indiferentes e fúteis".[33] A nota ressaltava ainda a interpretação do ator italiano Ernesto Rossi (1827-1896), que circulou pelos palcos do Rio de Janeiro no ano de 1871. Em um outro número da revista, um artigo retirado do periódico vienense *Neue Frei Presse*, assinado pelo crítico teatral Ludwig Speidel e publicado em maio de 1879, destacava mais uma vez o talento de Rossi.[34]

Em 28 de fevereiro de 1880, o periódico publicou uma nota sobre a entrada de um novo sócio na firma de Arthur Napoleão e Leopoldo Miguez. Tratava-se de Narciso José Pinto Braga, ex-sócio de Arthur Napoleão em outras firmas que

---

32   *Idem*, 13, 20 e 27/12/1879; e 03/01/1880.
33   *Idem*, 28/06/1879, p. 1.
34   *Idem*, 05/07/1879, p. 6.

sempre mantiveram razões sociais muito semelhantes, passando a nova firma a se chamar, *Narciso, Arthur Napoleão & Miguez*.[35]

A comemoração do tricentenário de morte do poeta português Luís Vaz de Camões (c.1524-1580), (COELHO, 1985, p. 22-28) que envolveu grande parte da população carioca no mês de junho de 1880 e contou com a presença de diversos intelectuais e membros da comunidade portuguesa, foi apresentada em três matérias do periódico.

Em 19 de junho, a *Revista Musical e de Bellas-Artes* publicou uma reportagem na sua primeira página, com o título *Tricentenário de Camões Festival no Theatro Imperial*, na qual descrevia o sucesso do evento.[36] O conteúdo apresentado pelo periódico dava destaque a participação dos editores Arthur Napoleão e Leopoldo Miguez, que foram convidados para as comemorações. Arthur Napoleão ficou responsável pela organização da parte musical da cerimônia e pediu aos amigos Leopoldo Miguez e Carlos Gomes que compusessem peças para a ocasião (NAPOLEÃO, 1907, p. 199-200). Enfim, na noite de 10 de junho, deu-se a apresentação musical no Teatro Dom Pedro II, com a presença de três mil pessoas e uma orquestra de 400 músicos. O programa apresentado foi formado por três peças: um *Hymno a Camões*, composto pelo maestro Carlos Gomes; uma *Marcha elegíaca a Camões*, do jovem compositor Leopoldo Miguez; e uma *Marcha heróica a Camões*, de autoria de Arthur Napoleão; todas editadas pela *Narciso, Arthur Napoleão & Miguez*. Leopoldo Miguez regeu sua própria composição e Arthur Napoleão regeu as outras duas peças do programa. Nessa noite, a plateia do Teatro Dom Pedro II contou com a presença ilustre do Imperador Dom Pedro II e da Imperatriz Teresa Cristina, além de representantes dos campos das letras, ciências e artes.[37]

Uma segunda matéria na mesma edição da revista, intitulada *Exposição Camoneana* e assinada pelo escritor Lino d'Assumpção, apresentava para os leitores a grandiosidade da exposição na Biblioteca Nacional, que reuniu um grande acervo iconográfico e bibliográfico sobre o poeta.[38]

Um longo texto que recebeu o título de *Os Lusíadas* e foi publicado oportunamente em 03 de julho, um mês depois das cerimônias, concluía as notícias sobre o tricentenário de Camões na *Revista Musical e de Bellas-Artes*. O artigo assinado por André Rebouças divulgava a publicação de uma luxuosa edição da obra de Camões em 1880, pelo *Real Gabinete Português de Leitura*. Essa edição foi organizada pelo editor e fotógrafo alemão Karl Emil Biel (1838-1915),[39] e contou com

---

35 *Idem*, 28/02/1880, p. 37.
36 *Idem*, 19/06/1880, p. 97.
37 *Gazeta de Notícias*, de 11 e 12/06/1880.
38 *Revista Musical e de Bellas Artes*, 19/06/1880, p. 98.
39 *Idem*, 03/07/1880, p. 113.

prólogo do escritor português Joaquim da Costa Ramalho Ortigão, organizador do evento (NABUCO, 1880).

A *Revista Musical e de Bellas Artes* também se propôs a defender um dos principais espaços de apresentações artísticas da cidade, o *Theatro Imperial*, inaugurado em 20 de junho de 1871, na Rua da Guarda Velha 10, onde funcionava anteriormente o *Circo Olympico*. A publicação de 29 de novembro de 1879 apontava que o prédio do teatro se encontrava em condições precárias, sendo necessária uma reforma imediata, em termos de acústica e de comodidade, em benefício do próprio público. O periódico concluía defendendo a ideia de que o responsável pelo arrendamento e administrador do teatro, Bartholomeu Corrêa da Silva, não poderia arcar com todas as necessidades do único espaço capaz de comportar o brilhantismo das produções das companhias líricas e dramáticas que circulavam pela cidade.[40]

Além do *Theatro Imperial*, notícias sobre a Companhia Lyrica do empresário italiano residente na Argentina, Angelo Ferrari (1835-1897), ocuparam doze capas da *Revista Musical e de Bellas Artes*. Nessas capas eram destaque tanto a programação da temporada, quanto detalhes sobre as óperas apresentadas. Em 1879, Ferrari conseguiu trazer para o palco do *Theatro Imperial* grandes produções operísticas como: a *Aída* (1871), o *Dom Carlos* (1867), e *O Baile de Máscaras* (1859), de Giussepe Verdi; *Os Huguenotes* (1836), e *A Africana* (1865), de Giácomo Meyerbeer; e o *Guarani* (1870), de Carlos Gomes. Notas sobre o sucesso obtido nos espetáculos e o talento dos intérpretes, como o tenor italiano Francesco Tamagno, e os sopranos Maria Durand e Elisa Volpini também apareciam nas páginas do periódico. No exemplar de 15 de novembro de 1879, a *Revista Musical e de Bellas Artes* comparou a temporada lírica do Rio de Janeiro às mais importantes da Europa, o que ratifica a ideia de que o editorial da revista mantinha como referência os modelos de espetáculos do velho continente.[41]

Assim, por mais que variassem os temas da *Revista Musical e de Bellas Artes*, repara-se que, da produção ao consumo, isto é, dos autores aos leitores, a preferência era decididamente pelo gênero romântico, gosto estético tão em voga na Europa por quase todo o século XIX, e que garantia a circulação da revista pelas mãos da elite sociocultural brasileira, sempre disposta a seguir as tendências europeias (VERÓN, 1984, p. 24-47).

Tal circunstância discursiva pode ser encontrada no segundo de dois artigos referentes à execução da peça *Chaccone*, de Bach, pelo violinista José White, na *Casa Arthur Napoleão & Miguez*, em 30 de dezembro de 1879, ambos assinados por Arthur Napoleão. O primeiro antecedeu a performance de White, tendo sido pu-

---

40   *Idem*, 29/11/1879, p. 2.
41   *Idem*, 15/11/1879, p. 1.

blicado em dezembro de 1879,[42] e apresentou a peça de Bach ao público da revista, já que muitos dos frequentadores dos espaços de sociabilidade musical da cidade e leitores, não tinham conhecimento de todo o acervo composicional de grande parte dos músicos citados na *Revista Musical e de Bellas Artes*, incluindo o próprio Bach. Enfim, o segundo texto, publicado em janeiro de 1880, enfatizava a singularidade do público nacional, além de destacar a precisão da performance do violinista e ressaltar a espontaneidade dos aplausos, justificando que "partiram de um publico que possue, é certo, um gosto innato pela musica, mas que não está ainda como os publicos de Londres, Pariz e Allemanha, habituados a ouvir diariamente, de dia e de noite, e por artistas de primeira ordem, executar obras de autores clássicos".[43]

Em relação a questões polêmicas do universo da música do período, uma publicação, infelizmente sem indicação de autor, intitulada *Henrique de Mesquita e as Condecorações*, em 20 de dezembro de 1879, discutia o porquê da exclusão do nome do compositor Henrique Alves de Mesquita (1830-1906) da lista de professores do *Conservatório Imperial* que foram condecorados com a Ordem da Rosa. Nesse texto, a *Revista Musical e de Bellas Artes* aproveitou para enfatizar a injustiça feita contra o compositor que teve suas peças executadas nos palcos de Paris, e que será sempre lembrado como "uma das glorias musicaes do Brazil".[44]

Cerca de quatro meses depois, em 10 de abril de 1880, outro artigo, possivelmente assinado por Arthur Napoleão, discutiu a questão da nomeação do novo professor da cadeira de flauta do *Conservatório Imperial*, a partir da comoção gerada pela morte recente do virtuoso flautista Joaquim Antônio da Silva Callado (1848-1880).

A *Revista Musical e de Bellas Artes* defendeu a nomeação do flautista Duque-Estrada Meyer, em resposta a uma série de rumores que questionavam tanto a competência do professor, quanto o processo de sua nomeação. O autor que se identificou como músico e jornalista argumentou que "O facto da accumullação e incompatibilidade de profissões, esse só póde ser adduzido por quem não conhece nem o espírito humano nem a história da arte e dos artistas". A revista também fez referência ao questionamento sobre o talento musical de Duque-Estrada Meyer, que além de flautista também exercia o cargo de guarda-livros (contador) da firma *Narciso, Arthur Napoleão & Miguez*. Através da justificativa de que "As idéias avançadas do século XIX não permitem que se pergunte a ninguém: quem és e d`onde vens? mas sim: o que vales e o que sabes".[45]

---

42   *Idem*, 27/12/1879, p. 6.
43   *Idem*, 03/01/1880, p. 6.
44   *Idem*, 20/12/1879, p. 1.
45   *Idem*, 10/04/1880, p. 57.

Ainda diante da injustiça, o autor propôs que todos os cargos de professor do *Conservatório Imperial* que houvessem sido ocupados por nomeação, fossem colocados a concurso, incluindo o do flautista Joaquim Callado. Dessa forma, poderiam ser implantados programas sérios e especiais para cada disciplina, tomando como modelo os concursos organizados nos mais respeitados conservatórios do mundo e, consequentemente, pondo fim a qualquer tentativa de fraude que pudesse transformar um concurso idôneo num possível "desafio entre improvisadores de cavaquinho".[46]

>Na coleção intitulada Notas Biographicas era ressaltada a importância de quatro nomes das artes nacionais: o maestro e compositor Carlos Gomes,[47] o compositor de música sacra, Padre José Maurício Nunes Garcia (1767-1830),[48] o desenhista e pintor Francisco Pedro do Amaral (1790-1831),[49] e o escultor Valentim da Fonseca e Silva (c. 1745-1813).[50]

A matéria sobre Carlos Gomes foi publicada em capítulos, nos 27 primeiros números da revista no ano de 1879, e assinada por André Rebouças. Este além de se tornar uma das vozes mais importantes na luta pela abolição da escravatura, era também um grande incentivador da carreira do maestro, que conhecera na comemoração do aniversário do Imperador d. Pedro II, em 2 de dezembro de 1870. Foi o próprio André Rebouças que, através de uma luta incessante por recursos financeiros e contando com a ajuda do próprio Imperador, conseguiu que Carlos Gomes tivesse a oportunidade de voltar à Itália, em 23 de fevereiro de 1871 (FERNANDES, 1978, p. 97-99).

Após mais uma temporada de sucesso na Europa, Carlos Gomes retornou ao Brasil em 1880. A chegada do maestro gerou mais uma longa matéria na *Revista Musical e de Bellas Artes*, que reconheceu e felicitou a consagração de Carlos Gomes no exterior, destacando as comemorações que se seguiram ao seu desembarque. A publicação foi concluída, com uma clara expressão de admiração do periódico ao talento do maestro "a Revista Musical, habituada a render preito a todos os brasileiros que honram a pátria com o seu talento, nunca esqueceu Carlos Gomes, nem mesmo quando ele estava separado d'ella por centenares de léguas".[51]

---

46 *Ibidem*, p. 58.
47 *Idem*, 04/01/1880, p. 1.
48 *Idem*, 19/07/1879, p. 4.
49 *Idem*, 16/08/1879, p. 3.
50 *Idem*, 06/09/1879, p. 2.
51 *Idem*, 17/07/1880, p. 129.

As biografias do Padre José Maurício, de Francisco Pedro do Amaral e do Mestre Valentim foram assinadas pelo escritor Manuel de Araújo Porto Alegre (1806-1879), e retiradas da *Revista do Instituto Histórico e Geographico do Brasil*.[52]

O pianista Oscar Guanabarino escreveu um longo estudo, intitulado *O professor de piano - Arte de educar um pianista desde os rudimentos até o ensino transcendental*, publicado entre as edições de 27 de março e 25 de dezembro de 1880. O texto, que pode ser considerado um importante guia para os pianistas, continha sugestões de estudos progressivos como Czerny, Cramer e Moscheles; e de repertório, destacando as composições de Thalberg, Gottschalk e Arthur Napoleão.

> Logo que o discípulo conhecer as notas e as lêr rápida e salteadamente, deve-se dar princípio aos trabalhos de mecanismo. Não será descuidada a posição do corpo, dos braços, das mãos e dos dedos, como recommendam todos os methodos de piano, os quaes encerram, quasi sempre, um artigo especial sobre este assumpto; accrescentarei, porém, que o espaço comprehendido entre o chão e os pés do discípulo será preenchido por um banco sobre o qual elle possa marcar commodamente os tempos fortes dos exercícios que executar.[53]

Outro objetivo do texto de Guanabarino era discutir a educação musical no Brasil, sempre procurando incentivar o desenvolvimento do gosto, em função da defesa do padrão cultural europeu e em detrimento das práticas musicais da pequena tradição.

> O gosto pela música (no Rio de Janeiro) – não significa – admiração pelas grandezas da arte. As polkas-lundus, as quadrilhas, os tangos e outras composições chorosas, fazem parte das predilecções da generalidade do público – isto na capital – calcule-se agora o que vai pelas províncias onde a modinha tem um throno que desafia a todos os republicanos do mundo [...].[54]

Em 22 de fevereiro de 1879, a revista publicou uma matéria específica sobre as práticas musicais da pequena tradição, que recebeu o título de *O Zé Pereira* e descrevia a importância de um instrumento de percussão, a zabumba. Entretanto, o discurso, fiel ao domínio temático do periódico e sempre voltado para um público elitizado, classificava o elemento musical ritmo como essencialmente necessário às

---

52 *Revista do Instituto Histórico e Geographico do Brasil*, 3º trimestre 1856. (IHGB).
53 *Revista Musical e de Bellas Artes*, 10/04/1880, p. 58.
54 Idem, 21/08/1880, p. 176.

práticas musicais dos "povos menos civilizados". Esse enfoque fica claro quando o autor não identificado conclui afirmando que "O rythmo é, de todos, a melodia de muitos, a harmonia de alguns".[55]

Em relação ao que ocorria concomitantemente fora do Brasil, a *Revista Musical e de Bellas Artes* matinha uma coluna destinada especificamente ao *Noticiário Estrangeiro*. Essa coluna trazia notícias sobre o que de mais importante acontecia no universo das artes na Europa e América do Norte, desde programação dos teatros, lançamentos de óperas e espetáculos, circulação de artistas, até datas de inscrição para concursos nos mais renomados conservatórios. Assim, leitor da revista tinha a sensação de proximidade com o que circulava pelos palcos e bastidores dos salões da Europa e Américas. Em contrapartida, outra coluna, intitulada *Chronica Local*, trazia para os assinantes a programação dos concertos e espetáculos teatrais da cidade do Rio de Janeiro.

Acreditamos que o contato constante entre campos culturais distintos, proporcionado pela revista através das suas colunas, possa ter sido inspirado na postura do seu editor-chefe, Arthur Napoleão. Pois o pianista, logo após ter se fixado no Brasil, reconheceu que, para manter-se como empreendedor no campo dos negócios relacionados a música, necessitava manter-se constantemente ligado aos mais importantes espaços de sociabilidade musical da cidade, aproximar-se da elite política e cultural e, por fim, nunca se desligar por completo do que acontecia no universo da música na Europa. Para tal, costumava fazer constantes viagens ao velho continente, em busca de material para ser comercializado na *Casa Arthur Napoleão & Miguez*, além de cultivar o contato com o ciclo das elites dos países que visitava (MEDEIROS, 2013, p. 103).

Outro destaque no espaço cultural da cidade do Rio de Janeiro foi a apresentação da ópera *Dom João*, de Mozart, pela *Empreza Lyrica Fluminense*, em 2 de julho de 1880, no *Theatro Dom Pedro II*. Diante da importância de tal apresentação, a *Revista Musical e de Bellas Artes* não poupou elogios a toda a magnitude desse evento nas suas páginas. Foram escritos três artigos que enfocaram a obra prima de Mozart sob diferentes aspectos, todos publicados em 10 de julho de 1880, no décimo sexto número do periódico.

O primeiro, assinado por André Rebouças e publicado na capa da revista, levantava a questão de que, se entre nós e as culturas do velho mundo existia um grande e comprometedor abismo linguístico, a *Empreza Lyrica Fluminense* havia acertado em trazer o *Dom João* de Mozart para o Brasil. A *Revista Musical e de Bellas Artes* justificava que a *Empreza Lyrica* havia cumprido um dever, dando ao público do Rio de Janeiro a oportunidade de assistir a uma peça que circulava há mais de um século pelos palcos do mundo, e que era, até então, conhecida pela

---

55 *Idem*, 22/02/1879, p. 1.

maioria dos brasileiros através de partituras e da crítica estrangeira. Na sua segunda parte, a publicação apontava a indiferença de alguns órgãos da imprensa, como o *Jornal do Commercio* e o *Anglo-Brasilian Times*, para a estreia do *Dom João* no *Theatro Imperial*, em contraste com a postura correta da *Empreza Lyrica* que desprendeu tremendo esforço para a apresentação da ópera em solo nacional, "A Empreza Lyrica Fluminense, repetimos, cumpriu de todo o ponto o seu dever (...) A sua consciência ficará quite para com a arte (...)".[56]

O segundo, intitulado *Uma data célebre Don Juan de Mozart no Rio de Janeiro*, e assinado pelo Visconde de Taunay, manteve o destaque para a importância da primeira apresentação do *Dom João* na América do Sul ter se dado no *Theatro Imperial*. O visconde de Taunay classificou a noite de 02 de julho de 1880, como um presente aos "dilettanti de coração que não puderam ainda sahir da terra brazileira e viajar ao estrangeiro", e reconheceu estar diante de uma obra grandiosa "sahida de mãos humanas, mas que tem um cunho divino".[57]

Por fim, o terceiro artigo, assinado pelo compositor e crítico musical italiano P. Scudo e publicado em doze exemplares do periódico, inicialmente descrevia o encontro de Mozart com o libretista italiano Lorenzo da Ponte, e de como se desenvolveu a temática do *Dom João*. Em um segundo momento, apresentava aos leitores alguns episódios da vida de Mozart, que segundo P. Scudo poderiam ter relação com a composição operística, como o falecimento do pai de Mozart, Leopold, em 1787. O autor passava então a descrever detalhes sobre a produção da ópera, como a instrumentação, a orquestração, a primeira formação do coro, os ensaios, e a sua temática. Scudo conclui concordando com André Rebouças e com o visconde de Taunay ao reconhecer a grandiosidade da obra de Mozart, "Criada em véspera d'uma revolução que deve mudar a face do mundo, a opera d. João é a expressão eterna das tristezas do ideal e dos pressentimentos do futuro". Ainda no exemplar de 10 de julho de 1880, encerrando sua homenagem, a *Revista Musical e de Bellas Artes* publicou uma transcrição do *scherzo* da ópera de Mozart.[58]

Desde o seu décimo oitavo exemplar, a *Revista Musical e de Bellas Artes* passou a reservar, na sua última página, uma seção a outra paixão do pianista Arthur Napoleão: o xadrez.[59] Jogo que sempre fez parte da trajetória do pianista, desde a mais tenra infância (NAPOLEÃO, 1907, p. 19). A diagramação dessa seção do periódico apresentava o desenho de um tabuleiro, sobre o qual era proposta a criação ou solução de uma jogada. A seção proporcionava também a oportunidade de

---

56   *Idem*, 10/07/1880, p. 121.
57   *Idem*, p. 122.
58   *Idem*, p. 125.
59   *Idem*, 03/05/1879.

diálogo com os leitores, muitos dos quais enxadristas profissionais ou amadores que se correspondiam com a revista, enviando questões para serem analisadas e posteriormente publicadas. Nesse grupo de enxadristas, interessados em manter atualizado o seu conhecimento sobre o jogo, era constante o nome do escritor Machado de Assis (1839-1908).[60] Podemos considerar que a inclusão de uma página sobre a prática do enxadrismo no editorial da *Revista Musical e de Bellas Artes* ampliava o seu ciclo de leitores, e reforçava a sua apreciação por outros membros da elite cultural citadina.

Na contracapa da sua edição, a *Revista Musical & Bellas Artes* costumava publicar a propaganda de peças e estudos que se encontravam à disposição do público frequentador da *Casa Arthur Napoleão & Miguez*. Dentre essas, podemos citar coleções intituladas de *Obras bibliographicas, theoricas e scientificas*, que continham publicações como: o *Grand traité d`Instrumentation et Orchestration*, de Hector Berlioz; o *Cours d`harmonie theorique et pratique*, de Bazin; o *Dictionnaire lyrique ou Histoire des Operas*, de Clement e La Rousse; o *Traité théorique et pratique de l`organisation des societés musicales*, de Clodomir; o *Compêndio de Princípios Elementares de Música para uso do Conservatório Imperial*, de autoria de Francisco Manoel da Silva; o *Methodo de Flauta*, de Devienne e Berbiguier; além de biografias como a *Vie de Rossini*, de Stendahl. A todos esses métodos se somam uma série de peças do repertório operístico, adaptadas, ou reduzidas para piano, ou canto-piano, que foram publicadas na *Revista Musical e Bellas Artes* entre 11 de janeiro e 10 de maio de 1879.[61]

Outro repertório composto por polcas, quadrilhas, e habaneras, também comercializado na *Casa Arthur Napoleão & Miguez*, não costumava aparecer na propaganda das contracapas do periódico. Reconhecemos que a escolha do que teria, ou não, destaque no espaço final da revista poderia estar ligado ao gosto tanto do público frequentador do estabelecimento de Arthur Napoleão e Leopoldo Miguez, quanto dos leitores da *Revista Musical & Bellas Artes*.

Nos seus dois anos de atividade, a *Revista Musical e de Bellas Artes* manteve um padrão editorial não muito distante dos demais periódicos musicais publicados nos grandes centros europeus, como o já citado *Neue Zeitschrift für Musik* (1834), os franceses *La Revue Musicale* (1827), *Les Tablettes de Polymnie* (1810), *l'Echo des orphéons* (1861), *La France Musicale* (1837), os italianos *La Fama* (1836), *Rivista Musicale Italiana* (1894), *Polinnia Europea* (1823), e os ingleses *The Musical World* (1836), *The Musical Examiner* (1842), *The Quarterly Musical Review* (1885), que proclamavam um espírito independente e amplo, procurando dar uma visão precisa dos vários aspectos da vida musical (DE PLACE, 2002, p. 17-29).

---

60   Idem, 17/01/1880, p. 15.
61   Idem, 11/01 e 10/05/1879.

Em 13 de março de 1880, a revista musical publicou na sua primeira página uma matéria em francês que recebeu o título de *Le Siècle et la Revista Musical e de Bellas Artes*, assinada pelo já citado Oscar Comettant, que ocupava os cargos de crítico musical do jornal *Siècle*, e redator chefe do periódico musical *Ménestrel*. Tratava-se de uma transcrição parcial de uma nota que confirmava o reconhecimento da *Revista Musical & Bellas Artes* pela imprensa internacional, elogiava a natureza das publicações e, por fim, ressaltava os esforços dispendidos pelo seu editor-chefe para a manutenção de um periódico musical no Brasil.[62]

No fim do seu primeiro ano de atividades, os editores do periódico agradeceram a aceitação do público, destacando a dificuldade de sustentar no país uma revista voltada para uma temática tão específica. Ressaltavam tanto o esforço da revista em incluir no seu editorial a maioria das questões do campo da música e das artes do ano vigente, quanto a abertura das suas colunas à livre opinião "porque um dos mais brilhantes apanágios do século XIX é o de ninguém por mais elevada que seja a sua competência, poder impor a sua opinião, como outr'ora os antigos colonisadores impunham os seus dogmas religiosos".[63] Doze meses depois, em 25 de dezembro de 1880, a *Revista Musical & Bellas Artes* publicava *As Festas* e encerrava definitivamente suas atividades descrevendo a experiência de editar um periódico sobre artes no Brasil. Mais uma vez agradecendo aos leitores pelo "culto da música, da poesia, do bello, do ideal".[64]

Ao concluirmos, reconhecemos que os textos publicados na *Revista Musical e Bellas Artes* eram escolhidos minuciosamente e sempre eram voltados para um público específico, que tinha o costume de apreciar literatura, enxadrismo, teatro, além de um repertório musical executado quase que simultaneamente nos saraus, salões, clubes musicais cariocas e europeus do período. Esse público era formado pela elite sociocultural citadina e possuía competência cultural e capacidade de decifrar os códigos apresentados tanto nos métodos, quanto nas próprias obras musicais. Tendo essa competência sido adquirida por meio de um longo investimento no aprendizado dos modos da elite europeia (MONTEIRO, 2008, p. 16-17). Assim, a publicação da *Revista Musical e Bellas Artes* no fim do século XIX, na cidade do Rio de Janeiro, pode ser considerada como a abertura de um canal formador de opiniões, também capaz de proporcionar aos seus leitores o tão almejado *status social* e o consequente estreitamento de relações com as elites culturais da Europa e da América do Norte, através do desenvolvimento do gosto pela música e belas-artes (BOURDIEU, 1984, p. 13).

---

62   *Idem*, 13/03/1880, p. 41.
63   *Idem*, 27/12/1879, p. 1.
64   *Idem*, 25/12/1880, p. 301.

Fontes:

Arquivo Nacional do Rio de Janeiro - (ANRJ).

Contrato Social da firma *Arthur Napoleão & Miguez*. 1878. (Fundo: Junta Comercial, Livro 81, Registro 19087).

Biblioteca Nacional do Rio de Janeiro – (BNRJ).

Gazeta de Notícias (1875-1942).

Jornal do Commercio (1845-1917).

Revista Musical e de Bellas Artes. Ed. Arthur Napoleão e L. Miguez. Rio de Janeiro, (1879-1880).

Instituto Histórico e Geográfico Brasileiro – (IHGB).

Revista do Instituto Histórico e Geographico do Brasil. (1856).

Real Gabinete Português de Leitura – (RGPL).

NABUCO, Joaquim. *Discurso pronunciado a 10 de Junho de 1880 por parte do Gabinete Portuguez de Leitura*, Rio de Janeiro: Edição Fac-Similada, 1880.

Referências bibliográficas:

BOURDIEU, P. *Distinction: A Social Critique of the Judgment of Taste*. First Edition. Massachusetts: Harvard University Press, 1984.

COELHO, J. M. L. *Figuras do Passado. Luís de Camões*. Porto: Livraria Chardron de Lello & Irmão Editores, 1985.

CORRÊA, S. N. A. *Leopoldo Miguez. Catálogo de Obras*. Rio de Janeiro: Academia Brasileira de Música, 2005.

DE PLACE, A. "La critique musicale dans les journaux au XIXe siècle". In: TRIARIE, S.; BRUNET, F. (dir.). *Aspects de la critique musicale au XIXe siècle*. Montpellier: Presses Universitaires de la Méditerranée, 2002, p. 17-29.

ELIAS, N. *Mozart: sociologia de um gênio*, 1ª ed. Rio de Janeiro: Jorge Zahar Editor, 1995.

FERNANDES, J. *Revivendo um gênio da música: Carlos Gomes – do Sonho à Conquista*, 1ª ed. São Paulo: Fermata do Brasil, 1978.

FERREIRA, T. M. T. B. da C. "Redatores, Livros e Leitores em O Patriota". In: KURY, L. (org.). *Iluminismo e Império no Brasil. O Patriota (1813-1814)*, 1ª ed. Rio de Janeiro: Editora Fiocruz, 2007, p. 41-66.

GERSON, B. *História das ruas do Rio de Janeiro*, 4ª ed. Rio de Janeiro: Editora Brasiliana, 1965.

MARMONTEL, A. F. *Symphonistes et virtuoses*. Paris: Imprimerie Centrale des Chemins de Fre, 1878.

MEDEIROS, A. R. de. *Uma memória ímpar: a trajetória de Arthur Napoleão na sociabilidade musical de dois continentes (1843-1925)*. Tese de Doutorado – UERJ, Rio de Janeiro, 2013.

MONTEIRO, M. *A construção do gosto: música e sociedade na Corte do Rio de Janeiro 1808-1821*. São Paulo: Ateliê Editorial, 2008.

NAPOLEÃO, A. *Memórias*, 1907. (Texto datilografado).

VERÓN, E. "Quand lire, c'est faire: l'enonciation dans le discours de la presse écrite". Sémiotique II. Paris: Institut de Recherches et d'Etudes Publicitaires (IREP), 1984.

Capítulo 5. Traços de modernidade: modernidade e progresso na imprensa ilustrada fluminense (1870-1880)

Arnaldo Lucas Pires Junior

Ser, ou não ser, moderno

> "A modernidade é o transitório, o efêmero, o contingente, a metade da arte, sendo a outra metade o eterno e o imutável".[1] (tradução nossa)
>
> *Charles Baudelaire.*

Passantes, sejam modernos![2] Era o que se lia na porta do cabaré *Le chat noir*, na Boulevard de Rochechouart, no bairro boêmio de Montmartre, em 1881 (BENJAMIN, 2000, p. 15). A frase imperativa, que provavelmente tinha intenção de incentivar a visita de potenciais clientes à casa de entretenimento, é mais complexa do que aparenta à primeira vista. É ela que dá origem às nossas preocupações. A exortação contém algumas presunções que são interessantes, ela nos indica a existência de um conjunto de características do *ser* moderno e, mais ainda, propõe uma diferenciação entre atitudes modernas e antiquadas. Entre um cabaré francês e as páginas de revistas brasileiras, há uma coisa em comum: a experiência da modernidade e dos modernos.

Nesse artigo, investigaremos algumas das representações que constituíram os imaginários sociais das elites ilustradas imperiais em relação às ideias de modernidade e progresso. Através da análise de caricaturas produzidas na imprensa ilustrada da corte, procuraremos compreender de que forma estas parcelas da

---

1 Do original: "La modernité, c'est le transitoire, le fugitif, le contingent, la moitié de l'art, dont l'autre moitié est l'éternel et l'immuable". BAUDELAIRE, C. "O pintor da vida moderna". In: Poesia e prosa. Rio de Janeiro: Ed. Nova Aguilar, 1995. p. 852.

2 Do original: "Passant, sois moderne!"

sociedade imperial construíam suas noções de modernidade, e como a aliavam à ideia de progresso.

Neste contexto, estamos diante de um mundo que se transformava em uma velocidade nunca antes vivenciada, marcada pelo ritmo do maior dos símbolos de modernidade e progresso do período, a ferrovia, que transportava não apenas produtos, mas também mobilizava pessoas e encurtava distâncias. Um momento no qual a troca de ideias e informações era intensa graças à imprensa, particularmente a ilustrada, com suas representações visuais que assumiam ares civilizatórios, no estilo dos padrões europeus.[3]

Essa conjuntura de transformações, que se costumou chamar de modernidade, é caracterizada por Berman (2007, p. 24) como "[...] um ambiente que promete aventura, poder, alegria, crescimento, autotransformação e transformação das coisas ao redor – mas ao mesmo tempo ameaça destruir tudo que temos, tudo o que sabemos, tudo o que somos".

Diante disso, cabe questionar o que era *ser* moderno para estes homens. De que forma as noções de modernidade e progresso, tão caras a inúmeras teorias do período,[4] se aproximavam e dialogavam? Quais os principais entraves ao progresso e à modernidade para os contemporâneos? Responder estas perguntas constitui-se um trabalho complexo, diante das limitações de um artigo. Todavia, restringindo-nos à experiência brasileira entre os anos de 1870 e 1880 e, utilizando como base para nossas análises as caricaturas publicadas na imprensa ilustrada fluminense – especialmente as presentes nas revistas ilustradas *O Mosquito* e *A Vida Fluminense* –, nossa tarefa se torna mais factível. É igualmente importante ressaltar que nossa proposta aqui é investigar temáticas relativas à forma com a qual estes periódicos abordaram a questão da modernidade e do progresso, o que, por si, define o recorte dentro do qual nos movimentamos ao longo deste texto.

Como conceito principal mobilizado nesse artigo, concebemos o *imaginário social* como um *museu de imagens* que produz as representações veiculadas pela imprensa ilustrada, mas que, da mesma forma, é produzido através dessa veiculação. Isso se dá porque o imaginário se constrói em uma relação dialógica entre produção e veiculação de sentidos, ou seja, em um processo de mútuo afetamento. O que percebemos é que, ao mesmo tempo em que a imprensa veicula representações relacionadas a um imaginário, ela também o produz, modifica, reelabora e ressignifica.

---

3   Esse sentimento foi bem apreendido por Walter Benjamin (1982).

4   Pode-se dizer que as grandes teorias políticas e científicas cunhadas neste período, como por exemplo o positivismo e o marxismo, ainda que completamente diferentes entre si, mantinham uma concepção de filosofia da história, ou seja, uma preocupação com o sentido do progresso nas trajetórias das civilizações.

Assim, conforme Baczko (1985, p. 299), o imaginário se baseia sempre em uma comunidade de sentido que lhe atribui significação.

Pode-se dizer que a imprensa ilustrada da corte era *um negócio de elite*, tanto por conta da posição social de seus proprietários, como também do público-alvo que a consumia.[5] A edição para o ano de 1870 do *Almanaque administrativo, mercantil e industrial* aponta a existência de 65 periódicos publicados na corte, dos quais 5 eram ilustrados e se definiam como, "serio-jocosos", "popular e satírico", "crítico e satírico", todos "ornados com caricaturas".[6] Os endereços das redações nos dão pistas dos círculos de sociabilidades nos quais estes desenhistas/proprietários se inseriam. Como exemplo, podemos citar *A Vida Fluminense*, que se localizava à Rua do Ouvidor, nº 52.[7] Estabelecidas no centro da vida cultural do Império, estas publicações dificilmente chegariam às mãos de qualquer súdito.

Para nós, analisar as ideias de modernidade e progresso, da forma como elas eram concebidas pelas elites urbanas da corte, traz à tona uma das grandes características do país no período, suas enormes contradições. Conforme já assinalado por André Toral, o Império do Brasil era também o Império dos Paradoxos (TORAL, 2001, p. 29). Uma monarquia entre repúblicas, o Império se orgulhava de sua unidade, conquistada com grandes esforços, e de sua estabilidade, garantida por um conjunto de instituições de modelo liberal que tinham como alicerce o Poder Moderador do imperador. O Império sustentava uma elite cosmopolita, seguidora dos padrões europeus de progresso e modernidade e, ao mesmo tempo, instituições que eram dificilmente compatíveis a estes paradigmas, como por exemplo, a escravidão.

A década de 1870 será o momento em que, com muito mais força, estas contradições serão discutidas e polemizadas, o que levará alguns autores a considerar o período como um momento de "crise do império" (ALONSO, 2000, p. 36). O fim da Guerra do Paraguai anuncia o ponto de maior popularidade e, simultaneamente, o início da ruína da monarquia e das instituições imperiais. Da mesma forma, o crescimento da força do movimento abolicionista, particularmente impactado devido às repercussões da lei de 28 de setembro,[8] a questão dos bispos e outras querelas,[9] mostram a efervescência de ideias e projetos que marcam o período.

Observadas por nós com o afastamento do olhar retrospectivo, percebemos que estes contrassensos também foram assinalados e criticados pelos caricaturis-

---

5   Sobre a imprensa ilustrada no período, ver: KNAUSS, 2011.

6   Almanak Administrativo, mercantil e industrial do Rio de Janeiro, p. 686-687. Disponível em: <http://hemerotecadigital.bn.br/>. Acesso em: 15/10/2015.

7   *Ibidem*.

8   Lei nº 2.040, de 28 de setembro de 1871. Disponível em: <http://www.planalto.gov.br/ccivil_03/Leis/LIM/LIM2040.htm>. Acesso em: 15/10/2015.

9   Conflito entre o Estado e a Igreja que abordaremos adiante.

tas nas imagens que produziram no período. Em seus trabalhos, como veremos adiante, a pergunta não era ser ou *não ser* moderno, e sim, *como* ser moderno. Os caricaturistas não se omitiram e utilizaram seus lápis e esfuminhos para desenhar seus próprios *projetos de modernidade*.

Caricaturas do progresso e imagens de modernidade

A imprensa ilustrada da corte, no período do qual nos ocupamos, apesar da pequena tiragem e da quantidade exígua de órgãos, era bastante diversificada. Produzia análises políticas sobre os acontecimentos recentes da corte, críticas às frequentes enchentes, retratos das fantasias e sociedades carnavalescas, imagens sobre a crônica falta de água que afetava a cidade, discussões sobre as epidemias de febre amarela e comentários sobre as últimas peças apresentadas, por exemplo, no *Theatro Francez* e no *Phenix*.[10] Não ficavam de fora as pequenas historietas e anedotas que os periódicos publicavam sob diferentes nomes, "Tesouradas", "A esmo", "Hysopadas", entre outros. Tudo complementado por uma seção intitulada "expediente" na qual se respondia às cartas e solicitações dos leitores.

Todavia, o grande diferencial destas publicações eram as duas ou três charges que compunham cada edição semanal de oito páginas. Produzidas em pedra litográfica, estas imagens, por vezes, apresentavam uma verve crítica maior do que as próprias crônicas que integravam as revistas, pois, como afirma o *Correio Paulistano*,[11] por ocasião do lançamento da primeira revista na província de São Paulo, "São Paulo pode e deve ter um jornal que à semelhança da '*Semana Ilustrada*' e do '*Bazar Volante*', diga ao público com 'crayon' o que muitas vezes não se pode e nem é permitido dizer com a pena". Esse era o sentimento compartilhado em relação aos periódicos: o de que haviam coisas que só poderiam ser ditas com o "crayon". A ação dos caricaturistas irá mostrar que havia coerência nesse pensamento.

A própria presença destes órgãos no cenário nacional já denotava um caráter civilizatório e modernizador. A sua existência tentava aproximar os ares da corte imperial aos dos grandes países europeus, já acostumados com a argúcia satírica do francês *Le Charivari* e do britânico *Punch*. A crítica dos costumes e a sátira política,

---

10   Nelson Weneck Sodré apresenta alguns dados sobre as tiragens dessas revistas. Citando como exemplo a Revista Ilustrada, ele contabiliza em cerca de 4.000 exemplares a tiragem semanal do periódico. Entretanto, é preciso ter em mente que o periódico que o autor toma como exemplo era um dos mais bem organizados e possuía oficina litográfica própria, o que nos leva a acreditar, mesmo diante da insuficiência destes dados, que as tiragens de outras revistas eram bem inferiores (SODRÉ, 1983, p. 217).

11   Correio Paulistano, 02/10/1866. Disponível em: <http://hemerotecadigital.bn.br/>. Acesso em: 15/10/2015.

dentro dos frágeis limites do que era entendido como respeitável, eram sinal de liberdade de expressão e poderiam assumir até um papel de censura pública dos costumes.[12] Era com base nestas justificativas que os editores se defendiam de qualquer acusação de atentado contra a moral de seus *alvos*.

Devido às especificidades da construção destes hebdomadários, a quantidade de assuntos e temáticas abordadas nos anos que nos dedicamos a analisar é grande, e remete a complexas teias de significações e referências, por vezes difíceis de serem percebidas pelo olhar do historiador. A dinamicidade destes desenhos faz com que diversas temáticas apareçam imbricadas em uma mesma imagem que, por vezes, constrói-se com base em alegorias cuja significação precisa ser reconstruída na busca pelo sentido dessas composições, uma vez que toda piada necessita de um conjunto de presumidos que precisa ser compartilhado para que o riso venha à tona.

A despeito destas dificuldades, nossas análises nos mostraram que a produção da imprensa ilustrada – não apenas gráfica, mas englobando o escopo de conteúdo produzido no período – se assentou em duas temáticas principais, os impactos da promulgação da Lei n. 2.040 de 28 de setembro de 1871, que "declara de condição livre os filhos de mulher escrava que nascerem desde a data desta lei",[13] e a chamada questão dos bispos, ou questão religiosa, que opôs Igreja e Estado diante da excomunhão de fiéis e do interdito de algumas irmandades católicas que contavam com membros maçons.

Não é nosso objetivo desenvolver uma análise destes temas e nem mesmo produzir um exame de sua cobertura na imprensa. Procuramos, a partir destes dois acontecimentos, perceber de que forma a apreciação feita pelos caricaturistas expõe suas visões sobre progresso e civilização. Desta forma, os dois processos históricos nos servirão de *farol* e iluminarão nosso percurso em direção à compreensão da intricada rede de produção e ressignificação dos imaginários sociais sobre modernidade e progresso neste período. Contudo, é necessário desenvolvermos uma pequena contextualização para que sejamos capazes de mergulhar nas "comunidades de sentido" que embasam as imagens que veremos adiante (BACZKO, 1985, p. 300).

A lei de 28 de setembro declarava, em seu artigo primeiro, que "os filhos de mulher escrava que nascerem no império desde a data desta lei, serão considerados de condição livre".[14] Ela procurava, igualmente, organizar as abstrusas relações

---

12 Apesar desta retórica, os caricaturistas enfrentaram alguns problemas, até mesmo judiciais, por conta de seus desenhos. Podemos citar o "processo-cabrião" que quase fez Angelo Agostini ser enquadrado no artigo 279 do código criminal do império. Sobre o tema, ver: BALABAN, 2009, p. 21-26.

13 Lei Nº 2.040, de 28 de setembro de 1871, *op. cit*.

14 *Ibidem*.

que surgiriam do precedente aberto por essa intervenção na relação senhor-escravo. Afirmava que a posse e a autoridade sobre os filhos eram responsabilidade do senhor de suas mães até a idade de oito anos, quando caberia a este mesmo senhor decidir entre a libertação, com direito a uma indenização de 600$000, a ser paga pelo governo, ou a utilização dos serviços do menor até a idade de 21 anos. A omissão do senhor subentendia a escolha pela segunda opção. É importante ressaltar que esta não era a primeira vez que o Estado procurava se imiscuir nas relações entre senhor e escravo. As questões relativas ao recrutamento militar, durante a recém terminada Guerra do Paraguai, trouxeram à tona diversos impasses relativos aos limites da ação do Estado diante do alegado direito de propriedade destes senhores.

Outros elementos tornam a legislação interessante, como, por exemplo, a cessação da prestação de serviços dos filhos de escravos, se confirmados através de processo judicial, maus tratos por parte do senhor. E, principalmente, os precedentes abertos pelos artigos 3º e 4º que, respectivamente, criam um fundo governamental para o financiamento da emancipação e possibilitam a formação, por parte do cativo, de pecúlio para a compra de sua própria alforria. Apesar de distantes da emancipação total, estas medidas tiveram forte significado simbólico e criaram a ideia, que viria a repercutir na imprensa ilustrada, de que a lei de 28 de setembro era o primeiro passo em direção ao progresso, ou seja, à abolição.

Podemos ver essa ideia desenvolvida nas palavras de um cronista anônimo que, comentando os festejos da chegada na Corte do imperador e do conde d'Eu por ocasião do desfile que comemoraria a vitória da Guerra do Paraguai, apresenta a seguinte reflexão,

> Sem deixar de considerar muito louváveis todas estas manifestações da gratidão publica, não posso exhimir-me ao dever de declarar que, no meu entender, o que me parece, senão mais significativa, pelo menos de um resultado mais real e *civilizador*, é a da libertação.
> Todas as outras são brilhantes, ruidosas; mas terminam com a ultima luz que se extingue com o ultimo grito de alegria que o éco repete ao longe. Esta, porém, não.[15] (Grifo nosso)

A ideia apresentada nesse trecho é representativa das diretrizes seguidas pelos órgãos da imprensa ilustrada no decorrer do decênio. As ideias de civilização e progresso estão diretamente ligadas à discussão sobre os caminhos e a superação da "questão do elemento servil".[16] A liberdade era condição *sine qua non* do avanço

---

15 A Vida Fluminense, n. 119, 09/04/1870, p. 2.. Disponível em: <http://hemerotecadigital.bn.br/>. Acesso em: 15/10/2015.

16 Reproduzimos aqui o termo utilizado pelo imperador em sua fala do trono na abertura da assembleia geral de maio de 1867. Esse termo também será utilizado pelos periódicos com frequência.

do país no caminho do progresso. É com base nessa concepção que os periódicos repercutirão a promulgação da Lei n. 2.040.

São estes elementos que estruturam o desenho que veremos a seguir, de Angelo Agostini, publicado em 23 de março de 1872, em *O Mosquito*.[17] Nele, o Brasil, representado como um índio, como era de praxe à época, aparece desequilibrado, tentando avançar por uma clareira em uma bicicleta que representa a lei de 28 de setembro. Seu caminho está longe de ser uma trajetória tranquila, o que é confirmado por uma grande pedra, em que se lê, "Eleição senatorial da província do Rio de Janeiro". A imagem gera certa tensão em relação à sua continuidade, e indica o resultado da ação: o índio Brasil provavelmente cairá durante sua marcha devido a um grande obstáculo, a política da Corte. A legenda também nos dá vestígios para confirmar esta interpretação, lê-se, "Empecilhos à marcha do Brasil. Eis aí para o que serve a nossa política!"

---

17 *O Mosquito*, n. 132, Rio de Janeiro, 23/03/1872, p.1. Disponível em: <http://hemerotecadigital.bn.br/>. Acesso em: 15/10/2015.

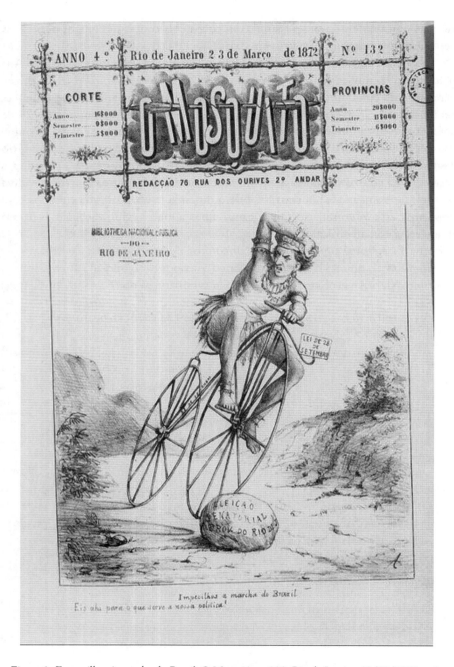

Figura 1- Empecilhos à marcha do Brasil. *O Mosquito*, n. 132. Rio de Janeiro, 23/03/1872, p. 1.

Três aspectos precisam ser considerados nesta caricatura. O primeiro deles trata-se da ideia de movimento, geradora de suspense, pois não sabemos ao certo qual será o destino do país, mas subentendemos que seja a queda. Ao utilizar-se deste mecanismo do discurso visual, Agostini não só apresenta seu posicionamento em relação à política imperial, como também dá uma lição aos historiadores. Omitindo a queda do índio Brasil, Agostini retrata a indeterminação e a imprevisibilidade dos processos históricos, que estão longe de serem dados fixos para os contemporâneos. Distantes das lutas cotidianas destes homens do passado, os historiadores tendem a buscar posicionamentos que explicam os acontecimentos por eles já conhecidos, a lição que Agostini nos deixa é a da incerteza do porvir.

O segundo ponto que precisamos levar em conta diz respeito ao *meio de transporte* escolhido pelo Brasil em sua jornada. O desenho não mostra o índio em uma locomotiva, principal representação de progresso à época, capaz de superar todos os obstáculos e distâncias, o meio de transporte escolhido é desajeitado, e a familiaridade do país com ele parece ser ainda mais. A ideia que se procura desenvolver, através desta representação, é a de que a lei de 28 de setembro, ainda que tenha sido um meio encontrado pelo país para sua marcha, está longe de ser a melhor das formas de locomoção rumo ao progresso e à modernidade. Ela é frágil a ponto de ser ameaçada por uma das muitas pedras que se colocam no caminho a ser trilhado.

O terceiro tópico que ressaltamos é justamente esse caminho trilhado pelo país em sua marcha. Agostini não desenha uma floresta virgem, ou mesmo uma trilha rudimentar, pela qual o Brasil avança. O caminho do progresso, na visão do desenhista, já foi aberto e segue uma trilha única. Ao representá-lo dessa forma, o autor sustenta a visão de que a marcha para o progresso deve se dar em busca da *civilização*, no sentido europeu do termo. A ideia de modernidade presente no desenho não é especificamente nacional – exceto pela figura do próprio índio –, na verdade, era sobre o caminho aberto por outras nações, que o Brasil deveria seguir.

Assim, a Lei de 28 de setembro aparece como um primeiro passo que, logo, é percebido como insuficiente e bastante lacunar neste percurso em direção ao progresso, ou seja, um *meio de transporte ineficiente*. O impacto simbólico da Lei foi o de suscitar os debates e trazer à tona a importância das discussões, não somente em relação à abolição, mas igualmente no que diz respeito ao progresso da nação.

Essa incompatibilidade da política imperial com o progresso do país também será tema de outra charge, publicada em maio de 1872 no mesmo periódico. Nela, vemos novamente o índio Brasil, dessa vez em proporções agigantadas, sendo carregado em uma biga na qual se vê estampada a coroa imperial. Sentado no banco do condutor, vemos o pequenino visconde do Rio Branco, que olha, assustado, a grandiosidade da nação. À sua frente, os políticos imperiais se esforçam para arrastar o carro, que aparenta não se movimentar.

A primeira característica que nos salta aos olhos é a grandiosidade do índio que representa a nação, em relação à pequenez de seus políticos e representantes. É igualmente curioso observar que este índio se cobre com uma pele de animal, representação não muito comum à época, que provavelmente busca exaltar suas, também gigantescas, riquezas naturais. A sátira proporcionada pela imagem se dá justamente no contraste entre a *giganticidade* da nação e a capacidade destes *pequenos homens* em levá-la adiante. Como legenda temos, "Andamos muito devagar! ... Ou eu sou muito grande, ou vocês são muito pequenos".

Figura 2 – Andamos muito devagar! *O Mosquito*, n. 139. Rio de Janeiro, 11/05/1872, p.4

Novamente, o Brasil parece ter escolhido um meio de transporte nada usual para sua marcha rumo ao progresso. A biga, que ostenta uma coroa e simboliza a monarquia, é um veículo ultrapassado, no qual o índio agigantado quase não cabe, e no qual parece estar longe de sentar-se comodamente. A imagem faz duvidar da capacidade deste meio de transporte em conduzir o país, e também contrasta seu tamanho em relação ao da nação. A crítica é incisiva, a monarquia começa a ser pequena demais para sustentar o tamanho da nação em sua marcha.

Da mesma forma, apesar da extenuação representada na face dos homens que puxam o carro, eles não parecem conseguir grande resultado. A expressão do condutor – o visconde do Rio Branco, então presidente do conselho de ministros – é de perplexidade. Ao olhar para trás, o visconde se assusta com a grandiosidade da nação que procurava carregar adiante. A imagem deixa subentendido que nem mesmo os políticos tinham real noção do que *carregavam*. A mensagem final é a de que, com este meio de transporte, a monarquia, e com esta força motriz, os políticos do Império, a caminhada rumo ao progresso seria bem lenta.

Apesar de suas críticas, envoltos em uma sociedade paradoxal, os jornais também tinham seus próprios paradoxos. O mesmo visconde do Rio Branco, alvo da caricatura de *O Mosquito*, é louvado dois anos depois, neste artigo de *A vida Fluminense*,

> Nesta semana houve um dia que se contou 28 de septempro; é a data anniversaria da promulgação da lei da emancipação do ventre. Ainda houve quem se lembrasse desse acontecimento e fosse comprimentar (sic) *o valente e enérgico propugnador dessa lei humanitária*. A *Vida Fluminense* compartilha dos sentimentos desses cavalheiros, e acompanha-os na justa e honrosa manifestação que nesse dia tributaram ao venerando Sr. Visconde do Rio-Branco.[18] (grifo nosso)

De um pequenino homem assustado ao "valente e enérgico propugnador dessa lei humanitária" – a de 28 de setembro –, Rio Branco obtém sua redenção. *A Vida Fluminense*, do caricaturista Cândido Aragonês de Faria, parece ser muito mais simpática à figura do visconde do que *O Mosquito*, do desenhista piemontês Ângelo Agostini. No império dos paradoxos, a imprensa ilustrada era apenas mais um.

Outro momento em que as questões sobre progresso e modernidade foram trazidas à tona nos debates na imprensa, foi durante a chamada questão dos bispos, ou questão religiosa, importante série de conflitos entre Igreja e Estado, que opôs os bispos de Pernambuco e do Pará, d. Vital e d. Antonio de Macedo Costa, ao Estado, então representado pelo visconde do Rio Branco, presidente do conselho de ministros do Império e grão-mestre do Grande Oriente Maçônico brasileiro.

A contenda tem início com as interpretações de d. Vital em relação ao *syllabus* do papa Pio IX. Com base neste documento, o bispo de Pernambuco não só excomungará maçons católicos, como também aplicará pena de interdito às irmandades que contenham maçons em seus quadros de fiéis (MACIEL DE BARROS, 1971, p. 388). Por outro lado, os argumentos contrários à decisão do prelado afirmavam que o documento papal não tinha validade legal, posto que não havia sido placetado por d. Pedro II.[19] O que havia começado como uma questão religiosa, se transformava em um processo judicial contra os dois bispos,

---

18 A Vida Fluminense, n. 353, 03/10/1874, p. 3..

19 A doutrina do beneplácito dava ao imperador a possibilidade de placetar ou não documentos enviados pelo vaticano, era o recebimento do placet do imperador que retificava e validava o documento.

cujo desenlace foi a condenação e, posteriormente, a concessão da anistia, por parte do imperador, a eles.

Para expressar essa escalada de hostilidades, poderíamos expor documentos e dialogar com as análises historiográficas sobre o período. Contudo, acreditamos que, tendo em vista nosso propósito contextualizador, é mais enriquecedor mostrar uma das várias piadas presentes nos periódicos em suas seções de "salpicos":

> Com as chuvas d'Abril o paço do Sr Bispo necessitou d'alguns concertos.
> Chamaram-se pedreiros, mas antes de lhes confiarem os augustos trabalhos veiu um Bonzo saber se eram captivos ou não.
> -Somos livres, sim senhor, respondeu o maioral...
> -Então ponham-se já d'aqui para fora, seus malandros! Era o que faltava, o paço de S. Exa: Revm: ser concertado por *pedreiros livres*.[20]

A qualidade da piada pode ser questionada, mas sua capacidade de brincar com as palavras apresentando, por meio delas, não apenas a rivalidade entre Igreja e Maçonaria, mas também a convivência amistosa entre a instituição da escravidão e a Igreja Católica – afinal, se os pedreiros não fossem livres, tudo estaria bem –, não pode ser questionada e, de fato, arranca risos dos historiadores atentos. As contradições de um país cuja relação entre Igreja e Estado era respaldada por um artigo da Constituição, bem como o posicionamento antiprogressista de determinados setores ultramontanos da Igreja, serão o *leitmotiv* das charges sobre a questão religiosa.

Tendo em vista estas considerações, podemos observar na imagem publicada em O *mosquito*, em 12 e julho de 1873,[21] um padre que se esgueira por trás do índio – que, novamente, representa a nação –, procurando colocar um chapéu de burro em sua cabeça, sem que ele perceba. O índio, entretido com seus estudos, mal consegue perceber o mal que se aproxima. A imagem é um alerta, ela procura mostrar como, pelas costas da nação, estes jesuítas visavam arrastar o país para a ignorância e o atraso. A denúncia é clara: se há algo que pode obscurecer a luz do conhecimento, é o *jesuitismo*.

---

20 O *Mosquito*, n. 140, 18/05/1872, p. 7.
21 *Idem*, 12/07/1873, p. 8.

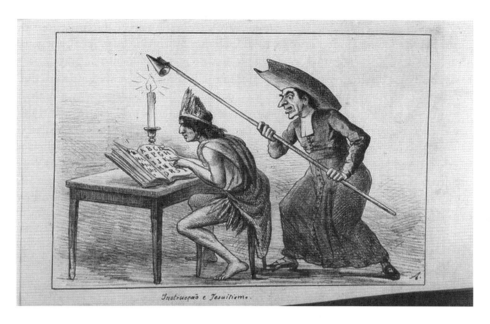

Figura 3- Instrução e Jesuitísmo. *O Mosquito*, 12/07/1873, p. 8.

Novamente nesse desenho, vemos o Brasil vestido com uma roupa incomum, uma túnica grega. A referência à antiguidade clássica não é aleatória, procura vincular a nação brasileira à tradição da chamada civilização ocidental, reforçando a noção de progresso defendida pelo autor. Essa civilização é a Civilização das Luzes, aqui representada pelo castiçal e a vela acesa, símbolos do conhecimento, da instrução e da iluminação, provenientes das ciências. É interessante perceber que a representação do conhecimento se encontra em posição diametralmente oposta à do jesuíta, que vai contra ela. O autor, provavelmente, não acreditava na possibilidade de aliar religião e ciência na busca pelo progresso.

Outro elemento interessante da cena é o livro em que o Brasil, compenetradamente, toma sua lição. Ao invés de resolver grandes problemas matemáticos, ou mesmo ler um tratado filosófico grego – uma vez que nosso índio se veste à caráter –, suas lições ainda são as primeiras letras. O país lê o alfabeto ainda com a familiaridade de um alfabetizando, que acompanha as linhas no papel com os dedos da mão. Estamos longe dos grandes passos do progresso e da ciência; mas, mesmo nesse estágio tão inicial de formação, já enfrentamos obstáculos grandes, como um jesuíta escondido. Dessa forma, a imagem assume um teor de denúncia e dramaticidade que poucas vezes encontraremos em outras charges publicadas na imprensa. A figura torna-se um *j'accuse* apontando para o que, na visão do desenhista, era um dos principais entraves ao progresso do país: o *jesuitismo*.

Essa mesma tendência organizará o próximo desenho ao qual iremos nos dedicar, publicado em 19 de julho de 1873, pelo periódico O Mosquito. A imagem, através de uma alegoria gráfica, consegue resumir o posicionamento de grande parte da imprensa ilustrada em relação à questão religiosa, ao mesmo tempo em que apresenta uma proposta de solução para a contenda. Nela, podemos ver o índio e o jesuíta – personagens de nossa imagem anterior –, atados pelo ventre. A escolha não é aleatória e representa mais uma das provocações sarcásticas do caricaturista. O ventre escravo havia sido liberto; todavia, o do país ainda estava preso à religião. Os dois personagens mantêm-se imóveis, devido aos seus interesses opostos. Enquanto o Brasil aponta para o caminho do progresso, a religião aponta para o do Vaticano. Sobre tudo isso, pairam as figuras do personagem símbolo do periódico e do visconde do Rio Branco. Na legenda lemos, "O nó górdio da questão religiosa".

Figura 4 – O nó górdio da questão religiosa. O Mosquito, n. 201, 19/07/1873, p. 4.

Para nos guiar em nosso processo de análise, é importante atentarmos para alguns aspectos reveladores da obra. O primeiro deles diz respeito à legenda da corda que ata o país à religião. Nela lê-se, "Artigo 5º da Constituição". Era o artigo 5º que definia as relações entre a Igreja e o Estado, nos seguintes termos: "A Religião Catholica Apostolica Romana continuará a ser a Religião do Imperio. Todas as outras Religiões serão permitidas com seu culto doméstico, ou particular em casas para isso destinadas, sem fórma alguma exterior do Templo".[22]

Na visão do autor, era justamente no texto deste artigo que se encontrava o maior nó górdio da questão. A união entre Igreja e Estado era ponto que atava o Brasil em sua corrida rumo ao caminho do progresso.

Outro ponto importante é o contraste visual entre o *caminho do progresso* e o Vaticano. No primeiro, vemos uma construção, que remete a um fórum romano, sobre o qual nasce o sol – em uma bela alegoria de iluminação e conhecimento –, um conjunto de fábricas e uma locomotiva que cruza uma ponte, todos símbolos do modelo de progresso já aqui mencionado. Já no segundo cenário, vemos corpos pendentes à forca e uma fogueira, onde queima uma vítima. O próprio traço do caricaturista, com tons mais escuros, a maior utilização do esfuminho no lado da religião e traços mais finos e claros do lado do progresso, ajuda a compor o cenário de luz em contraste com as trevas.

Entretanto, entre os elementos mais significativos do desenho, ressaltam-se as nuvens e os dois personagens que de cima veem tudo. As nuvens se confundem com a fumaça de duas fontes contrastantes, as chaminés das indústrias, no caminho do progresso, e a fogueira inquisitorial, no Vaticano. É delas que surgem, lado a lado, o personagem símbolo do periódico e o visconde do Rio Branco, ambos a contemplar a cena. *O Mosquito* não parece ter dúvida, oferece uma espada para o visconde e aponta para o nó: era preciso cortar a corda. Todavia, a posição do visconde é de hesitação, sua expressão é de incerteza, não nos parece que tomará qualquer atitude. Com isso, cria-se um novo contraste político, entre aqueles que defendem uma ação direta e incisiva, e os que acreditam não ser o momento de agir.

Nesta alegoria, produzida com base em um duplo contraste, estão representadas as diferentes posições que foram se consolidando ao longo do desenrolar da questão religiosa. A imagem traz, em seu quadro central, a Igreja como empecilho ao desenvolvimento do país e, ao mesmo tempo, apresenta uma proposta de solução. Esta não parece ser aceita com facilidade pelos políticos, que acabam, em sua oposição, se tornando outros impedimentos ao caminho rumo ao progresso e à civilização.

A Igreja, a ação dos políticos e seus jogos de interesses, a instituição da escravidão e as relações sociais em um regime escravocrata, tudo isso era percebido por estes caricaturistas como barreiras ao país em sua marcha em direção ao progresso. É interessante notar que, em nenhuma das imagens, a nação aparenta não ter capacidades de alcançar o ponto de chegada, ela sempre aparenta boa saúde e disposi-

---

22   Constituição política do Império do Brasil, 25/03/1824. Disponível em: <http://www.planalto.gov.br/ccivil_03/constituicao/constitui%C3%A7ao24.htm/>. Acesso em: 15/10/2015.

ção. São os empecilhos que seguram o crescimento deste gigante, se os leitores nos permitem utilizar a metáfora gráfica exposta na figura 2. Removidas as cordas que nos amarram, desviando das *pedras do caminho* e escolhendo o meio de transporte ideal, tudo haveria de conspirar para o progresso da nação.

Conclusão – sob as paradoxais engrenagens do progresso

Foi o escritor francês Victor Hugo que em suas contemplações melhor conseguiu captar o caráter paradoxal do progresso e da modernidade ao afirmar: "*Sans cesse, le progrès, roue au double engrenage. Fait marcher quelque chose en écrasant quelqu'un*"[23] (Tradução nossa). A análise que procuramos desenvolver acima visou abrir o *compartimento* que encobre estas engrenagens, através da obra gráfica de seus contemporâneos. Nosso breve olhar revelou alguns detalhes destes *mecanismos*, cabe-nos agora expô-los.

O progresso, na visão dos caricaturistas, era uma rua de mão única (*einbahnstrasse*) em direção à modernidade. Ser moderno era tornar-se o mais parecido possível com a Europa; quanto a isso, não havia dúvida. Era na velocidade e nas formas utilizadas pelo país para prosseguir nesta marcha que se focavam as críticas expressas nas caricaturas. Nesse sentido, as ideias de modernidade e progresso, sendo a primeira o ponto de chegada e a segunda uma trajetória praticamente sem fim, foram mobilizadas em conjunto na maioria dos desenhos que aqui analisamos. Falar em modernidade era discutir os meios pelos quais progrediríamos em sua direção.

Entretanto, os caricaturistas não se eximiram de apontar os *parafusos soltos* que, de acordo com seus pontos de vista, atrapalhavam o bom funcionamento destas engrenagens da modernidade. Eles os apresentaram como barreiras à marcha do país. Tendo como questão principal a escravidão, não deixaram de criticar a ação dos políticos imperiais, e a união entre Igreja e Estado. Longe de assumirem uma posição de neutralidade, com os lápis e esfuminhos compuseram verdadeiras peças políticas, discursos nos quais eram apontados problemas e possíveis soluções, muitas vezes, de maneira mais cristalina do que nos programas dos partidos. Todas estas críticas se inserem em um ambiente de desilusão, como o retratado neste relato,

> Quanto a mim, as monarchias constitucionais deveriam hoje chamar-se *republicas* – e as republicas, *monarchias absolutas*. Questão de nome, e nada mais.
> Não há aqui, no Brazil, um ministerio que, tendo resolvido o grande problema da emancipação servil, e pugnado a valar pela liberdade

---

23 "Sem cessar, o progresso roda constantemente uma dupla engrenagem. Faz andar uma coisa esmagando alguém".

da consciência tal qual a desejamos, é tido na conta de *conservador* – e muito individuo que, filiado á catholica, adverso á lei de 28 de setembro, e sequioso de se por de cócoras diante do Papa, continúa a dizer-se *liberal?*
Bem o digo eu: questão de nome e nada mais.[24]

Questão de nome ou desilusão política, o que se apresenta, e perturba tanto nosso cronista, são as paradoxais engrenagens de um império envolto no desafio de ser moderno e escravista, ao mesmo tempo.

Referências Bibliográficas:

ALONSO, A. "Crítica e contestação: o movimento reformista da geração 1870". *Revista Brasileira de Ciências Sociais*, n. 44, vol. 15. São Paulo: USP, 2000.

BALABAN, M. *Poeta do Lápis: sátira e política na trajetória de Angelo Agostini no Brasil imperial (1864-1888)*. Campinas: Editora Unicamp, 2009.

BENJAMIN, W. "A obra de arte na época de sua reprodutibilidade técnica". In: LIMA, L. C. (org.). *Teoria da cultura de massa*. Rio de Janeiro: Paz e Terra, 1982.

BENJAMIN, W. *A modernidade e os modernos*. Rio de Janeiro: Tempo Brasileiro, 2000.

BERMAN, M. *Tudo o que é sólido desmancha no ar*. São Paulo: Companhia das Letras, 2007.

CARVALHO, J. M. de. *A construção da ordem: a elite política imperial*. Brasília: Ed. UnB, 1981.

CASTORIADIS, C. *A instituição imaginária da sociedade*. Rio de Janeiro: Paz e Terra, 1982.

CHALHOUB, S. *Visões da liberdade: uma história das últimas décadas da escravidão na corte*. São Paulo: Companhia das Letras, 1990.

HOLANDA, S. B. de. (org.). *História geral da civilização brasileira, tomo II – O Brasil monárquico, 4º vol. Declínio e queda do império*. São Paulo: Difel, 1971.

KNAUSS, P. et al. (org.). *Revistas ilustradas: modos de ler e ver no segundo reinado*. Rio de Janeiro: Mauad, 2011.

LEACH, E. et al. *Anthropos-Homem*. Lisboa: Imprensa Nacional/Casa da Moeda, 1985.

---

24 *A vida fluminense*, n. 363, 12/12/1874, p. 6.

LIMA, L. C. (org.). *Teoria da cultura de massa.* Rio de Janeiro: Paz e Terra, 1982.

MACIEL DE BARROS, R. S. "A questão religiosa". In: HOLANDA, S. B. de. (org.). *História geral da civilização brasileira, Tomo II – O Brasil monárquico, 4º vol. Declínio e queda do império.* São Paulo: Difel, 1971.

PANOFKY, E. *O significado nas artes visuais.* São Paulo: Perspectiva, 1976.

SODRÉ, N. W. *História da imprensa no Brasil.* São Paulo: Martins Fontes, 1983.

TORAL, A. *Imagens em desordem.* São Paulo: Humanitas/USP, 2001.

Impressos e trajetórias biográficas

Capítulo 6. História, literatura e circulação das ideias antiescravistas de Joaquim Manuel de Macedo

Martha Victor Vieira

O romance moderno surgiu no Brasil junto com o movimento romântico, na década de 1840, e foi marcado pelo desenvolvimento das atividades da imprensa, onde eram publicados os folhetins, que consistiam em capítulos de obras literárias veiculados nas páginas dos periódicos. Nesse contexto histórico, que circunda o aparecimento do romance, a elite política e intelectual tinha várias metas prementes, entre as quais constavam: manter a unidade territorial, fortalecer o governo monárquico, solucionar a questão servil e demonstrar a sua autonomia cultural, incentivando as produções historiográficas e literárias, que retratavam e valorizavam as particularidades do caráter nacional.

Em termos cronológicos, o primeiro romance brasileiro foi a obra de Antônio Gonçalves Teixeira e Sousa, *O Filho do Pescador* (1843). Todavia, o reconhecimento do público leitor com esse novo gênero veio apenas com o lançamento do livro *A Moreninha*, escrito, em 1844, por Joaquim Manuel de Macedo, jovem literato que nasceu na freguesia de São João de Itaboraí, no Rio de Janeiro, em 24 de junho de 1820. O pai desse escritor era o boticário da vila, um homem de poucas posses, mas que chegou a ser vereador algumas vezes. Com apenas 24 anos, Macedo formou-se em medicina, contudo, não dedicou sua vida a essa profissão, que lhe rendeu o tratamento de Doutor Macedinho. Apaixonado por sua conterrânea, Maria Catarina Sodré, filha de um proprietário de engenho de açúcar, o escritor, depois de vencer a resistência do sogro, casou-se, provavelmente em 1845, mas não teve filhos (SERRA, 1997).

Ao longo de sua trajetória intelectual, Macedo atuou como redator, literato, dramaturgo, político, historiador e professor de História do Brasil do Colégio D. Pedro II. Lecionou, inclusive, para as princesas d. Isabel e d. Leopoldina. A partir de 1845, tornou-se sócio do Instituto Histórico e Geográfico Brasileiro (IHGB), atingindo a vice-presidência em 1876. Foi membro do Conselho do Conservatório Dramático do Rio de Janeiro, da Sociedade Auxiliadora da Indústria Naval e do Conselho Diretor de Instrução Pública. Participou ainda da Sociedade Petalógica, associação informal composta por alguns dos principais literatos da época que se reuniam na livraria de Francisco de Paula Brito. Devido ao reconhecimento público e a sua fidelidade ao governo monárquico, Macedo recebeu menções honrosas como a Comenda da Ordem da Rosa no grau de Cavaleiro, obtida em 1847 (MATTOS, 1993).

Mas foi na imprensa, escrevendo para jornais e revistas, que esse autor mais marcou a sua presença. Tudo indica que foi essa atividade que contribuiu para sua entrada na carreira política. Em 1848, publicou folhetins no *Correio Mercantil*. Em 1849, fundou a *Revista Guanabara*, junto com Gonçalves Dias. Foi redator do bissemanário *A Nação*, impresso em sua própria residência, entre setembro de 1852 e junho de 1854. Colaborou na *Revista Popular* e no *Jornal do Commercio*. Para esse periódico, produziu crônicas de variedades, um romance e três poemas satíricos. Escreveu em vários jornais, entre os quais: *O Itaboraense, A Reforma, O Globo, Marmota Fluminense* e *Semana Ilustrada* (STRZODA, 2010). A imprensa, nessa época em franca expansão, era um local privilegiado que abrigava as produções dos homens de letras.

Como político, o Dr. Macedo militou sempre no Partido Liberal. Sua opinião positiva sobre esse partido está bem expressa, em *Um Passeio pela Cidade do Rio de Janeiro* (1862-1863), quando afirma: "Não haverá jamais um historiador imparcial e justo que não reconheça e proclame os serviços relevantíssimos e o patriotismo do partido liberal moderado, que salvou a monarquia constitucional e a integridade do Império nessa época difícil" (MACEDO, 1966, p. 255). A época difícil aqui referida era o início do Período Regencial, quando o grupo moderado, liderado por Evaristo Ferreira da Veiga, dominava o cenário político.

Atuando no Partido Liberal, o escritor conquistou os mandatos de deputado provincial (1850, 1853, 1854-59) e deputado geral (1864-1866, 1867-1868, e 1878-1881). Em 1866, seu nome foi incluído em uma lista sêxtupla para o Senado, mas não chegou a ser escolhido. Em relação à posição liberal de Macedo, Selma Mattos chama atenção que se tratava de um "liberalismo de corte conservador", razão pela qual ele não aderiu ao partido republicano, conforme ocorreu com vários dos seus correligionários nos anos de 1870 (MATTOS, 1993, p. 15). Ora, os limites do liberalismo de Macedo, no meu entender, deviam-se à sua fidelidade ao governo monárquico. Era favorável às reformas políticas, defendia a moralidade pública, sem dúvida, desde que dentro da lei e da ordem institucional vigente.

A vida política, contudo, não lhe trouxe notoriedade. Identificado como um autor romântico, Macedo ficou efetivamente conhecido pelo sucesso do romance *A Moreninha*, que foi lançado seis vezes, durante a vida do autor (CANO, 2004, p. 8). A produção literária desse escritor é bastante vasta e heterogênea. Entre suas obras se encontram vários romances, sátiras políticas, crônicas, teatro, poesias e textos de história do Brasil, incluindo dois manuais didáticos, escritos no início de 1860: *Lições de História do Brasil para uso dos alunos do Imperial Colégio de D. Pedro II* e *Lições de História do Brasil para uso das escolas de instrução primária*. Os textos históricos e literários de Macedo consistiram na sua fonte de sobrevivência, sobretudo, nos anos em que não ocupou cargo político-administrativo. Tânia Serra atribui a enorme produção literária do autor à necessidade de obter recursos financeiros (SERRA, 1997).

Como escritor romântico e membro do Instituto Histórico e Geográfico Brasileiro, Macedo participou dos momentos iniciais da formação da história e da literatura nacional. Os escritos deixados por ele no IHGB consistem em relatórios e discursos que tratam da história da nação, do projeto de civilização do Brasil e das biografias dos entes falecidos da Instituição (BOSISIO; CALDEIRA, 2011). É fato que escreveu pouco na área de história, mas as suas narrativas literárias consistem em um testemunho valioso das práticas sociais, políticas e culturais do Brasil oitocentista.

Neste capítulo, minha intenção é analisar a forma como as ideias antiescravistas aparecem na prosa macediana, especialmente na obra *As Vítimas-Algozes: quadros da escravidão*, escrita em 1869. A escolha desse livro deve-se à sua notória relação com o contexto sócio-histórico de produção, especificamente, no que se refere à preocupação de uma parte da elite política e intelectual, que buscava forjar um consenso, convencendo o público sobre a urgência da transição do trabalho escravo para o livre. Macedo, ao enfatizar que os escravos africanos eram vítimas e, ao mesmo tempo, algozes, retrata de forma bastante verossímil os temores que rondavam os senhores escravocratas no Segundo Reinado. Seu objetivo era destacar a necessidade de o Estado Imperial criar medidas legislativas que favorecessem a emancipação gradual e solucionassem a demanda de mão de obra alternativa para a grande lavoura.

Para compreender a argumentação de Joaquim Manuel de Macedo, parto da premissa que ele fala de um determinado lugar de produção para um determinado público, ambos historicamente e geograficamente situados. As ideias de Macedo são condizentes com suas posições nos campos político e intelectual, nos quais ele circulava. Na qualidade de sócio do IHGB e literato, Macedo está comprometido com um projeto que visava elaborar narrativas representativas da nação brasileira. Já como agente político, o escritor está atento às demandas do aparato estatal e produz enunciados performativos para a promoção da civilização e do desenvolvimento do país. Em suma, a trajetória de Macedo demonstra que ele faz parte de um grupo de "homens de letras", que atua na esfera política e concorre pelo poder de legislar, comandar e impor certos padrões estéticos e historiográficos para o Brasil.

Tânia Bessone • Gladys Sabina Ribeiro • Monique de Siqueira Gonçalves • Beatriz Momesso

O público leitor entra em cena

Após a separação de Portugal, a elite letrada do Brasil engajou-se na missão de construir uma história e uma literatura nacional. Os membros do Instituto Histórico e Geográfico Brasileiro, fundado em 1838, bem como os escritores do movimento romântico, iniciado em 1836, se envolveram nesse projeto, produzindo textos que contribuíam para o conhecimento e o reconhecimento das fronteiras territoriais, personagens e símbolos que deveriam representar o jovem Império independente (RICUPERO, 2004).

O maior patrocinador da produção cultural dos Oitocentos era o próprio imperador. Lilia Moritz Schwarcz aponta que d. Pedro II, conhecido amante da arte e da ciência, na qualidade de mecenas e membro do IHGB, "[...] elegia historiadores para cuidar da memória, pintores para guardar e enaltecer a nacionalidade, literatos para imprimir tipos que a simbolizassem" (SCHWARCZ, 1998, p. 127). Com o incentivo aos intelectuais, o imperador reconhecia a importância da produção cultural, na medida em que as representações contidas nesses impressos iriam concorrer para que o público tomasse consciência de que pertencia a uma mesma nação.

A imprensa periódica, instituída a partir da vinda da Corte e expandida com a emancipação política, também corroborou para moldar a identidade da nação, tornando-se um instrumento de ação e mediação política, pois fazia circular as ideias, os debates, as crônicas e os folhetins literários. Por meio da imprensa, os redatores e correspondentes buscavam legitimar as suas posições, ganhar novos adeptos e criticar o governo, submetendo-o ao crivo da opinião pública. Expressão essa que, dentro da moderna concepção de Estado pós-absolutista, era usada como um instrumento simbólico, com a intenção de conferir legitimidade política ao discurso veiculado nos periódicos (MOREL, 2008a). Ao analisar as práticas de leitura nos Oitocentos, Patrícia Pina comenta que:

> Enquanto suporte de informação e cultura, o jornal pode suprir as necessidades intelectuais do leitor. Mesmo em sua fase inicial, no Brasil do século XIX, ele poderia ser lido em qualquer lugar, por uma ou por várias pessoas, poderia ser alvo de uma leitura coletiva, alcançando, assim, até mesmo receptores analfabetos – poderia ser, também, emprestado, vencendo limites, imposições e dificuldades financeiras (PINA, 2010, p. 8).

É importante ressaltar que as práticas da oralidade foram de suma importância para difundir as informações contidas nos impressos, haja vista que a sociedade brasileira, em sua maioria, tinha baixo poder aquisitivo e era analfabeta. Como discorre Marco Morel: "A circulação de palavras – faladas, manuscritas ou impressas – não se fechava em fronteiras sociais e perpassava amplos setores da sociedade" (MOREL, 2008a, p. 25). Tais setores estavam interessados em consumir as notícias dos inúmeros periódicos e a literatura estrangeira, bem como os livros, crônicas e folhetins que retratavam o cenário, as experiências e as expectativas da população brasileira.

No Rio de Janeiro, o interesse pela leitura dos livros foi estimulado pela criação das bibliotecas públicas, tais como o Gabinete Português de Leitura, a Biblioteca Fluminense e a Biblioteca da Faculdade de Medicina. De acordo com Tânia Bessone Ferreira, várias bibliotecas públicas cariocas do século XIX "[...] divulgavam no Jornal do Commercio estatísticas acerca do número de leitores, volumes, idiomas das obras consultadas e assuntos da predileção dos usuários" (FERREIRA, 2001, p. 5). Essa atitude servia como uma forma de publicizar o uso das bibliotecas e permite que o historiador conheça o perfil dos leitores.

Alexandre Henrique Paixão, ao estudar o Gabinete Português de Leitura, entre 1861 e 1870, afirma que há indícios de "[...] experiências de consumo literário para além dos espaços elitizados da sociedade carioca" (PAIXÃO, 2011, p. 106). Esse público leitor seria constituído por uma espécie de classe média urbana, que se estava gestando no Brasil oitocentista, composta por médicos, advogados, caixeiros, militares, estudantes, imigrantes, comerciantes, entre outros.

As livrarias e tipografias existentes nos principais centros urbanos brasileiros, onde se vendiam os impressos, tornaram-se relevantes espaços de sociabilidade para o público leitor. Nesses espaços eram realizadas leituras coletivas e reuniam-se pessoas comuns, escritores e redatores (MOREL, 2008a, p. 38).

Utilizando-se dos acervos disponíveis, sejam nas livrarias ou nas bibliotecas públicas e privadas, os leitores brasileiros procuravam se informar e, ao mesmo tempo, se entreter, ouvir e compartilhar, nas festas e saraus, as leituras realizadas. O romance romântico, como um orientador dos comportamentos sociais, teve uma boa aceitação do público, porque buscava reforçar a formação moral da família patriarcal brasileira. Daí o possível êxito editorial de A Moreninha que, com um tom moralizante, retrata a "moça morena e zombeteira, que desbancava as louras e pálidas europeias, permitindo ao público identificar-se, deliciado com os personagens do romance" (SERRA, 1997, p. 12). A moça romântica de Macedo tem madeixas e olhos negros. É casta, jovem, bela e casadoira.

Na interpretação de Michelle Strzoda, o que marcou a obra de Joaquim Manuel de Macedo foi seu "estilo popular": "Macedo manteve a mesma preocupação em toda a sua obra ficcional: agradar o público consumidor de seus livros, composto pela classe média [...] O escritor-jornalista foi pioneiro na estratégia de formar um público para seus escritos no Brasil". Segundo essa autora: "Ele sabia muito bem o que o público desejava encontrar ao folhear as páginas de seus escritos, o que o motivava a dialogar permanentemente com os leitores ao longo da sua narrativa" (STRZODA, 2010).

Esse diálogo pode ser observado no prólogo do romance *O Moço Loiro* (1845), que foi dedicado às "senhoras brasileiras" que leriam o livro. Nele Macedo agradece a bela recepção que o público do Rio de Janeiro teve para com a sua querida *A Moreninha* e pede para que as senhoras leitoras apadrinhem a sua nova obra. Nas suas palavras: "Espero que minhas encantadoras patrícias vejam n'O Moço Loiro um simples e ingênuo tributo da gratidão a elas votado; e espero também que o público, que outrora me animou, e a quem muito devo, de tal tributo se apraza".

A estratégia de dialogar diretamente com o leitor demonstra que o autor está atento ao fato de que no Brasil está se formando um público consumidor de romances. Agradá-lo, além de ser um estilo de escrita, podia ser um artifício para atraí-lo e, assim, melhor comercializar as obras ou ampliar o número de leitores dos folhetins e crônicas, que eram publicadas nos periódicos.

O público leitor oitocentista, geralmente, possuía uma capacidade mediana de consumo e era, sobretudo, composto por homens. Mas, segundo Marco Morel, não se pode desprezar a possibilidade de que pessoas de baixo poder aquisitivo, como um escravo de ganho ou um alforriado, tivesse acesso a alguns periódicos, que custavam cerca de 40 a 80 réis o exemplar (MOREL, 2008b, p. 78). No tocante às mulheres, supõe-se que a quantidade de produtoras e consumidoras de impressos era pequena na primeira metade do século XIX; porém, gradativamente, esse número foi-se ampliando. O foco de interesse dessas damas era a moda, a literatura e as propagandas de produtos voltados para a economia do lar. Embora houvesse algumas que se aventuravam a fazer críticas políticas (MARTINS, 2008, p. 68).

Provavelmente, bem ao gosto do público masculino, Macedo criou duas singulares sátiras políticas: *A Carteira do Meu Tio* (1855) e *Memórias do Sobrinho de Meu Tio*, escritas entre 1867 e 1868. Essas duas sátiras são particularmente interessantes para se conhecer o cenário político do Segundo Reinado, porque nelas, de forma alegórica, desvela-se ao leitor a política e as instituições do Brasil Império, bem como as práticas clientelísticas e os acordos que eram feitos nos bastidores dos gabinetes ministeriais.

No prólogo das sátiras, pela linguagem usada, é possível inferir o público leitor para quem mais diretamente se destina as obras. Em *A Carteira do Meu Tio*, Macedo se apresenta zombeteiramente: "Senhores, eu sou sem mais nem menos o sobrinho do meu tio [...] Estou exatamente no caso de alguns candidatos ao parlamento e a importante empregos públicos, cuja única recomendação é neste ser filho do Sr. Fulano" (MACEDO, 2010a, p. 31). O público leitor masculino, muitos dos quais eram pares de Macedo, era, provavelmente, o objeto e o destino das sátiras políticas. Os políticos e a intelectualidade do Império, cultos e pragmáticos, capazes de fazer galhofas das próprias mazelas, deviam entreter-se com os desabafos e a fraqueza moral do Sobrinho, que era capaz de escarnecer o próprio público, dizendo:

> [...] O público tem estômago de ema: engula e digira mais esta peta./ Por que não há de o público aceitar, engolir e digerir em nome do amor a pátria as Memórias do Sobrinho do Meu Tio? / O público aceita, engole e digere – boletins do teatro da guerra recheados de mentiras, publicados por amor dos cobres, e vendidos por amor da pátria (MACEDO, 1995, p. 58).

O narrador macediano parece, nesse fragmento, desabafar suas próprias frustrações com o cenário político do final dos anos 1860, por causa da Guerra do Paraguai, a crise político-partidária, o desprestígio do imperador e a questão da emancipação da escravatura. Tratando do tema da escravidão, o Sobrinho culpa o governo por não tomar as devidas providências para promover a imigração:

> Há dezoito anos que o governo do Brasil resolveu acabar e acabou definitivamente com o tráfico de africanos-escravos, único viveiro de braços para a agricultura, e em dezoito anos não soube fazer cousa alguma, não adiantou ideia para realizar a colonização e emigração [...] (MACEDO, 1995, p. 47).

O Sobrinho afirma estar preocupado porque a única fonte de riqueza do Brasil era a agricultura, que sofria com a escassez de braços e a falta de incentivo para o plantio de novos produtos. O governo brasileiro não estaria tomando as medidas cabíveis para suprir a demanda de mão de obra para a agricultura, porque tal governo era da mesma escola do Sobrinho do meu tio, cuja filosofia se fundava no "[...] esquecimento das lições do passado, nos gozos do presente, e no desprezo dos cuidados do futuro" (MACEDO, 1995, p. 49).

O interesse pelo tema da escravidão é recorrente nos escritos de Macedo. Na sua tese, *Considerações sobre a Nostalgia*, apresentada à Faculdade de Medicina do Rio de Janeiro em 1844, observa-se uma preocupação com a situação vivida pelos escravos. A base da sua argumentação era que, ao serem trazidos da África para trabalhar na agricultura, os africanos, desde o traslado, sofriam maus tratos. Vivendo no cativeiro, longe da sua pátria, os escravos padeciam do mal da nostalgia e acabavam se suicidando, o que causava prejuízo para o grande proprietário (MACEDO, 2004a).

Pode-se notar que, em sua tese, Macedo enfoca a desumanidade com que os escravos eram tratados no cativeiro e apela para a consciência dos agricultores e legisladores. Contudo, nas crônicas que tratam da escravatura, produzidas no *Jornal do Commercio* nos anos de 1860, o texto se torna bastante pragmático. Nesse periódico, a tônica central do discurso macediano é feita no sentido de salvaguardar a agricultura e condenar o comodismo gerado pelo tráfico de africanos, como se evidencia na seguinte frase:

A agricultura no Brasil começa a fazer verdadeiros esforços para arrancar-se das rudes e pesadas garras da rotina [...] Um grande favor do céu e uma obra do inferno auxiliavam a rotina: o grande favor do céu era e é a uberdade assombrosa do nosso solo; a obra do inferno foi o tráfego de Africanos (MACEDO, 2004b, p. 235).

A crítica ao tráfico de africanos convém ao Estado monárquico, sobretudo para legitimar a lei Eusébio de Queiroz (1850). Por outro lado, Macedo, ao discorrer sobre as carências das atividades agrícolas e reclamar medidas por parte do governo, também agrada aos grandes proprietários. Nesse sentido, as crônicas do Jornal do Commercio serviram como uma espécie de plataforma política para a sua candidatura à Assembleia Geral, considerando que o escritor conseguiu eleger-se na legislatura de 1864/1866. Todavia, não podemos descartar a hipótese de que Macedo considerava a escravidão uma prática temerária, em virtude não somente dos interesses econômicos, mas, igualmente, pela dimensão humana.

Enfim, fosse por razões humanistas, para agradar os proprietários de terras ou a Coroa, a polêmica questão servil ¾ que fundamentou as argumentações nas Considerações sobre a Nostalgia e que foi retomada em algumas crônicas publicadas no Jornal do Commercio ¾ veio à tona novamente nas narrativas que compõem o livro As Vítimas-Algozes: quadros da escravidão. Esse livro, originalmente publicado em dois volumes, ao trazer um enredo e uma linguagem mais realista-naturalista gerou certo desconforto nos leitores acostumados a uma prosa macediana mais romântica.

As vítimas-algozes: ressentimentos e realismo na prosa macediana

Na interpretação de Antônio Cândido, Joaquim Manuel de Macedo foi um escritor "honrado e facundo", portador de um realismo mediano, mas cuja produção é dotada de um grande valor documental para se compreender os costumes da sociedade fluminense oitocentista, especialmente a citadina. Nas palavras desse crítico literário: "[...] Se não fosse o vinco amargo, deixado pela escravidão na sua consciência de homem e escritor (*Vítimas Algozes*), poderíamos dizer que o mal, para ele, no fundo era um recurso literário, feito para realçar o bem [...] (CÂNDIDO, 1993, p. 127). Conforme exposto, apesar de destacar a coloquialidade do padrão estético literário de Macedo, Cândido destaca o valor histórico do conjunto da sua obra e enfatiza a singularidade do seu romance *As Vítimas-Algozes: quadros da escravidão*.

Nessa obra, pode-se dizer que Macedo abandonou o seu "realismo miúdo" para demonstrar, propositivamente, o realismo cruento da relação entre senhores e escravos no Brasil. Sobre *As Vítimas-Algozes*, um anônimo se manifesta no periódico *A Vida Fluminense*, argumentando que receitava o livro com "precauções" porque: "Em resumo: a obra pode aproveitar a homens feitos, mas é sobejamente immoral para penetrar no lar doméstico, servirá à causa da abolição; mas coadjuva potentemente a perversão dos costumes. Livros d' esta natureza não se arrojam a plena publicidade" (PANCRÁCIO, 1870, p. 6-7).

O romance *As Vítimas-Algozes*, que chocou os leitores do século XIX, circulou primeiramente em 1869, em dois volumes. O primeiro volume foi publicado pela Tipografia Americana e era composto por duas narrativas: *Simeão, o Crioulo*; e *Pai-Raiol, o Feiticeiro*. Já o segundo volume saiu pela Tipografia Perseverança e era composto pela terceira novela intitulada *Lucinda, a Mucama* (TUFANO, 1981, p. 10).

A novela *Simeão, o Crioulo*, narra a trajetória de um escravo criado, com todas as regalias, na casa-grande. Entretanto, ao tomar consciência da sua condição de escravo, Simeão fica com ódio dos senhores e forja um plano para roubar e assassinar a família senhorial. Já Pai-Raiol, o feiticeiro boçal, trama com a escrava doméstica Esméria para essa tornar-se amante do dono da fazenda, Paulo Borges, e matar envenenados a esposa e os filhos do casal. Lucinda, a mucama, corrompe a sua sinhazinha Cândida, incentivando-a a tornar-se namoradeira; depois articula para que Cândida seja seduzida por um estrangeiro procurado pela polícia, que usava o falso nome de Alfredo Souvanel. Em relação a essas três criações literárias, Macedo antecipadamente adverte aos leitores que são "[...] romances sem atavios, contos sem fantasias poéticas, tristes histórias passadas a nossos olhos, e a que não poderá negar-se o vosso testemunho" (MACEDO, 2010b, p. 13).

A forma como Macedo demonstra nas três novelas a influência do meio e da condição de oprimido na personalidade e ações dos escravos, levou Tânia Serra a considerar *As Vítimas-Algozes* como uma obra "pré-naturalista" (SERRA, 2004, p. 12). De acordo com essa pesquisadora, a obra romanesca de Macedo pode ser dividida em duas fases: a primeira, composta de uma prosa tipicamente romântica, inicia-se com o lançamento de *A Moreninha* (1844) e vai até *O culto do dever* (1865); a segunda, que apresenta características de transição para o realismo e contém uma maior crítica social, começa com *Voragem* (1867) e vai até *A Baronesa do Amor* (1876).

O "pré-naturalismo" de *As Vítimas-Algozes* pode ser inferido no destaque dado ao comportamento instintivo dos escravos, cujas ações eram movidas pelo ódio, raiva, inveja, luxúria e desejo de vingança em relação aos seus senhores. A ênfase dada nesses ressentimentos visava reforçar o temor senhorial com o perigo representado pela convivência com o negro no cotidiano das fazendas. Entretanto, o desfecho das três novelas tem um caráter moralizante e pedagógico, na medida em que os escravos criminosos são severamente punidos e a "madre-fera" escravidão é veementemente condenada. Simeão, com base na lei, morreu enforcado. Pai-Raiol foi assassinado por outro escravo, em uma briga. Lucinda foi presa na Casa de Correção e abandonada à própria sorte pelos senhores.

Os três quadros da escravidão descritos por Macedo, embora ficcionais, consistem em uma representação bastante verossímil dos acontecimentos sinistros envolvendo a casa-grande e a senzala, que perturbaram a sociedade escravista do Brasil Imperial. O medo da classe senhorial com os sucessivos crimes cometidos pelos escravos foi retratado, com bastante clareza, por Célia Maria Marinho de Azevedo na obra *Onda negra, medo Branco: o negro no imaginário da elite – século XIX*. Segundo essa historiadora,

> Na virada das décadas de 1860 e 1870, os relatórios dos chefes de polícia dirigidos aos presidentes de província expressavam uma crescente preocupação com as lutas dos escravos. Individualmente ou em pequenos grupos, de forma premeditada ou não, eles se revoltavam e matavam [...] (AZEVEDO, 1987, p. 180).

É nesse contexto histórico em que o medo senhorial repercute no campo político-institucional acirrando as discussões em torno da Lei do Ventre Livre (1871) que foi lançado o romance *As Vítimas-Algozes*. São diversas as interpretações que os pesquisadores fazem dessa obra. No geral, o que se destaca nas leituras é o caráter antiescravista e o ponto de vista elitista do pensamento de Joaquim Manuel de Macedo. No entanto, algumas análises vão além do campo das ideias e das evidências materiais, ao ressaltarem a existência do medo senhorial como um fator mobilizador das ações dos sujeitos históricos. Esse tipo de argumentação está presente em Flora Süssekind que afirma ser o medo "o eixo dos 'quadros exemplares' do escritor emancipacionista" (SÜSSEKIND, 2003, p. 127). Na visão dessa estudiosa, o que se verifica em *Vítimas-Algozes* é um "triplo registro":

> [...] do esforço de coesão de uma camada social por meio de uma literatura com alto índice de exemplaridade e baixo de ficcionalidade; de um temor senhorial crescente; e, talvez em parte à revelia de Macedo, do cotidiano dos escravos domésticos e rurais e do crescimento da resistência negra [...] (SÜSSEKIND, 2003, p. 133).

Seguindo o mesmo argumento de Süssekind, Cléria Botelho da Costa aponta que Macedo, como membro da elite imperial, tinha medo das "transgressões dos escravos", por isso propunha a emancipação gradual, com a indenização dos proprietários (COSTA, 2007). As duas análises citadas, que retratam o temor senhorial, são bastante pertinentes, haja vista que, desde a época colonial, os senhores tinham medo dos escravos. No entanto, na minha interpretação, o livro, além de evidenciar esse medo que rondava a casa-grande, demonstra a força dos ressentimentos nas ações humanas (ANSART, 2004). Não à toa, a palavra "ressentimento" é reiteradamente citada ao longo das três narrativas.

Nessa linha de raciocínio, compreendo que a obra *As Vítimas-Algozes* representa a experiência do medo secular dos senhores em perder o seu investimento material e serem vítimas dos escravos. Por outro lado, as três narrativas também retratam a experiência da humilhação dos escravos, que viviam sob o jugo dos grandes proprietários. Várias passagens do romance denotam essa experiência da humilhação, como se pode verificar no seguinte fragmento:

> Ninguém dissimula melhor do que o escravo: sua condição sempre passiva, a obrigação da obediência sem limite e sem reflexão, o temor do castigo, a necessidade de esconder o ressentimento para não excitar a cólera do senhor, o hábito da mentira, enfim, fazem do escravo o tipo da dissimulação (MACEDO, 2010b, p. 65).

A experiência do medo senhorial é igualmente bastante referenciada em *As Vítimas-Algozes*. O fazendeiro Paulo Borges, logo depois de comprar o feiticeiro Pai-Raiol para trabalhar, viu seu gado morrer envenenado e o seu canavial ser incendiado. Nas palavras alegóricas do autor, presentes no final dessa narrativa: "A asa negra da escravidão roçara por sobre a casa e a família de Paulo Borges, e espalhara nelas a desgraça, as ruínas e mortes violentas dos senhores" (MACEDO, 2010b, p. 147).

De fato, o medo dos senhores se justificava porque os africanos, desde que chegaram ao Brasil, resistiram à escravidão. Em todos os lugares onde foi adotado o regime escravista ocorreram resistências (fugas, revoltas, suicídios, assassinatos, sabotagens da produção e lentidão na execução de tarefas). Havia ainda a ação dos quilombolas que praticavam saques e assaltos às propriedades. Essas resistências escravas demonstram que a dominação senhorial tinha limites (ALBUQUERQUE; FRAGA FILHO, 2006). Demonstram também que os escravos, direta ou indiretamente, foram agentes ativos na luta que levou ao processo histórico que culminou na abolição.

Os escravos que protagonizaram as três narrativas macedianas, Simeão, Pai-Raiol e Lucinda, são representações verossímeis das formas de resistência escrava existentes no Brasil. Essas reações dos escravos à opressão sofrida geravam ressentimentos por parte dos senhores, que eram dependentes da mão de obra africana e conviviam com as ameaças físicas, receios de feitiços, envenenamentos, assassinatos e temor da perda material, causado pelas fugas e sabotagens feitas pelos escravos.

Esses personagens fictícios consistem em casos exemplares, por meio dos quais o autor demonstra os graves perigos que rondavam a classe senhorial, devido à manutenção do sistema escravista. Ora, como a literatura cumpria no Oitocentos uma função de moralização social, Macedo, ao defender a emancipação gradual dos escravos, estava tentando convencer o público leitor, criando um consenso sobre as ideias antiescravistas e chamando a atenção para a necessidade de suprir a demanda de braços da grande lavoura.

Texto literário, contexto histórico e retórica

No prólogo da obra *Represálias Selvagens: realidade e ficção na literatura de Charles Dickens, Gustave Flaubert e Thomas Mann*, Peter Gay adverte, de forma pertinente, que "o realismo não é realidade" (GAY, 2010, p. 14). A literatura, por mais que se aproxime do "real", não é sociologia ou história, porque ela consiste em uma narrativa fictícia criada pelo autor. Contudo, um texto literário contém indícios do real porque o escritor é um ser humano que vive em um determinado tempo e espaço, e, portanto, suas representações literárias contêm uma linguagem, temáticas e juízos de valor que são produtos de um contexto histórico.

Como afirma Antonio Celso Ferreira, toda criação literária "[...] está sempre enraizada na sociedade, pois é em determinadas condições de espaço, tempo, cultura e relações sociais que o escritor cria seus mundos de sonhos, utopias e desejos [...]" (FERREIRA, 2013, p. 67). Por essa razão, uma representação literária comporta indícios das condições sócio-históricas de sua produção, e contém rastros do narrador e dos possíveis leitores, que são contemporâneos desse narrador.

Muitas vezes um narrador pode escolher determinada temática tendo em vista pressupostos sobre as expectativas do público leitor. Esse é um princípio da retórica, pois quem escreve ou fala tem como foco o interesse de um leitor/ouvinte que pretende convencer e mobilizar. De acordo com Perelman e Olbrechts-Tyteca (1996, p. 54-55), os discursos retóricos seriam compostos de três gêneros: deliberativo (aconselha o útil), judiciário (defende o justo) e epidíctico (elogia e censura). Dentre esses três, o discurso epidíctico seria a parte central da argumentação, porque nele o orador se faz educador e "[...] se propõe a aumentar a intensidade da adesão a certos valores [...]", com o intuito de reforçar a disposição para a ação.

Para que o orador ou escritor tenha êxito em mobilizar os indivíduos para a ação, é preciso que os receptores consigam compreender o sentido do enunciado. Isto quer dizer que é necessário que haja um saber compartilhado entre autor/receptor para que haja alguma possibilidade de compreensão dos discursos veiculados, sejam esses escritos, orais ou imagéticos. Com base nessa premissa, acredito que Macedo, ao tratar do tema da escravidão, denota a posição política e ideológica com a qual se identifica neste contexto. Mas o autor também pressupõe um possível interesse e conhecimento prévio do leitor sobre o tema, considerando que os problemas relacionados à escravidão eram de domínio público e demandavam uma solução premente, especialmente após a lei que decretou o fim do tráfico negreiro em 1850.

Como ocorre com toda fonte literária, *As Vítimas-Algozes* é passível de múltiplas leituras. Contudo, no meu entender, para se compreender esse romance é preciso, de saída, considerar pelo menos dois aspectos: primeiro, as representações discursivas presentes na obra e os seus possíveis leitores/interlocutores; segundo, o lugar da fala do narrador e as condições de produção do romance. No tocante às representações, nota-se que Macedo repete frequentemente que os escravos eram vítimas-algozes, "naturais inimigos dos senhores" e ressentidos pela sua condição. Por essas razões, eram raivosos, vingativos, traiçoeiros, invejosos e maldosos. Intencionalmente ou não, essas representações negativas dos escravos sugerem também que o senhor é algoz e vítima. Outra recorrência discursiva são as metáforas usadas para desqualificar a escravidão, tais como: a "escravidão é fera"; a "escravidão é serpente"; a "escravidão é um cancro social"; a "escravidão é peste"; etc.

A repetição dos enunciados, o uso das várias figuras de estilo e o cunho panfletário, provavelmente, são recursos retóricos com o propósito de persuadir o público leitor, especialmente aqueles escravocratas recalcitrantes que se recusavam a aderir à emancipação gradual. Usando a retórica como chave de leitura, como propõe José Murilo de Carvalho (2000), pode-se inferir que: se a intenção de Macedo era produzir com *As Vítimas-Algozes* uma propaganda antiescravagista, ele não naufragou como sugere Franklin Távora, no necrológio feito no IHGB em 1882, ano da morte do escritor. Pelo contrário, mesmo desagradando a classe senhorial, o escritor navegou bem ao encontro das demandas de um público leitor sedento de novos padrões estéticos e literários e de um grupo de pessoas (jornalistas, advogados, militares, poetas, políticos, etc.), composto por várias categorias sociais, que defendiam as ideias antiescravistas.

Quanto ao narrador e o "lugar de produção" da obra (CERTEAU, 1995, p. 18), tem-se que considerar que Macedo é um político liberal, que está preocupado com o "governo da casa" e com o monopólio da violência no âmbito privado (MATTOS, 1994, p. 112), porque acredita que a manutenção da escravidão ameaça o mando dos proprietários e a segurança interna do Brasil. Por estar temeroso em relação ao futuro político e econômico do país, Macedo atua como um conselheiro dos proprietários de escravos e usa de uma retórica antiescravista contundente, a fim de convencer os seus leitores pertencentes à camada senhorial. Esse caráter denunciador dos males do regime escravista torna *As Vítimas-Algozes* um romance-libelo, como o define Süssekind (2003).

A defesa da inexorável transição da mão de obra escrava para a livre, porém, não era nova e nem exclusiva de Macedo, e estava presente nos pensamentos e projetos de vários membros da elite política oitocentista, que defendiam o combate ao tráfico e a emancipação gradual. Quando Macedo tinha apenas três anos de idade,

José Bonifácio de Andrada e Silva já fazia uma representação à Assembleia Geral Constituinte, argumentando que a escravidão era um "cancro" que corroia as entranhas do Brasil (SILVA, 2000, p. 31). Essa mesma palavra foi apropriada e citada logo na parte introdutória de *As Vítimas-Algozes*, denotando um mesmo sentido:

> A escravidão, que é um cancro social, abuso inveterado que entrou em nossos costumes, árvore venenosa plantada no Brasil pelos colonizadores, fonte de desmoralização, de vícios e de crimes, é também um instrumento útil de riqueza agrícola [...] imenso capital que representa a fortuna de milhares de proprietários, e portanto a escravidão para ser abolida fará em seus últimos arrancos cruelíssima despedida (MACEDO, 2010b, p. 15).

Ainda sobre o autor e seu contexto histórico, pode-se dizer que os enunciados de *As Vítimas-Algozes* evidenciam, de um lado, as experiências vividas, observadas e imaginadas por um escritor pertencente a uma sociedade escravista, e de outro lado, revelam às expectativas desse mesmo escritor em relação ao futuro. A experiência indica que, em virtude da pressão interna e externa de diferentes agentes sociais, não é mais possível para o governo brasileiro manter o regime escravista. Já a expectativa do escritor é que, com o fim da escravidão e a adoção da mão de obra assalariada, o Brasil entrasse nos rumos da "civilização". Com base nessas experiências e expectativas, Macedo, em *As Vítimas-Algozes*, utiliza-se dos supostos ressentimentos dos escravos e do medo que rondava a casa-grande para defender a emancipação dos escravos.

Além de ser um defensor do "mundo da casa", Macedo atuava como um representante do "mundo do governo" (MATTOS, 1994) – apesar de ter sido destituído do cargo de deputado, após a queda do gabinete Zacarias e a dissolução da Câmara em 1868. A consciência da iminência de uma crise social e econômica, certamente, contribuiu para que Macedo apoiasse a iniciativa da Coroa para a aprovação da Lei do Ventre Livre. Afinal, como afirma Tânia Serra, Macedo "[...] com alguma frequência, já havia denunciado a escravidão como uma nódoa na sociedade brasileira" (SERRA, 2004, p. 153).

Outro fator que pode ter concorrido para fortalecer o discurso antiescravista do escritor, foi a atitude do novo partido liberal que, não obstante as divergências internas, colocou a emancipação em seu programa de governo em 1869, ano esse que coincide com a publicação de *As Vítimas-Algozes* (CARVALHO, 1996, p. 280-289). Todavia, no que se refere às ideias abolicionistas, nesse período, não havia consenso nem entre os liberais, nem entre os conservadores.

O encaminhamento político-institucional dado ao modo de produção escravista na primeira metade do século XIX, não passou incólume nos argumentos desse professor de história do Colégio D. Pedro II. No prólogo de As Vítimas-

-Algozes, Macedo lembra ao leitor que o fim do tráfico negreiro ocorreu sob forte pressão inglesa e, na ocasião, o Brasil, mesmo contrariado com o ataque a sua soberania, teve que ceder. Porém, no final da década de 1860, a situação se agravara, porque "[...] agora são todas as nações, é a opinião universal, é o espírito e a matéria, a idéia e a força a reclamar a emancipação dos escravos". O adiamento da emancipação escrava, na visão de Macedo, estava provocando o "ressentimento do mundo" (MACEDO, 2010b, p. 13-16).

Na argumentação empírica usada por Macedo, é possível perceber que seu romance traz consigo indícios de um traço comum com outros escritos dos homens de letras da primeira geração do romantismo e do IHGB, os quais concebiam a história como "mestra da vida" (GUIMARÃES, 2006; KOSELLECK, 2006). A premissa de que a história ensina, e que é uma autoridade, torna relevantes os exemplos reais ocorridos no passado para que se possam empreender ações no presente, visando à concretização de um projeto futuro para a nação brasileira.

Provavelmente, pensando na viabilização desse projeto futuro, Macedo usou de artifícios retóricos, particularmente do gênero epidíctico, para produzir um verdadeiro panfleto antiescravista em *As Vítimas-Algozes*. O intuito era convencer os proprietários, legisladores e o público leitor, em geral, a aderirem à proposta de abolição gradativa da escravatura. Como a Lei do Ventre Livre foi aprovada, em 1871, pode-se inferir que a publicação e circulação dessa obra vieram agregar esforços às relações de força sociais e políticas, que já estavam em curso desde o início do Segundo Reinado, para efetivar a transição do trabalho escravo para o livre no Brasil.

Referências Bibliográficas:

ALBUQUERQUE, W. R. de & FRAGA FILHO, W. *Uma história do negro no Brasil*. Brasília: Fundação Cultural Palmares, 2006. Disponível em: <http://www.ceao.ufba.br/livrosevideos/pdf/uma%20historia%20do%20negro%20no%20brasil.pdf>. Acesso em: 02/04/2014.

ANSART, P. "História e memória dos ressentimentos". In. BRESCIANE, M. S.; NAXARA, M. (orgs.) *Memória e (res)sentimento*: indagações sobre a questão do sensível. Campinas: Unicamp, 2004, p. 15-36.

AZEVEDO, C. M. M. de. *Onda negra, medo branco: o negro no imaginário da elite – século XIX*. Rio de Janeiro: Paz e Terra, 1987.

BOSISIO, R. de A. D.; CALDEIRA, N. di C. "Gênero Epidíctico em Joaquim Manuel de Macedo no Instituto Histórico e Geográfico Brasileiro". In: *XXVI Simpósio Nacional de História (ANPUH)*, 2011. Disponível em: <http://www.snh2011.anpuh.org/resources/anais/14/1300542769_ARQUIVO_

Trabalho_RafaelBosisio_newmanCaldeira_ANPUH2011.pdf>. Acesso em: 01/02/2015.

CÂNDIDO, A. "O honrado e facundo Joaquim Manuel de Macedo". In: *Formação da literatura brasileira (1836-1880)*, 7ª ed. Belo Horizonte: Itatiaia, 1993, p. 121-129.

CANO, J. "Introdução". In: MACEDO, J. M. de M. *Labirinto*. Campinas: Mercado das letras; São Paulo: Cecult/FAPESP, 2004, p. 7-32.

CARVALHO, J. M. *A construção da ordem*: a elite política imperial; Teatro das Sombras: a política imperial. Rio de Janeiro: UFRJ/Relume-Dumará, 1996.

CARVALHO, J. M. "História Intelectual no Brasil: a retórica como chave de leitura". *Topoi*, n. 1. Rio de Janeiro: UFRJ, 2000, p. 123-152.

CERTEAU, M. "A operação histórica". In: LE GOFF, J. & NORÁ, P. (orgs.). *História: novos problemas*, 4ª ed. Rio de Janeiro: Francisco Alves, 1995, p. 17-47.

COSTA, C. B. da. "O imaginário do medo: a escravidão em Macedo". In: *Labirinto: Revista eletrônica do centro de estudos do Imaginário*, ano VII, n. 10, Rondônia, jan./dez. 2007. Disponível em: <http://www.cei.unir.br/artigo102.html>. Acesso em: 02/04/2014.

FERREIRA, A. C. "Literatura: a fonte fecunda". In: PINSKY, C. B.; LUCA, T. R. de (orgs.) *O historiador e suas fontes*. São Paulo: Contexto, 2013, p. 61-92.

FERREIRA, T. B. da C. "As bibliotecas públicas cariocas no século XIX". *XXIV Congresso Brasileiro de Comunicação*, 2001. Disponível em: <http://www.intercom.org.br/papers/nacionais/2001/papers/NP4FERREIRA.pdf>. Acesso em: 02/04/2015.

GUIMARÃES, M. L. S. "Entre as luzes e o romantismo: tensões da escrita da história do Brasil oitocentista". In: GUIMARÃES, M. L. S. (org.). *Estudos sobre a escrita da história*. Rio de Janeiro: 7Letras, 2006, p. 68-85.

KOSELLECK, R. *Futuro Passado*: contribuição à semântica dos tempos modernos. Rio de Janeiro: PUC-Rio, 2006.

MACEDO, J. M. *O moço loiro*, 4ª ed. São Paulo: Melhoramentos, 1963.

MACEDO, J. M. *Um passeio pela cidade do Rio de Janeiro*: Livraria e Editora Zélio Valverde S. A., 1966.

MACEDO, J. M. *Memórias do Sobrinho de Meu Tio*. São Paulo: Companhia das Letras, 1995.

MACEDO, J, M. *Considerações sobre a nostalgia*. São Paulo: Unicamp, 2004a.

MACEDO, J. M. *Labirinto*. Campinas: Mercado das letras; São Paulo: Cecult/Fapesp, 2004b, p. 35-293.

MACEDO, J. M. *A carteira de meu tio*. São Paulo: Hedra, 2010a.

MACEDO, J. M. *As Vítimas-Algozes: quadros da escravidão*. São Paulo: Martin Claret, 2010b.

MARTINS, A. L. "Imprensa em tempos de Império". In: MARTINS, A. L.; LUCA, T. R. de (orgs.). *História da imprensa no Brasil*. São Paulo: Contexto, 2008, p. 45-80.

MATTOS, I. R. de. *O tempo Saquarema: a formação do Estado Imperial*, 4ª ed. Rio de Janeiro: Access, 1994.

MATTOS, S. R. de. *Brasil em lições: a história do ensino de história do Brasil no Império através dos manuais de Joaquim Manuel de Macedo*. Dissertação de mestrado – Instituto de Estudos Avançados em Educação, FGV, Rio de Janeiro, 1993.

MOREL, M. "Os primeiros passos da palavra impressa". In: MARTINS, A. L. & LUCA, T. R. de (orgs.). *História da imprensa no Brasil*. São Paulo: Contexto, 2008a, p. 14-43.

MOREL, M. "Imprensa e escravidão no século XIX". In: LUSTOSA, I. (org.). *Imprensa, história e literatura*. Rio de Janeiro: Martins Fontes, 2008b, p. 75-82.

PAIXÃO, A. H. "Um público para a literatura oitocentista no Brasil: o exemplo dos emigrantes portugueses do Rio de Janeiro em 1860". *Escritos: Revista da Fundação Casa Rui Barbosa*, ano V, n. 5, 2011. Disponível em: <http://www.casaruibarbosa.gov.br/escritos/numero05/FCRB_Escritos_5_6_Alexandro_Henrique_Paixao.pdf>. Acesso em: 01/02/2015.

PANCRÁCIO. "Dr. Pílulas e confeitos". In: *A Vida Fluminense*. Rio de Janeiro: Typographia do Diário do Rio de Janeiro, 08/01/1870, p. 6-7.

PERELMAN, Ch.; OLBRECHTS-TYTECA, L. *Tratado da Argumentação: a nova retórica*. São Paulo: Martins Fontes, 1996.

PINA, P. K. da C. "O jornal, o leitor e a leitura no Oitocentos brasileiro". *Labirintos: Revista Eletrônica do Núcleo de Estudos Portugueses*, n. 8. Bahia: UEFS, segundo semestre de 2010. Disponível em: <http://www.uefs.br/nep/labirintos/edicoes/02_2010/03_dossie_patricia_katia_da_costa_pina.pdf>. Acesso em: 02/02/2015.

RICUPERO, B. *O romantismo e a ideia de nação no Brasil*. Rio de Janeiro: Martins Fontes, 2004.

SCHWARCZ, L. M. *As Barbas do Imperador: D. Pedro II, um monarca nos trópicos*. São Paulo: Companhia das Letras, 1998.

SERRA, T. *Joaquim Manuel de Macedo ou os dois Macedos: a luneta mágica do II Reinado*. Brasília: UnB, 2004.

SILVA, J. B. de A. "Representação à Assembleia Geral Constituinte e Legislativa do Império do Brasil sobre a escravatura". *Projetos para o Brasil*. São Paulo: Publifolha, 2000.

STRZODA, M. *O Rio de Joaquim Manuel de Macedo: jornalismo e literatura no século XIX*. Rio de Janeiro: Casa da Palavra, 2010.

SÜSSEKIND, F. "Introdução". In: MACEDO, J. M. de. *Memórias do sobrinho de meu tio*. São Paulo: Companhia das Letras, 1995, p. 7-19.

SÜSSEKIND, F. "As Vítimas-Algozes e o imaginário do medo". In: *Papéis colados*. Rio de Janeiro: UFRJ, 2003, p. 125-150.

TÁVORA, F. "Discurso". *Revista do Instituto Histórico e Geográfico Brasileiro*. Rio de Janeiro, tomo 45, p. 507-529, 1882. Disponível em: <http://www.ihgb.org.br/rihgb.php?s=p>. Acesso em: 02/04/2014.

TUFANO, D. *Joaquim Manuel de Macedo: seleção de textos, notas, estudo biográfico, histórico e crítico e exercícios*. São Paulo: Abril Educação, 1981.

Capítulo 7. No próximo vapor: uma viagem entre Aracaju e o Rio de Janeiro no século XIX

Samuel Albuquerque

Cais Pharoux, Rio de Janeiro, 18 de março de 1879. Do vapor alemão Valparaiso, desembarcava o deputado geral Antônio Dias Coelho e Mello (1822-1904), acompanhado de familiares, agregados e escravos domésticos. O político sergipano, conhecido simplesmente como barão da Estância, voltava à capital do Império para tomar parte nas atividades da Câmara e estreitar relações na Corte do imperador d. Pedro II.

Barão da Estância, dec. 1880. Acervo particular do autor.

A "comitiva" do barão não era miúda. Além da esposa Lourença de Almeida Dias Mello (1848-1890) e das filhas Aurélia e Anna, que contavam 15 e 11 anos, respectivamente, compunham-na os afilhados Antônio e Eponina Motta; a preceptora alemã Marie Lassius; e os escravos domésticos Senhorinha, Domingas e Joaquim. Todos, ainda que abatidos pela longa viagem, estavam tomados pela excitação de, finalmente, chegar ao Rio.

Naquela manhã de terça-feira, o grupo recém-chegado do Norte encontrou a zona portuária, como sempre, bastante movimentada. Entre o Cais Pharoux e a Praça D. Pedro II (atual Praça 15 de Novembro), de onde seguiriam para o hotel, os viajantes capturaram as primeiras imagens, sons e cheiros da Corte.

Diferente da pequenina Aracaju, o Rio era uma cidade cosmopolita. A variedade de feições, línguas, sotaques e comportamentos atordoava os visitantes. Pedintes sujos e maltrapilhos, escravos de ganho oferecendo seus produtos e serviços, senhores trajados à inglesa acompanhados de senhoras vestidas à francesa a caminho da Sé, o apito dos vapores, o badalar dos sinos, o estampido dos fogos de artifício, as vozes... Tudo se misturava naquele movimentado cenário da "colorida e ruidosa cidade tropical".

O entorno da Praça D. Pedro II impressionava e o patriarca, ligado afetivamente àquela paisagem, indicava aos demais o Paço da Cidade; o antigo Convento do Carmo; a ermida do Senhor dos Passos; a Igreja do Carmo, que acumulava as funções de capela imperial e catedral; a Igreja da Ordem Terceira do Carmo; o Arco do Telles; o Chafariz no mestre Valentim...

Mas o deslumbre com o Rio, é preciso dizer, foi antecedido por uma longa e cansativa viagem iniciada oito dias antes, em uma distante província do norte do Império.

O calvário começou no Porto do Aracaju, na luminosa manhã de 10 de março, uma segunda-feira, quando o grupo partiu no vapor Marquês de Caxias, da Companhia Baiana de Navegação.

Deslizando para o sul, viram ficar para trás a cidadezinha cercada pelo imenso coqueiral que se espraiava por todo o estuário do Cotinguiba. A maré cheia facilitou a transposição da inconstante barra e deu acesso ao mar aberto. Os sopapos das ondas sobre a embarcação logo encheram de temor e enjoos as mulheres do grupo, que se refugiaram nos desconfortáveis camarotes a elas reservadas.

Ao cair da tarde, já estavam no Porto da Estância, no litoral sul de Sergipe, onde o vapor fazia escala. Sem que deixassem seus camarotes, perceberam a contínua redução dos sacolejos e concluíram que haviam saído do mar aberto. Navegando pelas águas mansas do Rio Piauí, alcançaram o porto mais sulino da província, onde permaneceram até o alvorecer do dia seguinte, quando retomaram a viagem.

Sob forte chuva, desembarcaram na tarde do dia 12 de março, uma quarta-feira, no caótico Porto da Bahia, onde eram aguardados por Cincinato Pinto da Silva

(1835-1912), médico, escritor e político baiano, que há muito se tornara amigo do barão da Estância e de sua família.

A "pausa de mil compassos" à espera do vapor que os conduziria à Corte foi compensada pela calorosa acolhida no palacete dos Pinto, localizado no charmoso bairro dos Barris, na Cidade Alta, em Salvador. Lá permaneceram até o fim da tarde de 14 de março, uma sexta-feira ensolarada e de ruas tomadas por homens e mulheres, quase todos pretos ou pardos, trajando alvíssimas vestes brancas.

Levados ao porto pelo doutor Cincinato, despediram-se do anfitrião e, sem demora, embarcaram no já mencionado vapor alemão Valparaiso, que, ao alvorecer do dia seguinte, partiria para o Porto de Santos, passando pelo Rio de Janeiro.

Entre a Baía de Todos os Santos e a Baía de Guanabara, o "tempo frágil das horas" parecia se arrastar em quadras intermináveis. Inquietas, dona Lourença e, principalmente, a pequena Anna, obrigavam o barão a sacar do bolso o relógio e, insistentemente, conferir as horas.

Finalmente, o Rio. Depois de oito luas, muito chacoalho, enjoo e desconforto, o Rio. Eis, agora, uma questão: como foi possível reconstituir o percurso dessa viagem oitocentista entre Aracaju e o Rio de Janeiro?

A resposta não carece de rodeios. A reconstituição foi possível graças à sobrevivência de manuscritos e impressos produzidos no Brasil do século XIX ou legados por mulheres e homens que aqui viveram entre a segunda metade do século XIX e a primeira metade do século XX.

E quais seriam esses documentos? O primeiro e mais importante é o texto de memórias de Aurélia Dias Rollemberg (1863-1952), nome de casada da filha mais velha do barão da Estância com dona Lourença de Almeida Dias Mello.

Como havíamos registrado, as sinhazinhas Aurélia e Anna acompanharam seus pais na viagem de 1879. Décadas depois, no gabinete de leitura do memorável casarão da Rua Boquim, no centro de Aracaju, a viúva do senador Gonçalo de Faro Rollemberg (1860-1927) registrou suas reminiscências sobre o Rio oitocentista em uma pequena caderneta escolar. Esse documento, produzido entre 1927 e 1952, foi editado em 2005, na obra *Memórias de Dona Sinhá*, e o manuscrito original foi incorporado ao acervo do Instituto Histórico e Geográfico de Sergipe, através de doação feita pelos herdeiros do médico Lauro de Britto Porto (1911-2011). Assim, o texto de memórias de Aurélia sobreviveu e pode ser consultado em sua versão impressa ou manuscrita.[1]

---

1   A referência completa da versão impressa consta nas referências bibliográficas (ROLLEMBERG, 2005, p. 47-123). Por sua vez, o documento original possui a seguinte referência: ROLLEMBERG, Aurélia Dias. [*Texto de memórias*]. Aracaju, [entre 1927 e 1952]. Acervo do IHGSE.

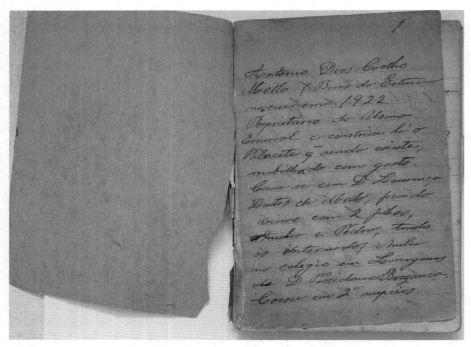

Aurélia Dias Rollemberg, dec. 1940. Acervo particular do autor.

No Arquivo Público Estadual de Sergipe, localizamos os registros de saída de embarcações no porto do Aracaju relativos ao ano de 1879. Nesse sentido, o volume 21 do Fundo Segurança Pública registra a saída, em 10 de março, do vapor nacional Marquês de Caxias para o porto da Bahia.[2] Como já mencionamos, foi neste vapor da Companhia Baiana de Navegação que os viajantes sergipanos seguiram até Salvador, antes de tomarem o vapor estrangeiro que os conduziria até o Rio.

Por fim, a edição de 16 de março do jornal baiano O *Monitor* veiculou o seguinte registro: "[Ontem], no vapor allemão *Valparaiso* foram para Santos pelo Rio de Janeiro os seguintes [passageiros]: Manuel de M. e Souza sua senhora, 1 criada e 2 crianças, barão da Estancia sua senhora, 2 filhas e 4 criados, Antonio da M[otta] Ribeiro e 4 criados, Chr. Retberg, Eleodoro J. de Campos, Dr. Pedro J. Pereira".[3] Está completo, assim, o nosso quebra-cabeças.

---

2   Registros de saída de embarcações no porto de Aracaju em 1879. Arquivo Público Estadual de Sergipe, Fundo SP8 – Inspetoria da Polícia (Marítima e Aérea), vol. 21, p. 197 (reverso).

3   Notícias diversas. O *Monitor*, Bahia, 16/03/1879, p. 1.

Para além das fontes que nortearam, principalmente, a reconstituição do percurso, dialogamos com outros documentos[4] e estudos[5] sobre o Brasil oitocentista, que lançaram luzes sobre os cenários estudados. Exemplo disso são as cartas da alemã Ina von Binzer, que narram suas experiências enquanto preceptora de famílias fluminenses e paulistas em princípios da década de 1880. Esses documentos foram publicados na Europa em fins da década de 1880 e no Brasil, somente, em meados da década de 1950.[6] Ina registrou com riqueza de detalhes, por exemplo, suas primeiras impressões sobre a região portuária e o centro do Rio de Janeiro oitocentista.

No mais, é preciso dizer que uma boa dose de pesquisa de campo foi acrescida à pesquisa documental e bibliográfica. Conduzido pelas reminiscências de Aurélia Rollemberg, desembarquei no Rio de Janeiro, em 14 de março de 2012.[7] No roteiro da viagem, além de bibliotecas e arquivos, os lugares que deram o tom da "geografia sentimental", presente no texto de memórias da filha do barão da Estância.

Saí em busca do que restou do Cais Pharoux (local do desembarque dos viajantes sergipanos do século XIX) na tarde de 16 de março, uma sexta-feira chuvosa e abafada. Por volta das 15 horas, cheguei à Praça 15 de Novembro. Lá, detive-me por algum tempo no antigo Paço Imperial, que, em princípios de 1879, era a sede oficial do governo. Defronte ao Paço, está a Praça Mercado Municipal, conhecida como Estação das Barcas, por abrigar o terminal marítimo Barcas S/A, que viabiliza o trânsito entre o Rio de Janeiro e Niterói, Paquetá, Charitas e Ribeira (Ilha do Governador). O Cais Pharoux existiu entre o limite sudeste da Praça Mercado Municipal e toda a faixa litorânea da Praça General Âncora, espaços públicos separados, diga-se, por uma via cuja denominação é uma homenagem ao antigo cais.

Deparei-me, então, com uma praça em reforma (um amplo projeto de reurbanização) e cuja paisagem é marcada pela presença do Restaurante Albamar, instalado em um torreão de ferro que remete à memória do antigo Mercado Municipal, demolido na década de 1930.

---

4   Em termos documentais, fiz uso de: AVÉ-LALLEMANT, 1961, p. 92-99; D. PEDRO II, [1965], p. 64-78; MACEDO, 1862 e 1863; SANTOS, 1860; SCHRAMM, 1991.

5   Em termos bibliográficos, fiz uso de: ALMEIDA, 1984 e 1993; CARVALHO, 2003; FIGUEIREDO, SANTOS & LENZI, 2005; FREYRE, 1987; NUNES, 2006; PASSOS SUBRINHO, 1987; ROSADO, 1983; SCHWARCZ, 2011.

6   BINZER, 1956.

7   Em 1879, sem contar com a escala na Estância e o período de permanência na Bahia, a viagem marítima entre Aracaju e o Rio de Janeiro durava cerva de cinco dias. Atualmente, o deslocamento entre o Aeroporto Santa Maria, em Aracaju, e o Aeroporto Santos Dumont, no Rio, dura, em média, duas horas e trinta minutos.

Da General Âncora, avistamos a Baía de Guanabara, a Ilha das Cobras, a Ponte Presidente Costa e Silva (Rio/Niterói), o castelo neogótico da Ilha Fiscal, e, mais ao longe, o município de Niterói e a cabeceira da pista do Aeroporto Santos Dumont. É, sem dúvida, uma vista que impressiona. No mais, o comércio ambulante nas redondezas, o forte cheiro de pipoca doce e o intenso movimento de pedestres, indo e deixando o Porto das Barcas, faz-nos recordar das gravuras de Debret que retratam o cotidiano daquela localidade em princípios do século XIX. Ali, com uma boa dose de imaginação, passado e presente podem se encontrar e, por pouco, não esbarramos com negras robustas e os seus concorridos tabuleiros de doces e quitutes, balaios de frutas ou panelaços de angu.

Mas o que a viagem oitocentista reconstituída neste trabalho nos ensina? A resposta a essa pergunta não carece de reflexões sofisticadas. Basta mencionar que: ela lança luzes sobre o estudo do trânsito de pessoas entre as províncias e a capital do Império do Brasil, bem como sobre as rotas, as durações e os motivos das viagens marítimas no século XIX; ela indica as relações entre os portos das pequenas e grandes províncias do Império, classificação relacionada, claro, ao destaque econômico dessas localidades; ela aponta para as transformações no modelo de família brasileira, bem como para a difusão do modelo de civilização europeia entre as nossas elites oitocentistas; ela demonstra, dentre outras coisas, as relações de interdependência entre as elites brasileiras do século XIX, o que parecia estreitar as distâncias entre as províncias e a Corte. Aprofundemos, então, a nossa análise sobre uma dessas questões. Tomando como referência a preceptora Marie Lassius, reflitamos sobre a mencionada "difusão do modelo de civilização europeia entre as nossas elites oitocentistas". E, nesse sentido, tentemos fugir ao óbvio, percebendo a influência da educadora para além das tradicionais práticas educativas no âmbito doméstico.

Distante da tranquilidade de Botafogo, onde passaram a viver, um destino habitual da família do barão da Estância era a famosa Rua do Ouvidor.[8] Ao menos duas vezes por semana, a esposa Lourença, as filhas Aurélia e Anna, e a preceptora Marie Lassius iam à concorrida rua do centro do Rio de Janeiro. Lá passeavam, olhavam vitrines, gastavam pequenas fortunas em compras e passavam horas no

---

8   O surgimento dessa via remete aos primórdios da cidade de São Sebastião do Rio de Janeiro, na segunda metade do século XVI. Do seu berço, o Monte de São Januário (depois conhecido como Morro do Castelo), a cidade logo se espalhou pela planície e, antes de 1572, apareceu o embrião da Rua do Ouvidor. Denominações anteriores, como Desvio do Mar, Rua de Aleixo Manoel e Rua Padre Homem da Costa, sucederam-se até que, em 1780, "enfim exaltou-se, mostrando-se com a toga da magistratura em sua nova e ultima denominação de *rua do Ouvidor*" (MACEDO, 1878, p. 81). Nesse sentido, o fato do ouvidor Francisco Berquó da Silveira ter passado a residir em imóvel daquela rua explica a denominação que caiu no gosto popular e, depois, nos papéis do poder público.

ateliê da modista francesa que as vestia. Nesse sentido, June Hahner observou que, no Brasil da segunda metade do século XIX:

> [...] o caráter do consumismo burguês ajudou a tirar de casa algumas mulheres da elite, introduzindo-as em seus novos papéis de consumidoras no fim do século. As senhoras não tinham mais que mandar suas criadas às compras ou esperar que um vendedor ambulante as visitasse. As compras, assim como agradáveis passeios à tarde ou o chá em cafés elegantes, passaram a fazer parte do lazer das mulheres privilegiadas nos meios urbanos (HAHNER, 2012, p. 57).

A Ouvidor também era um dos principais espaços de socialização das elites na capital do Império. Entre o barão da Estância e seus familiares, por exemplo, aquela rua se tornou uma referência para encontros com parentes e amigos da Província de Sergipe. A memorável Confeitaria Paschoal, localizada em uma das quinas do cruzamento com a Rua Gonçalves Dias, era a predileta da família para tais encontros.

Obviamente, as experiências da família sergipana e da preceptora alemã são melhor compreendidas quando interpretamos os registros legados por Aurélia à luz de outros testemunhos de época. Nesse sentido, poucos meses antes da chegada daquele grupo ao Rio, um dos mais celebrados escritores brasileiros, Joaquim Manoel de Macedo, havia publicado suas *Memorias da Rua do Ouvidor*, crônicas reveladoras do cotidiano daquela pulsante artéria urbana.[9]

Macedo registrou, por exemplo, um dado que ilumina nossa compreensão sobre o trânsito entre Botafogo e o centro do Rio. Segundo o autor, as linhas de bondes de Botafogo e das Laranjeiras tinham o "[...] seu ponto de partida inicial e de chegada terminal na rua de *Gonçalves Dias* quina da *do Ouvidor* [...]" (MACEDO, 1878, p. 242). Por sua vez, Aurélia registrou a existência de um ponto de bondes bem próximo à casa de sua família, o que nos leva a concluir que o acesso fácil ao transporte público estimulava as idas do grupo teuto-sergipano à Rua do Ouvidor.

Recorrendo a figuras de linguagem, Macedo (1878, p. 5) caracterizou a Ouvidor como "[...] a mais passeiada e concorrida, e mais leviana, indiscreta, bisbilhoteira, esbanjadora, futil, novelleira, polyglotta e encyclopedica de todas as ruas da cidade do Rio de Janeiro [...]".

---

[9] Consagrado no campo literário após a publicação, em 1844, do romance *A Moreninha*, Macedo também atuou no campo da História e da Geografia, fosse como professor do Atheneu Pedro II, fosse como sócio e orador do Instituto Histórico e Geográfico Brasileiro – IHGB. Daí figurar, no conjunto de sua obra, os títulos *Lições de Historia do Brazil* (1861) e de *Noções de Corographia do Brasil* (1873), reeditadas durante décadas e publicadas em inglês, francês e alemão. Suas *Memorias da Rua do Ouvidor* foram publicadas, originalmente, em 1878, pela Typographia Perseverança, no Rio de Janeiro.

Tânia Bessone • Gladys Sabina Ribeiro • Monique de Siqueira Gonçalves • Beatriz Momesso

Considerando-a "rainha da moda, da elegância e do luxo", o cronista descreve uma Ouvidor repleta de ateliês de moda, alfaiatarias, rouparias, sapatarias, chapelarias, ourivesarias, perfumarias, confeitarias, cafés, charutarias, armazéns de secos e molhados, floriculturas, estúdios fotográficos, livrarias, editoras, dentre outros estabelecimentos vinculados ao comércio de bens e à prestação de serviços (MACEDO, 1878, p. 7; p. 82-83). Uma verdadeira Babel.[10]

---

10   Como no passado, a Rua do Ouvidor continua estreita e abarrotada de gente. Sua paisagem física e humana é bastante heterogênea. O antigo e o moderno, por exemplo, convivem na arquitetura da via. Os usos (e abusos) do espaço também são múltiplos. Grosso modo, não fosse por seu passado singular, a Ouvidor seria apenas mais uma rua do centro do Rio, dotada de alguns prédios antigos e eminentemente comercial. Na tarde de 16 de março de 2012, percorri-a sem pressa. O passeio começou pelo extremo sul da rua, onde ela finda e deságua no Largo de São Francisco de Paula. Do charmoso largo das fotografias antigas, apenas os bens materiais preservados o identificam. A monumental Igreja de São Francisco de Paula e o prédio da antiga Escola Politécnica (que, desde fins da década de 1960, abriga o Instituto de Filosofia e Ciências Sociais e o Instituto de História da Universidade Federal do Rio de Janeiro) marcam a paisagem do local. Contudo, as damas e cavalheiros que, elegantemente vestidos passeavam pelo largo, deram espaço a um numeroso exército de vendedores ambulantes, consumidores de baixo poder aquisitivo e pedintes. De costas para o Instituto e voltado para a Rua do Ouvidor, avista-se a estátua em homenagem a José Bonifácio de Andrade e Silva, inaugurada em setembro de 1872, durante as comemorações do cinquentenário da Independência do Brasil. O célebre estadista foi representado pelo escultor francês Augusto Rochet em tamanho natural, de pé, vestido à inglesa e em posição de discurso. Entre o Largo de São Francisco de Paula e a Avenida Alfredo Agache, locais que marcam, respectivamente, o fim e o início da Rua do Ouvidor, foram cerca de 800 metros percorridos a passos muito lentos, cruzando com outras famosas vias do centro do Rio de Janeiro – ruas Uruguaiana e Gonçalves Dias, Avenida Rio Branco, Travessa do Ouvidor, ruas da Quitanda, do Carmo e Primeiro de Março, Travessa do Comércio e Rua do Mercado, respectivamente. Os trechos que ficam entre os cruzamentos com a Rua Primeiro de Março e a Avenida Alfredo Agache são os mais agradáveis na atualidade. Penetramos em um cenário que nos transporta ao Rio oitocentista. O belo e preservado casario hoje abriga, sobretudo, típicos botecos cariocas e bons restaurantes, espécies de herdeiros dos antigos armazéns de carne seca mencionados nas crônicas de Joaquim Manoel de Macedo. O visitante atento ao patrimônio religioso notará, inicialmente e ao seu lado esquerdo, a Igreja da Santa Cruz dos Militares e, depois, ao seu lado direito, a Igreja de Nossa Senhora da Lapa dos Mercadores (ou dos Mascates, como era conhecida no século XIX), na esquina com a pitoresca Travessa do Comércio. O perfil social dos frequentadores daquele pedaço da Ouvidor também é diferenciado. Os frenéticos consumidores característicos dos trechos anteriores dão espaço a grupos menos apressados e de melhor aparência. Pelo que pude perceber são trabalhadores da classe média e que atuam no setor financeiro, muito bem representado na região por dezenas de escritórios e agências bancárias. Enfim, é uma zona tomada pelo burburinho das rodas de amigos que, no tradicional *happy hour* de sexta-feira, amontoam-se em volta de mesas espalhadas pelas calçadas.

Contudo, a Rua do Ouvidor refletia o processo que, nos grandes centros brasileiros do século XIX, transformou as "maneiras de vestir-se, de estar à mesa, de sair à rua, de comportar-se socialmente" (SILVA, 2011, p. 61). E nesse sentido, a presença das preceptoras entre as elites brasileiras contribuiu para o processo de europeização da sociedade.

A preceptora Marie Lassius, como já havia assinalado, influiu diretamente no *modus vivendi* da família do barão da Estância, orientando-a no comportamento à mesa, nos salões, nos grandes eventos públicos, etc. E não foi diferente no que diz respeito à moda. Segundo Aurélia, após chegarem ao Rio, "a allemã foi logo entender se com uma franceza conhecida d'ella, costureira de 1ª Me Laurant q tinha Atelier em cima da Confeitaria Paschoal" (ROLLEMBERG, 2005, p. 67). Não demorou muito, dona Lourença e suas filhas se tornaram fidelíssimas clientes daquela modista.

Conduzidas ao ateliê pela preceptora, as tímidas sergipanas foram "[...] ser apresentadas, tomar medidas, escolher as fazendas [...]". "[...] não escolhiamos os moldes, por sermos pouco entendidas. Ella era uma franceza q fallava portuguez, delicada e optima modista", registrou Aurélia (ROLLEMBERG, 2005, p. 67).

Silva, tratando da população e da sociedade brasileira oitocentista, assinalou a presença de imigrantes franceses nos grandes centros, destacadamente no Rio de Janeiro:

> Num país cujas principais cidades, no fluir do século, se afrancesariam, eram comerciantes de produtos de luxo, alfaiates, modistas, chapeleiros e cabeleireiros, livreiros, professores e governantas, cozinheiros, padeiros e confeiteiros, serralheiros, marceneiros e estofadores (SILVA, 2011, p. 42).

Sobre "os profissionais da moda franceses", concluiu que:

> Até então, os vendedores de tecidos, botões, linhas e fitas batiam à porta das freguesas, que escolhiam o que queriam, sem sair de suas salas de visitas. E as costureiras iam provar os vestidos na moradia das clientes. Depois que se abriram no centro da cidade as lojas francesas de tecidos, com suas montras e amplos estoques, e as modistas, os chapeleiros e os cabeleireiros estrangeiros ganharam fama, tornou-se de bom-tom ir às compras nas ruas Direita e do Ouvidor e elegante frequentar as confeitarias e casas de chá. Algumas senhoras passaram a pentear-se nos salões da moda para ir ao teatro, que se tornava um hábito elegante. [...] (SILVA, 2011, p. 51).

Voltando ao nosso cicerone oitocentista, Macedo interpretou de forma singular a presença de modistas francesas na Rua do Ouvidor. Referindo-se às frustradas tentativas estrangeiras de estabelecimento na Baía de Guanabara durante o período colonial, concluiu que à sombra das modistas francesas é que os demais franceses conseguiram se firmar no Rio.

> No decimo sexto seculo Villegagnon, e após elle Bois-le-Comte com centenas de soldados, e com o apoio mal dissimulado do governo francez não puderão manter a conquista da bahia do Rio de Janeiro, de suas ilhas e pontos do continente, e verem realizar a aspiração da *França Antarctica*.
>
> No seculo decimo nono, em um ou dous annos, em 1822, emfim, uma duzia (nem tanto) de *Francezas* sem peças de artilharia, nem espingardas, nem espadas, e apenas com tesoura e agulhas fundárão suave e naturalmente, e sem opposição nem protestos, a *França Antarctica* na cidade do Rio de Janeiro. (MACEDO, 1878, p. 165-166).

A França Antártica era a Rua do Ouvidor, decretou.

Originalmente dispersas em importantes ruas do centro comercial, a partir de 1820 teria ocorrido uma inexplicável "hégira" das modistas para a Rua do Ouvidor. Sem chegar a nenhuma conclusão, Macedo questiona:

> Que razão levou as modistas francezas a desertar, a fugir *(hegira)* da *rua Direita*, então a principal e mais rica do commercio, e da dos *Ourives*, nesse tempo e ainda muitos annos além toda de prata, de ouro, de esmeraldas e de brilhantes, para a *rua do Ouvidor* ainda relativamente obscura?... (MACEDO, 1878, p. 154).

É provável que a especulação imobiliária nas ruas de intenso comércio tenha empurrado as modistas para ruas menos concorridas do centro. "O facto é que no fim de tres ou quatro annos quem queria entender-se com alguma *modista francesa* ia á *rua do Ouvidor* [...]", concluiu Macedo (1878, p. 154).

Em tom de crítica, o autor chama a moda parisiense de "rainha despótica", indicando que, no Rio de Janeiro, o seu trono estava na Rua do Ouvidor. Para ele, a rainha

> [...] governa e floresce decretando, modificando, reformando e mudando suas leis em cada estação do anno, e sublimando seu governo pelo encanto da novidade, pela graça do capricho, pelas sorprezas da inconstancia, pelo delirio da extravagancia, e até pelo absurdo, quando traz para o rigido verão do nosso Brazil as modas do *inverno* de Pariz. (MACEDO, 1878, p. 163).

Tratando das influências culturais que circularam entre as elites do Brasil oitocentista, Leslie Bethell concluiu que "[...] a influência externa dominante, em termos sociais, culturais e intelectuais, era francesa". Para o brasilianista, "A moda francesa era a mais procurada na rua do Ouvidor, no centro do Rio, onde se costumava dizer que as pessoas se vestiam, comiam, liam e pensavam como franceses". (BETHELL, 2012, p. 153).

Mas, se as damas se vestiam à francesa, no Rio de Janeiro e nas principais cidades brasileiras do século XIX "os homens trajavam rigorosamente à inglesa, com lãs pesadas [...], e, além de não dispensarem os anéis, gostavam de ostentar suas condecorações e uma grossa corrente de ouro a atravessar o colete" (SILVA, 2011, p. 52).

Poucos anos após a passagem da família do barão da Estância ao Rio, a preceptora Ina von Binzer, observando o comércio de produtos importados naquela cidade, registrou com muito acerto:

> Mas o que se compra é quase sem exceção mercadoria européia; fora disso, ou das matérias-primas do país, não há nas lojas objetos que já não tenham atravessado o Oceano Atlântico: tecidos, sapatos, roupas brancas, artigos de lã, móveis, aparelhos de iluminação, baterias de cozinha, livros, tudo, até papel e alfinêtes, vêm da Europa. Mesmo os tecidos de algodão, chegam à terra do algodão, enviados pela Alemanha e França, para onde é remetida a matéria-prima, porque nas raras e deficientes fábricas daqui, não existe pessoal habilitado (BINZER, 1982, p. 60).

Sobre a Rua do Ouvidor, em específico, notamos em Binzer, primeiro, o deslumbramento com aquele recanto tão parisiense do Rio e, em seguida, a indignação perante o consumo desregrado de produtos de luxo pelas brasileiras.

> Certas coisas nesta terra são, porém, maravilhosas. Na rua do Ouvidor, espécie de artéria do comércio fino e de passeio, há algumas lojas com elegantes "toilettes" para senhoras. Chegam de Paris diretamente e custam terrivelmente caro; mas as brasileiras ricas compram-nas de "mão beijada" por preços altíssimos [...]. (BINZER, 1982, p. 61).

Aguçada a vaidade e ampliada a oferta de produtos de luxo, as jovens provincianas foram tomando gosto pela vida cortesã. Sem muitos rodeios, Aurélia registrou: "Dias depois nós já estavamos bem vestidas, passeiando na Rua Ouvidor" (ROLLEMBERG, 2005, p. 68). Em poucas visitas à modista, centenas de sacas de açúcar do engenho Escurial haviam se transformado em baús repletos de vestidos de inspiração parisiense. Um truque que a sedutora Ouvidor fazia como nenhuma outra rua da capital do Império.

Macedo, vendo naquela artéria um "abismo de fortunas", destacou que as senhoras da Corte foram intransigentes na exclusiva adoção da tesoura francesa. Segundo ele, "nem uma desde 1822 se prestou mais a ir a saráos, a casamentos, a baptizados, a festas e reuniões sem levar vestido cortado e feito por modista franceza da *rua do Ouvidor*" (MACEDO, 1878, p. 165). Como vimos, as sergipanas não fugiram à regra.

Nesse "jogo de sedução", as "vidraças" da Rua do Ouvidor, como eram chamadas as vitrines de então, tinham um papel importantíssimo, enquanto estratégia de estímulo ao consumo. Macedo (1878, p. 163-164) assinalou que as lojas tinham "[...] uma unica porta livre para a entrada das freguezas e freguezes, e outra porta ou duas portas cerradas de alto abaixo por grosso, mas transparente anteparo de vidro, e atrás desse anteparo a loja expunha ao publico os seus encantadores thesouros". Em sua perspicaz análise, registrou:

> Explorando o concurso favoravel do vidro, a variedade e a combinação das côres, e os effeitos da luz, os *artistas sui generis* arranjadores dos objectos expostos nas vidraças os dispoem e apresentão com habilidade magistral, de modo a produzir illusões de optica perigosas para a bolsa do respeitavel, que, prevenido pelo que lhe enlevára os olhos, muitas vezes compra gato por lebre (MACEDO, 1878, p. 164).

A afamada loja Notre Dame de Paris, descrita em detalhes por Macedo, é uma digna representante dos estabelecimentos que, na Ouvidor, comercializavam produtos de luxo importados, sobretudo, da Europa.[11] Segundo o autor,

> [...] em cada córte de seda, em cada *toilette*, em cada chaile, chapéo, gravatinha, etc., a compradora paga e deve pagar no seu tanto proporcional, além do valor e lucro do objecto que adquire o aluguel da casa, e os honorarios dos empregados de escriptorio, dos caixeiros, das modistas, das costureiras, dos serventes e dos criados, e antes de tudo isso os tributos da alfandega, que na verdade são de arrazar!.... (MACEDO, 1878, p. 287).

---

11   Joaquim Manoel de Macedo caracterizou os primeiros trechos da Rua do Ouvidor atentando ao predomínio de "armarinhos vulgares, carne secca, lombo de porco e toucinho, tudo emfim *plebeu*". Para o escritor, a "legítima" Rua do Ouvidor tinha início após o encontro com a Rua Primeiro de Março. Nesse sentido, os trechos melhor preservados na atualidade representavam, no passado, uma espécie de "anexo" da Ouvidor, desprovidos do *glamour* que impregnava o restante da rua (MACEDO, 1878, p. 169).

Sempre à espera de Aurélia e sua família na Confeitaria Paschoal estava o estudante Gonçalo de Faro Rollemberg, o Gonçalinho dos ternos registros de sua esposa. Querido por toda a família e cada vez mais próximo ao barão da Estância, a presença daquele jovem sergipano era uma constante. Aurélia deixa subentendido que Marie Lassius gostava do estudante e, sutilmente, incentivava o namoro dos dois, cumprindo o papel de confidente da pupila e alcoviteira dos encontros na concorrida confeitaria.

Ao rememorar a Carceller, uma antiga e requintada confeitaria da Rua do Ouvidor, Macedo (1878, p. 175) descreveu a ambiência desses estabelecimentos, que "refrigeravam seus numerosos freguezes com *agua imperial* e outras aguas gazosas, com optímas cajuadas e outros refrescos, e satisfazendo-lhes o apetite com empadas, pasteis, golodices e doces".

Outra assídua frequentadora da Rua Ouvidor era a jovem Nini, vizinha da família do barão da Estância em Botafogo. Em tom de crítica, Aurélia registrou que a amiga, na companhia de uma prima "solteirona e mto antipathica", ia todas as tardes à Ouvidor (ROLLEMBERG, 2005, p. 69). Segundo o relato, as vizinhas empenharam-se para que ela e sua irmã Anna as acompanhassem nos bordejos diários. Contudo, dona Lourença não via o excesso de passeios com bons olhos e não cedia aos simpáticos pedidos.[12]

A mãe vigilante era, de fato, a timoneira dos passeios pela Ouvidor, onde o principal destino era o ateliê da modista francesa, que ficava sobre a Confeitaria

---

12 Segundo discursos forjados, principalmente, pelos homens, as esposas e mães eram consideradas a base moral da sociedade (ou ao menos era isso o que os homens gostariam que elas acreditassem) e, por isso mesmo, essas dignas senhoras deveriam "vigiar a castidade das filhas, constituir uma descendência saudável e cuidar do comportamento da prole". (D'INCAO, 2004, p. 230). A esposa do barão da Estância parece ter assimilado bem esses discursos. No mais, as reservas da família do barão da Estância para com a família da viscondessa de Uruguaiana, Francisca Eulália de Lima, podem estar relacionadas ao fato da viscondessa, até certo ponto, transgredir as regras sociais vigentes. Viúva de Ângelo Moniz da Silva Ferraz (barão da Uruguaiana), uma das figuras políticas mais influentes do Império, não contraiu segundas núpcias, mesmo sendo uma mulher jovem e afortunada. Em pleno século XIX, converteu-se em chefe de família, fato que não era uma novidade na sociedade brasileira, mas que ainda era alvo de velados preconceitos. Maiores dados sobre a viscondessa podem ser consultados no sítio do Colégio Brasileiro de Genealogia no site: <http://www.cbg.org.br/>. Quanto ao seu marido, o barão da Uruguaiana, sabemos que foi vinculado ao Partido Liberal da Bahia e senador do Império, tendo ocupado importantes cargos políticos, como os de ministro da Fazenda e presidente do Conselho de Ministros do Império, entre 1859-1861, e ministro da Guerra, entre 1865 e 1866. Inimigos também poderosos não lhe faltaram, a exemplo do general Osório e do duque de Caxias. Disponível em: <http://www.fazenda.gov.br/portugues/institucional/ministros/dom_pedroII024.asp>. Acesso em: 04/05/2012.

Paschoal, em uma das quatro quinas do cruzamento com a Gonçalves Dias. Não encontrei referências precisas à localização da famosa confeitaria.[13] De certo, sabemos que, em um mesmo edifício da concorrida artéria, a sinhá e as sinhazinhas do Escurial, acompanhadas pela preceptora alemã, encontravam um típico refúgio da alma feminina oitocentista. No andar de cima estudavam moldes, deixavam-se medir e experimentavam os luxuosos vestidos feitos sob encomenda para elas. No andar de baixo, desfilavam elegância, encontravam parentes e amigos queridos, experimentavam os sabores da Paschoal e gastavam o tempo.

Texto de memórias de Aurélia Dias Rollemberg, 2004. Acervo particular do autor.

---

13   Atualmente, no sentido Largo de São Francisco de Paula/Avenida Alfredo Agache e ao lado direito, existem: o shopping center denominado Paço do Ouvidor, estabelecido em um prédio moderno e de muitos andares, e um sobrado antigo de três pavimentos que, no andar térreo, abriga a loja de roupas Mercatto. Nas outras esquinas do cruzamento, existem: um prédio de três pavimentos, que abriga a loja Riachuelo, e um prédio moderno, de vários pavimentos e que abriga, no andar térreo, uma agência do banco Bradesco.

Finalmente, devo assinalar que as memórias legadas por Aurélia Rollemberg não se limitam à descrição da viagem de março de 1879 ou às idas e vindas à Ouvidor. Na companhia do pai, da mãe, da irmã caçula e, sobretudo, da preceptora alemã, a sinhazinha sergipana experimentou (e, anos depois, registrou em uma caderneta), com o deslumbre, a curiosidade e o estranhamento de uma menina de província, o universo cultural da Corte.[14] Suas reminiscências nos reservam outras viagens.

Referências Bibliográficas:

ALBUQUERQUE, S. B. de M. *Memórias de dona Sinhá*. Aracaju: Typografia Editorial, 2005.

ALBUQUERQUE, S. B. de M. *Nas memórias de Aurélia: cotidiano feminino no Rio de Janeiro do século XIX*. São Cristóvão: Editora UFS, 2015.

ALMEIDA, M. da G. S. *Sergipe: fundamentos de uma economia dependente*. Petrópolis: Vozes, 1984.

ALMEIDA, M. da G. S. *Nordeste açucareiro*. Aracaju: UFS/SEPLAN/BANESE, 1993.

AVÉ-LALLEMANT, R. "Excursão à província de Sergipe". *Revista do IHGSE*, vol. 21, n. 26. Aracaju: IHGSE, 1961, p. 92-99.

BETHELL, L. "O Brasil no mundo". In: CARVALHO, J. M. de (coord.) *A construção nacional: 1830-1889*. Rio de Janeiro: Objetiva, 2012. (História do Brasil Nação: 1808-2010, 2).

BINZER, I. von. *Alegrias e tristezas de uma educadora alemã no Brasil*. São Paulo: Anhembi, 1956.

BINZER, I. von. *Os meus romanos: alegrias e tristezas de uma educadora alemã no Brasil*, 3ª ed. Rio de Janeiro: Paz e Terra, 1982.

CARVALHO, J. M. de. *A construção da ordem & Teatro de sombras*. Rio de Janeiro: Civilização Brasileira, 2003.

Diário do imperador D. Pedro II na sua visita a Sergipe em jan. 1860. *Revista do IHGSE*, n. 26. Aracaju: IHGSE, 1965, p. 64-78.

---

14 Essas e outras experiências foram, em grande medida, analisadas na tese de doutorado *Entre cartas e memórias: preceptoras europeias no Brasil do século XIX*, que defendi no Programa de Pós-Graduação em História da Universidade Federal da Bahia, em setembro de 2013. Parte dessa tese constitui a obra *Nas memórias de Aurélia: cotidiano feminino no Rio de Janeiro do século XIX* (Editora UFS, 2015).

D'INCAO, M. Â. "Mulher e família burguesa". In: DEL PRIORE, M. (org.) *História das mulheres no Brasil*, 7ª ed. São Paulo: Contexto, 2004.

FIGUEIREDO, C.; SANTOS, N. M.; LENZI, M. I. R. (org.). *O porto e a cidade*. Rio de Janeiro: Casa da Palavra, 2005.

FREYRE, G. *Modos de homem e modas de mulher*. Rio de Janeiro: Record, 1987.

HAHNER, J. E. "Honra e distinção das famílias". In: PINSKY, C. B.; PEDRO, J. M. (orgs.) *Nova História das mulheres*. São Paulo: Contexto, 2012.

MACEDO, J. M. de. *Um passeio pela cidade do Rio de Janeiro*. Rio de Janeiro: Typ. Imparcial de J. M. Nunes Garcia, 1862. t. 1.

MACEDO, J. M. de. *Um passeio pela cidade do Rio de Janeiro*. Rio de Janeiro: Typ. Imparcial de J. M. Nunes Garcia, 1863. t. 2.

MACEDO, J. M. de. *Memorias da Rua do Ouvidor*. Rio de Janeiro: Typographia Perseverança, 1878.

NUNES, M. T. *Sergipe Provincial II (1840/1889)*. Rio de Janeiro: Tempo Brasileiro; Aracaju: BANESE, 2006.

PASSOS SUBRINHO, J. M. dos. *História econômica de Sergipe (1850-1930)*. Aracaju: Programa Editorial da UFS, 1987.

ROLLEMBERG, A. D. "O documento". In: ALBUQUERQUE, S. B. de Medeiros. *Memórias de dona Sinhá*. Aracaju: Typografia Editorial, 2005, p. 47-123.

ROSADO, R. de C. S. de C. *O Porto de Salvador, modernização em projeto, 1854-1891*. Salvador: EdUFBA/CODEBA, 1983.

SANTOS, L. A. dos. *Viagem Imperial á Provincia de Sergipe*. Bahia: Typographia do Diario, 1860.

SCHRAMM, A. *Cartas de Maruim*. Aracaju: Núcleo de Cultura Alemã de Sergipe/UFS, 1991.

SCHWARCZ, L. M. "Cultura". In: SILVA, A. da C. (coord.) *Crise colonial e independência: 1808-1830*. Rio de Janeiro: Objetiva, 2011. (História do Brasil Nação: 1808-2010, 1).

SILVA, A. da C. "População e Sociedade". In: SILVA, A. da C. (coord.) *Crise colonial e independência: 1808-1830*. Rio de Janeiro: Objetiva, 2011. (História do Brasil Nação: 1808-2010, 1).

Capítulo 8. Narrar uma vida, contar uma história: uma breve análise sobre as produções biográficas acerca do marquês de Barbacena[1]

Rafael Cupello

O gênero biográfico sempre foi assunto delicado nos estudos acadêmicos de História. Manuel Luiz Salgado Guimarães afirmou que narrar uma vida significa dar a ela um sentido, tornando-a não apenas partilhável, mas também significativa, isto é, "tornando o tempo uma experiência socialmente compartilhável" (SALGADO GUIMARÃES, 2008, p. 19-20). Nessa perspectiva, o autor expõe que a biografia tem uma longa história como gênero, sendo preenchida com sentidos diversos à prática de sua escrita. Talvez, por isso, o gênero biográfico mereça, ainda nos dias de hoje, mesmo após sua retomada como método do "fazer história", certo descrédito por parte de alguns historiadores de ofício.[2]

Em pesquisa de mestrado acerca do jogo político por detrás do processo de elaboração da primeira lei antitráfico brasileira, promulgada em 1831, acabamos por ter contato com a figura do seu autor, o marquês de Barbacena (CUPELLO, 2013).[3] Assim, começamos a esmiuçar um pouco sua trajetória política e social durante o reinado de d. Pedro I e, desse modo, nos deparamos com as principais obras biográficas a seu respeito. Portanto, neste artigo, procuraremos articular algumas informações sobre as redes de sociabilidade do marquês de Barbacena, obtidas em nossa pesquisa de mestrado, com as produções biográficas a seu respeito, fruto de nossa investigação atual. Dessa forma, buscaremos realçar as seleções de memória realizadas pelos biógrafos do marquês, a fim de instituir uma imagem sobre ele.

Felisberto Caldeira Brant Pontes de Oliveira e Horta nasceu no dia 19 de setembro de 1772, no arraial de São Sebastião, perto da cidade de Mariana, Minas Gerais. Caldeira Brant foi figura política destacada não apenas no reinado de d. Pe-

---

1 A pesquisa conta com auxílio de bolsa de Doutorado do Programa de Coordenação de Aperfeiçoamento de Pessoal de Nível Superior (CAPES).

2 Para uma discussão a respeito da escrita biográfica e seu uso como método historiográfico, *cf.* GONÇALVES, 2009.

3 Para outros trabalhos que analisam a lei de 7 de novembro de 1831, *cf.* GURGEL, 2004; PARRON, 2011a; RODRIGUES, 2000; BETHELL, 2002; CONRAD, 1985.

dro I, como também na primeira metade do século XIX. Ele esteve à frente das negociações pelo reconhecimento do Império do Brasil junto às potências europeias, comandou o exército brasileiro durante um período na campanha da Cisplatina, foi o negociador responsável pelo segundo casamento do imperador, assim como esteve diretamente envolvido na crise de sucessão da Coroa portuguesa ao ser nomeado pelo monarca como tutor de sua filha D. Maria da Glória, rainha de Portugal, na excursão que a levaria até aquele país para assumir o trono português. Foi, também, o responsável por apaziguar a forte crise política instalada no Império brasileiro contra o governo de d. Pedro I – em virtude do odiado gabinete de José Clemente Pereira, ministro do Império – quando nomeado para a pasta da Fazenda. A queda de seu gabinete, em setembro de 1830, fez ressurgir todo o sentimento de oposição ao monarca e acarretou, sete meses depois, a abdicação deste ao trono brasileiro.[4] Podemos afirmar que Barbacena teve papel importante nos encadeamentos políticos da política do Regresso, na Regência, ao propor lei (1837) que revogava a primeira norma brasileira contra o tráfico negreiro – de sua autoria e promulgada em 1831 –, apresentando projeto que representava uma punição mais branda aos infratores, mas que procurava interromper as articulações promovidas pela *política da escravidão* dos regressistas.[5]

A família Horta era oriunda de uma das principais famílias da *nobreza da terra*[6] paulista, que desenvolveu uma das redes familiares mais importantes e influentes das Minas setecentista (ALMEIDA, 2007, p. 121-194). A família Brant teve início na Bélgica, no século XIV, em razão do casamento entre Mlle. de Huldenberg e João III, duque de Brabrant, "senhor dos Morgados de Asyeau no Hainaut e de Lammembourg e Laqueuwe, no Brabant, e outras propriedades" (RIBEIRO, 2010, p. 144). Desse matrimônio, nasceu João Van Brant em 1371. Nascido em 1643, outro João

---

4   Para outras informações a respeito da trajetória política e social do marquês de Barbacena no Primeiro Reinado, bem como sua atuação para a aprovação da lei de 7 de novembro de 1831, *cf.* CUPELLO, 2013, cap. 3.

5   Tâmis Parron afirmou que a *política da escravidão* deve ser entendida como: "uma rede de alianças políticas e sociais que, costurada em favor da estabilidade institucional da escravidão, contava com o emprego dos órgãos máximos do Estado nacional brasileiro em benefício dos interesses senhoriais; a esse modo de agir, é claro, correspondia também um protocolo discursivo, com seus lugares-comuns e suas verdades universais". *Cf.* também PARRON, 2011a, p. 18.

6   Partilhamos do conceito de *nobreza da terra* defendido por Maria Fernanda Bicalho, que o define como resultado de algumas práticas sociais das elites coloniais referenciadas em uma cultura política do Antigo Regime, adquirindo modelos e valores sociais próprios, como o desenvolvimento de um discurso e uma prática genealógica, assim como a ideia de que a elite colonial teria raízes aristocráticas, em razão tanto das origens de seus colonizadores, como do caráter de conquista dessa colonização. *Cf.* BICALHO, 2005, p. 21-34.

Van Brant foi o responsável pela integração da família Brant na história portuguesa. Van Brant, ao deslocar-se para Lisboa, parece ter se naturalizado português e acrescentado à sua assinatura o sobrenome de sua mãe Keteler, que, traduzindo para o português, significa Caldeira (RIBEIRO, 2010). Seu filho, Antônio Ambrósio Caldeira Brant, foi quem motivou a ligação entre as famílias Brant e Horta. Ele veio para São Paulo em princípios do século XVIII e tornou-se patriarca da família pela união com Josefa de Souza, da família Horta (RIBEIRO, 2010).

Um dos filhos de Antônio Ambrósio Caldeira Brant foi o famoso contratador de diamantes da cidade do Tijuco, Felisberto Caldeira Brant, avô do futuro marquês de Barbacena. O contrato para extração de diamantes possibilitou-lhe alcançar grande fortuna e prestígio na região, suscitando profundo incômodo a Sancho de Andrade Castro e Lanções, Intendente das Minas, que procurou lançar o contratador no descrédito. Em 1752, um misterioso arrombamento do cofre da Intendência, onde se encontrava grande volume de ouro e diamantes pertencentes ao contrato régio, foi o pretexto necessário para a demissão de Brant e o início do declínio de sua influência. Ele foi preso e remetido a Lisboa, onde cumpriu pena em Limoeiro (SANTOS, 1956, p. 103-125).

Antes do ocorrido, Felisberto Caldeira Brant arranjou o casamento de um de seus filhos, Gregório Caldeira Brant, com Ana Francisca de Oliveira Horta, filha do guarda-mor José Caetano Rodrigues Horta, sobrinho e genro de Maximiliano de Oliveira Leite.[7] Caetano era filho da irmã de Maximiliano, d. Francisca Paes de Oliveira Leite, nascida em São Paulo, com o coronel Caetano Álvaro Rodrigues, natural de Lisboa.[8] Do consórcio entre Gregório Caldeira Brant e Ana Francisca de Oliveira Horta, nasceu nosso personagem. Como pudemos notar, o futuro visconde e, depois, marquês de Barbacena era procedente de importantes famílias que compuseram a *nobreza da terra* no período colonial.

Entretanto, nas principais obras biográficas a seu respeito, não foi feito qualquer estudo aprofundado sobre a genealogia familiar de Barbacena. Na verdade, ela é pouco destacada, servindo apenas para referendar as qualidades de caráter e

---

7 Maximiliano de Oliveira Leite, guarda-mor, era filho de Francisco Paes de Oliveira Horta, e neto do capitão-mor Fernão Dias Paes, descobridor e governador das Esmeraldas e fundador da aldeia de Imbohu. *Cf.* LEME, L. G. da S. *Genealogia Paulistana*, vol. 2, p. 443-444. Disponível em: <http://www.arvore.net.br/Paulistana/Lemes _6.htm>. Acesso em: 10/09/2012.

8 Para outras informações sobre a atuação de Maximiliano de Oliveira Leite e seus aparentados, que resultou em nada menos do que três futuros Conselheiros de Estado de D. Pedro I: José Egídio Álvares de Almeida (marquês de Santo Amaro), João Severiano Maciel da Costa (marquês de Queluz) e Felisberto Caldeira Brant Pontes (marquês de Barbacena), *cf.* RIBEIRO, 2010 e ALMEIDA, 2007.

grandeza do marquês. O conselheiro Antônio Augusto da Costa Aguiar,[9] em obra do final do século XIX intitulada *A vida do marquês de Barbacena*, ressaltou a genealogia de nosso personagem, a fim de confirmar a grandeza do sujeito biografado:

> No marquês de Barbacena avultavam todos os dotes pessoais. O tipo de raça flamenga, modificado pela influência do clima americano, persistia em toda sua pureza. Se no físico indicava a sua origem, pela moral ainda mais ela se acentuava. As energias do patriotismo, a decisão da iniciativa, a força inquebrantável de caráter e todas as qualidades de um ânimo varonil e nobre audácia, que na história distinguem a raça flamenga, brilhavam no descendente brasileiro (AGUIAR, 1896, p. 5).

Em consonância com os pensamentos científicos sobre o conceito de *raça*, que influenciavam os intelectuais do século XIX,[10] Costa Aguiar percebeu na progênie flamenga uma das razões do bom caráter e das inúmeras qualidades do "descendente brasileiro" da família Brant. A obra de Aguiar é a mais completa publicação – de que temos notícia – a respeito da trajetória de vida do marquês de Barbacena. Publicado em 1896,[11] o livro de 974 páginas seguiu os princípios estilísticos das

---

9   Antônio Augusto da Costa Aguiar era natural de São Paulo, nascido poucos anos depois de 1830, e casou-se com uma filha de José Bonifácio de Andrada e Silva, falecendo em 11 de maio de 1877. Era muito versado e falava perfeitamente a língua inglesa, traduzindo inúmeras obras. *Cf.* BLAKE, 1883, p. 112.

10 Para melhor compreensão das ideias de progresso e da influência das ideias europeias no Brasil, *cf.* GRAHAM, 1973, cap. 9 e 10.

11 Costa Aguiar faleceu em 1877. Em seu livro de memórias, Rodrigo Octávio (pai), acadêmico da ABL, informou que a autoria de Aguiar sobre a obra *A vida do marquês de Barbacena* foi posta em xeque. Como ela foi publicada apenas no ano de 1896, isto é, 19 anos após o falecimento de Aguiar, muitas pessoas acreditaram que a obra era uma publicação de Felisberto Caldeira Brant, 2º visconde de Barbacena e filho do referido marquês, utilizando o pseudônimo de Costa Aguiar, a fim de dar maior credibilidade à biografia. A dúvida é lançada porque no sétimo volume do *Diccionario Bibliografico Brazileiro*, de Blake, o autor afirmou ser o 2º visconde de Barbacena o escritor de *A vida do marquês de Barbacena*, sendo Costa Aguiar seu pseudônimo. *Cf.* BLAKE, 1902, p. 396-397. No entanto, como destacou Rodrigo Octávio, o próprio Blake, no primeiro volume de seu dicionário, fez referência à Costa Aguiar como autor da obra *História do Marquez de Barbacena*, sendo casado com uma filha de José Bonifácio de Andrada e Silva. *Cf.* BLAKE, 1883 p. 112. Rodrigo Octávio, em suas memórias, confirmou a existência de Costa Aguiar e sua autoria sobre a obra. *Cf.* OCTÁVIO, 1934, p. 313. No *Diccionario Bio-Bibliografico Brasileiro de diplomacia, política externa e direito internacional*, de Argeu Guimarães, este confirma as informações de Octávio. *Cf.* GUIMARÃES, 1938, p. 17.

biografias do século XIX, isto é, a preocupação em afirmar sua narrativa como verdade histórica. O autor afirma, no prefácio da publicação, que:

> Todos os fatos alegados na presente narrativa são comprovados por documentos oficiais e autênticos que existem no Arquivo Público [hoje Arquivo Nacional], onde podem ser examinados e verificados: assim, esta narrativa tem o caráter de plena verdade histórica firmada em bases incontestáveis (AGUIAR, 1896, prefácio).

O cuidado de Costa Aguiar em firmar a *plena verdade histórica* dos fatos que relatava pode ser percebido ao longo de toda a obra. Ele transcreve inúmeras fontes documentais: cartas pessoais do marquês; ofícios do governo; documentos diplomáticos; discursos no Senado Imperial; notícias de jornais da época, entre outros. Toda essa documentação é exposta para comprovar suas impressões a respeito da vida do marquês de Barbacena.

Nesse estilo de narrativa biográfica, encontramos a permanência da expressão *historia magistra vitae*. No entanto, como observou Valdei Lopes de Araújo (2011, p. 131-147), o uso da referida expressão não representou, necessariamente, um atraso dos intelectuais brasileiros com o conceito moderno de História. Na verdade, o emprego do termo não questionava a capacidade de ensinar da história, mas sim "o que e como ela podia ensinar" (ARAÚJO, 2011, p. 145). Dessa forma, no Oitocentos, a expressão foi perdendo seu significado estrito; isto é, aquela que ensina pelo exemplo e imitação. Ela passou a reivindicar o ensinar e moralizar "mesmo que não necessariamente pelo exemplo e possibilidade de repetição" (ARAÚJO, 2011, p. 137). Valdei Araújo afirmou que a referida expressão esteve associada ao processo de formação dos Estados Nacionais e sua necessidade de construir "comunidades imaginadas".[12] Portanto, a expressão ganhou ressignificação com apelos a campos morais e pedagógicos, presentes em gêneros mais específicos como biografias, necrologias e elogios históricos. Eles são utilizados por Costa Aguiar em seu prefácio da obra:

> O Marquês de Barbacena, pela posição elevada, que ocupou no Estado, reúne todas as condições para dar à posteridade um testemunho exato de tais acontecimentos. [...]
> O senador Marquês de Barbacena notabilizava-se, entre os homens distintos, que com ele combateram na arena parlamentar, pela supremacia de seus talentos, pela consumada experiência, pelo fino tato e critério de diplomata – predicados estes, que sobressaem nos

---

12 Para outras informações a respeito do conceito de "comunidades imaginadas", *cf.* ANDERSON, 2008.

atos, que constituem a sua vida privada e pública (AGUIAR, 1896, prefácio).

Portanto, ao apresentar Barbacena como figura "de fino tato" e "distinção", buscava ensinar e moralizar um povo que se "educara sob o domínio colonial" (AGUIAR, 1896, prefácio). Consequentemente, o biógrafo apresentou Barbacena como uma figura singular da história nacional, de caráter probo, amante do Brasil e defensor do regime monárquico constitucional – escolha e estilo do gênero biográfico do século XIX, que desprezava o homem doméstico e priorizava o homem público – como forma de exaltá-lo, no intuito de construir símbolos de uma nação.

Entretanto, não foi Antônio Augusto da Costa Aguiar o primeiro biógrafo a elevar o marquês de Barbacena ao panteão dos grandes heróis da história nacional brasileira. Elaborada a partir de fascículos mensais, em 1857, e organizada como coleção reunida em volumes, em 1867, a *Galeria dos Brasileiros Ilustres*, produzida por Sébastien Auguste Sisson (1824-1898),[13] foi a primeira obra de relevância nacional[14] – com entrada maior na Corte do Rio de Janeiro – que contou com uma notícia biográfica de Felisberto Caldeira Brant. Caldeira Brant fez parte de uma coleção de biografias ilustradas de figuras ilustres do Império do Brasil, que atendeu ao propósito de consagrar a unidade territorial, os progressos técnicos, as conquistas morais e a racionalidade pacífica das disputas políticas brasileiras.[15] Em suma, foi uma obra apoiada por d. Pedro II – posta "debaixo de sua imediata proteção especial" (SISSON, 1999, p. 15) –, que procurou destacar as personalidades do Império do Brasil, a fim de celebrar a conciliação (1853-1862).

Logo, se a *Galeria dos Brasileiros Ilustres* foi obra da conciliação, ela desenvolveu outro importante papel: simbolizar uma marca de diferenciação da "boa

---

13 Sébastien Auguste Sisson nasceu em 2 de maio de 1824, em Issenhelm, na Alsácia-Lorena. Tornou-se litógrafo em Paris e exerceu a profissão no Rio de Janeiro após sua chegada em 1852. Naturalizou-se brasileiro em maio de 1882, tendo sido nomeado cavaleiro da Rosa pelo governo brasileiro. *Cf.* MENESES, 2008, p. 9-10.

14 Paulo Roberto de Jesus Meneses expôs em seu trabalho a respeito da Galeria de que esta propagandeava nos jornais ser uma obra nacional buscando se diferenciar de outras que circulavam na corte como a *Galeria Lusitana*. Além disso, a Galeria foi anunciada em importantes jornais da Corte, como o *Diário do Rio de Janeiro* (1857) e o *Jornal do Commercio* (1859). Em 1859, Sébastien Sisson ofereceu sua obra para apreciação do IHGB, a fim de ela ter o aval dos membros da "Casa da Memória Nacional". *Cf.* MENESES, 2008, p. XIII, em especial, os caps. 3 e 4 da dissertação (p. 61-104).

15 As referidas informações sobre a *Galeria dos brasileitos ilustres* foram retiradas de um artigo produzido por Tâmis Parron no site oficial da Biblioteca Brasiliana Guita e José Mindin em 2011. *Cf.* PARRON, 2011b.

sociedade"[16] do restante da população. Ao caracterizar-se como uma obra de estadistas, a *Galeria* acabou por representar *status* e *civilidade* ao público-alvo da coleção, o *"ilustrado*, inclusive de *modestas poses"* (MENESES, 2008, p. 95). Daí a característica inovadora da publicação: o uso da litografia na confecção dos retratos. Ao fazer uso da imagem, o trabalho ganhava a chancela de moderno, "tornando-se um objeto de consumo para uma elite abastada ciosa por reconhecimento, admiração e distinção" (MENESES, 2008, p. 105). Portanto, a *Galeria* ajudou no crescente processo de individualização e diferenciação pela qual passava a sociedade imperial do século XIX, sendo uma importante expressão no mercado das aparências.[17]

Desse modo, ao unir conciliação e diferenciação, a *Galeria* de Sisson buscou não polemizar a vida de seus biografados. No entanto, isso não evitou que a obra tivesse pontos divergentes para significativos episódios políticos da curta história imperial: "a dissolução da Constituinte é vista em lente ora positiva, ora negativa; a rebelião de 42 é aqui elogiada, ali denunciada; a superlei regressista de 1841 é por um glorificada, por outro lamentada etc." (PARRON, 2011b). O fato de a *Galeria* ter sido elaborada com inúmeras biografias anônimas, "lavrada por gente diferente", explica os dissensos nos episódios políticos nacionais, por "mais padronizadamente monarquista, bacharel e escravista que ela [Galeria] fosse" (PARRON, 2011b).

No que diz respeito à nota biográfica acerca do marquês de Barbacena existente na *Galeria*, não encontramos qualquer contestação a respeito de eventos controversos de sua vida, como sua participação na Guerra da Cisplatina, ou ainda qualquer menção à autoria de leis que buscaram abolir o trato negreiro no Brasil, como a norma de 1831 e o projeto de lei de 1837. Na biografia, Barbacena é descrito como um político diplomático, que buscou persuadir o imperador a reinar constitucionalmente. Certamente, o caráter com que foi proposta a obra fez com que os eventos mencionados fossem "silenciados". Nela, não podia figurar um "ilustre brasileiro", senador e conselheiro de Estado de d. Pedro I, que fracassou na sua política abolicionista, tendo em vista que a norma de 1831 passou para a história como *lei para inglês ver*.

---

16   Os homens que formavam a "boa sociedade" imperial – os cidadãos ativos que governavam o Império –combinavam os atributos de liberdade aos direitos de propriedade, adicionando o fenótipo da cor branca, para demarcar a posição de liderança na hierarquia social da sociedade imperial; isto é, diferenciar-se do "povo mais miúdo" – libertos e livres, nem sempre vistos como brancos –, bem como da massa de escravos. Essa combinação deu forma ao sentimento aristocrático que caracterizou a sociedade imperial. Nesta, o direito de propriedade era elemento essencial. *Cf.* MATTOS, 2009, p. 13-52.

17   Segundo Paulo Roberto Meneses, podemos entender o mercado de aparências como algo que "envolvia especialmente a compra, a venda e a troca de álbuns de retrato, e era uma das formas com a qual a elite imperial se mostrava publicamente. Daí a quantidade crescente de oficinas litográficas e estúdios fotográficos que se estabeleceram na corte após a chegada do Daguerreótipo no Rio de Janeiro". *Cf.* MENESES, 2008, p. 20.

Associada a isso, a natureza escravista da *Galeria* não reforçaria medidas ou ações que contestassem a manutenção do cativeiro no País.

A carta de Barbacena remetida a d. Pedro I, após sua demissão, merece uma importante nota. Ela foi descrita pelos biógrafos do marquês[18] como um documento profético, que anteviu a abdicação do monarca pouco mais de seis meses antes do ocorrido. Todos são unânimes em asseverar que "o marquês de Barbacena não tomou parte nos movimentos que culminaram com a abdicação de D. Pedro [...]" (AGUIAR, 1896, p. 812). Todavia, em entrevista para o jornal *A Notícia*, de 1905, em razão das comemorações pelo 103º aniversário, Felisberto Caldeira Brant, 2º visconde de Barbacena e filho do marquês, afirmou que seu pai participou dos movimentos de abril de 1831:

> No dia 4 de abril de 1831, em nome do marquês de Barbacena, fui ter uma conferência com o redator da Aurora Fluminense, Evaristo da Veiga, para combinar os meios de fazer a revolução, porque o imperador, divorciado do país, havia perdido o respeito e apoio dos homens políticos, por causa do seu programa de prometer hoje uma coisa para amanhã fazer o contrário.[19]

Portanto, a carta profética de Barbacena nada mais foi do que um aviso ao imperador de que ele deveria mudar sua postura política ou perderia o trono. Além de figurar em trabalhos biográficos do século XIX, Caldeira Brant também chamou a atenção de biógrafos da primeira metade do século XX. Um dos trabalhos biográficos mais conhecidos sobre a vida do marquês de Barbacena foi produzido por João Pandiá Calógeras.[20]

Publicado pela Coleção *Brasiliana*, em 1932, *O marquês de Barbacena* era o segundo volume da Série V da Biblioteca Pedagógica Brasileira, editada por Fernando de Azevedo (CARONE, 1976). Naquele período, inúmeros estudos de ciências

---

18   Referimo-nos aos trabalhos de AGUIAR, 1896; SISSON, 1999; OTÁVIO FILHO, 1944 e CALÓGERAS, 1982.

19   O artigo intitulado "Uma página do Império" foi uma reportagem de 14/15 de abril de 1905. O jornal pode ser encontrado na seção de periódicos da Biblioteca Nacional. *Cf.* Biblioteca Nacional. Seção de periódicos. Rolo PR-SPR 2515 – jan./abr., ano XII, n. 93, p. 3.

20   João Pandiá Calógeras era neto de João Batista Calógeras, funcionário do Ministério dos Negócios Estrangeiros, auxiliar do marquês de Abrantes e que esteve à frente da questão diplomática com os ingleses, conhecida como a Questão Christie. Engenheiro formado pela Escola de Minas de Ouro Preto, foi deputado federal por Minas Gerais em várias legislaturas na 1ª República e ministro do MAIC (1914) e da Fazenda (1916) no governo de Venceslau Brás (1914-1918). Foi, também, ministro da Guerra (1919-1922) e deputado constituinte em 1933.

sociais em assuntos brasileiros eram editados – as publicações da Coleção *Azul*, da Schmidt-Editor, e da Coleção *Documentos Brasileiros*, da José Olympio, reproduziam semelhante propósito –, procurando refletir o presente e buscando no passado os elementos que ajudassem a compreender as mudanças pelas quais passava o País na conturbada década após a Revolução de 1930 (GONÇALVES, 2009).

Segundo Edgar Carone, as obras da Coleção *Brasiliana* caracterizavam o conservadorismo da sociedade brasileira, entendida a partir de uma conotação política e social que traduzia a continuidade do *establishment* brasileiro e pouco preocupadas em mudar ou repensar os valores da sociedade brasileira, que, segundo o autor, só seriam rompidas a partir da publicação de obras de cunho marxista que procuraram entender os problemas do Brasil "através do processo econômico e social, o que, consequentemente, leva a novas conclusões" (CARONE, 1976, p. 212), sendo o livro de Caio Prado Júnior, *Evolução Política do Brasil*, de 1930, a síntese para a compreensão da luta de classes no Brasil.

Entretanto, apesar do pouco valor dado por Carone à Coleção *Brasiliana*, trabalhos mais recentes têm procurado destacar as contribuições da referida coleção para os estudos historiográficos brasileiros. Nela, estava em voga "a existência de um debate intelectual/metodológico acerca das vantagens e desvantagens da biografia como gênero historiográfico/literário, nas décadas de 1930-40" (TOLENTINO, 2009, p. 9). Isso porque, como destacou Márcia de Almeida Gonçalves, durante as décadas de 1920 e 1940, ocorreu no Brasil um *boom* biográfico, resultado direto das influências da "biografia moderna" – conceito de escrita de biografias empregadas por Lytton Strachey e Wilhelm Dilthey, entre outros autores da escola inglesa de Bloomsbury Group –, que defendeu o hibridismo do referido gênero entre literatura e história, razão da mescla de preocupações de referencial documental com o estilo da escrita (GONÇALVES, 2009; 2011).

A preocupação em criar figuras modelares, de caráter pedagógico, para a formação da nação, era uma das pautas no debate intelectual dos anos de 1930-1940 sobre a contribuição do gênero biográfico para a formação da historiografia brasileira. O governo Vargas e sua política pública para a educação brasileira reforçaram esse modelo de escrita biográfica (TOLENTINO, 2009, p. 8-30). Mais uma vez, a figura do marquês de Barbacena era vista como capaz de modelar as futuras gerações do Brasil. Na introdução da obra *O marquês de Barbacena*, Calógeras (1982, p. 3) expôs sua preocupação pedagógica para a formação das novas gerações de brasileiros quando afirmou: "[...] paira na mente popular a memória das calúnias que lhe prodigalizaram a inveja e o ódio daqueles a quem de tão alto dominava. Esse, em geral, o pago de nossos homens públicos".

Assim, ao fazer a elevação do caráter de Barbacena e defender sua imagem frente à memória coletiva que o associava como corrupto – em razão da repercussão de sua demissão do Ministério da Fazenda, em 1830, por d. Pedro I –, Pandiá procurava corrigir os "defeitos" do povo brasileiro, que era deslembrado e, assim, esquecia-se da honradez e feitos realizados por ele ao longo de sua trajetória política, em favor de calúnias dissipadas pela inveja e pelo ódio dos inimigos políticos do marquês. Logo, Calógeras criticava uma característica da história intelectual no Brasil: o uso do argumento *ad personam* como prática nos atos de linguagem que auxiliam na destruição de figuras públicas, pouco importando o caráter ou a fonte das denúncias.[21]

Nesse sentido, Pandiá buscava, no resgate da memória do marquês de Barbacena, recuperar a consciência da nação brasileira de seu passado – "É o que nos move a mais fundamente conhecer o Brasil, para melhor amar e servir" (CALÓGERAS, 1982, p. 3) – e assegurá-lo na galeria dos grandes homens da história nacional. Vale ressaltarmos que o próprio Calógeras sofreu, segundo seus biógrafos, "uma das mais repugnantes campanhas de difamação" (CARVALHO, 1935, p. 82)[22] quando assumiu a pasta da Fazenda no governo de Venceslau Brás, ao tentar sanar as finanças públicas herdadas pelo governo anterior. Ao se opor à emissão de papel moeda e tentar moralizar as relações entre comerciantes mancomunados com funcionários aduaneiros, criando medidas que buscavam disciplinar o fisco, sofreu forte campanha difamatória na imprensa. A força das críticas levou-o a pedir demissão em 10 de julho de 1917. Biógrafo e biografado partilhavam de acusações sobre suas administrações no Ministério da Fazenda. Provavelmente, a infeliz coincidência em suas vidas fez com que Pandiá se identificasse com as ofensas e acusações que Barbacena recebeu como ministro e homem público do Império. E, daí, talvez, possamos explicar a apreensão do autor em resgatar a figura do marquês como um dos grandes homens públicos do Império do Brasil. Ao defender seu biografado das acusações de corrupção, buscava também se proteger das denúncias de que foi vítima quando ministro de Brás.

Porém, não foi apenas o resgate da memória do marquês que pautou as preocupações de Pandiá Calógeras para a redação de uma biografia a seu respeito. Associava-se a ela o entusiasmo pelo "diplomata homem de Estado" (CALÓGERAS, 1936, p. 439) que era Caldeira Brant. Em "Diplomatas mineiros", estudo sobre homens públicos mineiros, publicado em junho de 1927, Brant era a "exceção

---

21 José Murilo de Carvalho destacou que permanece na cultura nacional – fruto do processo histórico e da herança cultural ibérica que herdamos – um gosto pela utilização da palavra sonora, da frase benfeita, da eloquência, na busca pelo convencimento do discurso. *Cf.* CARVALHO, 2000, p. 123-152.

22 Os biógrafos de Pandiá Calógeras reforçam a decepção que as acusações desencadearam nele, levando-o a se afastar temporariamente da vida política e dedicando-se aos estudos de diplomacia *cf.* PINTO, 1956; PALHA, 1959.

única digna de nota", como ser notório de Minas com capacidade notável de pensar os "problemas da vida internacional do País" (CALÓGERAS, 1936, p. 437):

> Talvez influxo da posição central da antiga província. [...] O isolamento relativo punha seus filhos fora do contato com outras civilizações, com povos e interesses diferentes. E as exceções, ou antes *a exceção única digna de nota, o grande Felisberto Caldeira Brant Pontes, marquês de Barbacena*, comprova a regra, pois foi no convívio europeu que se formou seu poderoso espírito; em Londres, principalmente, e após carreira militar em Portugal e África, e frutuoso tirocínio comercial. Ali aprendeu a conhecer os homens, a indagar e medir os móveis íntimos dos conflitos entre nações, a avaliar os rumos fixos e as tradições históricas de cada qual. (CALÓGERAS, 1936, p. 437) (grifos meus)

Logo, Caldeira Brant "fugia" das características culturais que davam forma aos mineiros. Segundo o autor, foi o convívio europeu que possibilitou a Brant ser a "exceção à regra". Foi na obra *O marquês de Barbacena*, publicada cinco anos depois do referido estudo, que Pandiá modelou Caldeira Brant para ser o "diplomata homem de Estado" do Primeiro Reinado. Dividida em oito capítulos, a publicação buscou ressaltar as qualidades diplomáticas do biografado e seu envolvimento em importantes eventos ligados à política externa do Primeiro Reinado. Cinco dos oito capítulos da obra descrevem as ações diplomáticas de Barbacena em três episódios centrais na política externa de d. Pedro I: o processo de reconhecimento da Independência do Brasil, a crise de sucessão do trono português e a Guerra da Cisplatina. Em todos eles, Pandiá procurou destacar o protagonismo de Caldeira Brant nos referidos acontecimentos.

Outra relevante notícia biográfica sobre Felisberto Caldeira Brant produzida na primeira metade do século XX é a obra de Rodrigo Otávio Filho,[23] intitulada *Figuras do Império e da República*. Escrita em 1944, a publicação reúne seis ensaios biográficos – quatro de personagens do Império: marquês de Barbacena, visconde de Mauá, general Osório e Tavares Bastos, e outros dois da República: Prudente de Morais e Ubaldino do Amaral (OTÁVIO FILHO, 1944). O referido livro, de 213 páginas, pode ser inserido no mesmo contexto de produção da biografia de

---

23 Rodrigo Octávio Filho nasceu em 8 de dezembro de 1892 no Rio de Janeiro. Era filho de Rodrigo Octávio de Langgaard Meneses, um dos fundadores da Academia Brasileira de Letras (ABL), e de Maria Rita Pederneiras de Langgaard Meneses, filha do Dr. Manuel Velloso Paranhos Pederneiras. Foi membro do IHGB, assim como sucedeu seu pai na cadeira nº 35 na ABL. Faleceu em 20 de abril de 1969, no Rio de Janeiro. *Cf.* Disponível em: <http://www.academia.org.br/abl/cgi/cgilua.exe/sys/start.htm?infoid=200&sid=322>. Acesso em: 16/03/2015.

Pandiá Calógeras (1982). Podemos perceber, ao longo da obra, duas características que marcaram a escrita biográfica do período em questão: a preocupação em criar figuras modelares, de caráter pedagógico para a formação da nação, bem como as discussões sobre as relações entre a biografia, a história e a literatura, relativizando as relações do discurso historiográfico com a verdade. Sobre o último ponto, Otávio Filho afirmou, quando da dificuldade de traçar um perfil sobre o marquês de Barbacena:

> Difícil, dificílimo, isto sim, será traçar-lhe o perfil, principalmente a quem não ignora a lição de *Maurois*, de que esse gênero de literatura pede os escrúpulos da ciência, os encantamentos da arte, a verdade sensível do romance. Tornam-se, pois, necessários muita prudência e tato (OTÁVIO FILHO, 1944, p. 12).

Portanto, podemos afirmar que Rodrigo Otávio Filho era um defensor do gênero da *biografia romanceada* ao se mostrar um admirador de André Maurois – ele teve a oportunidade de receber o escritor francês na Academia Brasileira de Letras (ABL)–,[24] que definia a história como arte; ou seja, acreditava ser possível usar os escrúpulos da ciência (história) com os encantamentos do romance (literatura). No referido trabalho, Otávio Filho teve a preocupação de misturar os dois gêneros: história e literatura. Ao longo de toda sua obra, em cada personagem que biografou, inseriu diferentes referências bibliográficas, a fim de garantir ou questionar a verdade de alguns acontecimentos que marcaram a vida de seus personagens, ao mesmo tempo em que se permitiu utilizar termos e expressões que refletiriam sentimentos e emoções pelas quais supostamente passaram os sujeitos que escolheu narrar às experiências de vida. Retornemos a escrita sobre o marquês de Barbacena:

> A viagem de sua terra natal para o Rio de Janeiro, o primeiro contato com uma natureza diferente e com homens de posição, o primeiro triunfo pessoal diante dos examinadores, tudo, enfim, que de inédito e inesperado ia *vendo* e *sentindo*, *iluminava a alma* do pequeno Felisberto, *e objetivava uma ambição e uma energia ancestrais, até então adormecidas em seu coração menino* (OTÁVIO FILHO, 1944, p. 13) (grifos meus).

Portanto, Otávio Filho idealizou emoções que o pequeno Felisberto sentiu quando viajou ainda menino para o Rio de Janeiro depois de passar sua infância na pequena cidade de Mariana. Nesse sentido, a técnica empregada por Otávio Filho aproxima-se das ideias defendidas por Hayden White, que afirma que a história é

---

24 Reportagem do *Jornal do Brasil*, Rio de Janeiro, 24 de junho de 1969. *Cf.* RIHGB, 1969, p. 211.

uma mescla de ciência e arte.²⁵ No entanto, Michel de Certeau assevera que a operação historiográfica é distinta da do romancista. O historiador tem como objetivo escrever a história a partir das fontes e de forma empírica, diferenciando-se de uma história literária que não tem preocupação com o verossímil (CERTEAU, 1982, p. 65-119).

Entre os seis sujeitos biografados, apenas um – o visconde de Mauá – não guarda alguma relação de afetividade com o biógrafo ou sua família. Entre as figuras republicanas, Prudente de Morais e Ubaldino do Amaral eram ligados ao seu pai. O primeiro teve o pai de Rodrigo Otávio Filho como secretário da Presidência da República. Foi ele, também, amigo íntimo do segundo. No que diz respeito às figuras do Império, o avô materno de Otávio Filho, Dr. Manuel Velloso Paranhos Pederneiras, era cirurgião reformado da Guarda Nacional do Rio de Janeiro, servindo na campanha da Guerra do Paraguai, quando foi médico pessoal de Manuel Luís Osório, o marquês do Herval.²⁶ Aureliano Cândido Tavares Bastos era amigo do avô paterno de Otávio Filho, o Dr. Rodrigo Otávio de Oliveira Meneses. Eram advogados e "militavam na política do partido liberal" (OTÁVIO FILHO, 1994, p. 108). O pai de Otávio Filho tinha enorme devoção e entusiasmo por Tavares Bastos. A cadeira nº 35 da Academia Brasileira de Letras, fundada por Rodrigo Octávio (pai), e, posteriormente, ocupada por seu filho, tinha como patrono Tavares Bastos.²⁷

O marquês de Barbacena não foi contemporâneo do pai nem do avô de Rodrigo Otávio Filho. No entanto, seu filho mais velho, Felisberto Caldeira Brant, 2º visconde de Barbacena, que viveu 103 anos, tornou-se amigo de Rodrigo Octávio (pai) ao final de sua vida, tendo, inclusive, cuidado do testamento do velho visconde.²⁸ Na obra de Otávio Filho, a memória afetiva sobre a figura do velho visconde fica evidente quando afirma:

> Sem maior esforço, posso bem recordar a figura do visconde de Barbacena, que vi em nossa casa duas ou três vezes, nos tempos já tão longínquos da minha meninice.

---

25 Para uma discussão a respeito da narrativa histórica e ficcional, *cf.* WHITE, 1994, p. 97-116.

26 PEDERNEIRAS. *Jornal do Brasil*, 7 mar.1907, p. 3. Agradecemos a referência do documento a Pedro Krause Ribeiro, doutorando em História Social pela Universidade Federal do Rio de Janeiro (UFRJ).

27 Discurso de posse de Rodrigo Otávio Filho à cadeira nº 35 na Academia Brasileira de Letras (ABL), em 19 de junho de 1945. Disponível em: <http://www.academia.org.br/abl/cgi/cgilua.exe/sys /start.htm?infoid=7473&sid=322>. Acesso em: 14/03/2015.

28 Testamento de Felisberto Caldeira Brant, 2º visconde de Barbacena. Arquivo Central do Poder Judiciário do Estado do Rio de Janeiro. Corte de Apelação do Distrito Federal (1891-1937). Testamento, 1906.

> Fora o segundo filho do marquês de Barbacena cliente de meu pai, a quem procurara aos 101 anos de idade, por lhe parecer ter chegado o momento de fazer seu testamento... Era o *vovô do vovô*[29] de uma moçoila que, na casa das Águas Férreas, atendia meu pai, quando lá ia em visita ao velho visconde. (OTÁVIO FILHO, 1944, p. 15) (grifos meus)

O contato entre o velho visconde e o pai de Otávio Filho ocorreu porque o último estava produzindo uma obra sobre o bisavô do visconde, seu homônimo, Felisberto Caldeira Brant, o contratador de diamantes de Tijuco (OCTAVIO, 1900). Do encontro, uma amizade acabou por surgir entre o acadêmico e o velho visconde. O próprio visconde mereceu um capítulo numa coleção de memórias de Rodrigo Octávio (pai) sobre personagens que conheceu e resolveu registrar suas lembranças afetivas por eles. Fizeram parte de suas memórias sujeitos como: Machado de Assis, Raul Pompéia, Joaquim Nabuco, Prudente de Morais, Rui Barbosa e José do Patrocínio, entre outros (OCTAVIO, 1934).

Se para Pandiá Calógeras o caráter de Barbacena podia ser descrito como "diplomata homem de Estado", para Rodrigo Otávio Filho era o "espírito de iniciativa" que caracterizava o marquês. O referido biógrafo fez questão de destacar os investimentos realizados por Caldeira Brant, a fim de melhorar a colônia brasileira. Segundo Otávio Filho, foi o futuro marquês de Barbacena o responsável pela introdução da vacina jenneriana no Brasil; pela construção de uma estrada de 42 léguas ligando São Jorge dos Ilhéus ao arraial de Conquista; pela introdução da primeira máquina a vapor; pela admissão da máquina a vapor em embarcação por ele construída, que realizou sua primeira viagem da Bahia a Cachoeira; pela propagação da semente da cana caiena e da cana rajada; por ter pleiteado o estabelecimento de uma filial do Banco do Brasil na Bahia, pela necessidade de "fecundar o trabalho com o capital" (OTÁVIO FILHO, 1944, p. 26); além de ter colaborado com os viajantes naturalistas Spyx e Von Martius (OTÁVIO FILHO, 1944, p. 23-27).

A estratégia-chave escolhida por Otávio Filho para avigorar seu argumento sobre o marquês como um progressista à frente da "pasmaceira" de sua época foi compará-lo com Irineu Evangelista de Souza, o visconde de Mauá. O visconde, inclusive, é a segunda figura biografada por Otávio Filho. Nele, assim iniciou o ensaio biográfico do visconde:

---

29 Rodrigo Octávio, pai de Otávio Filho, explica, assim, a origem do apelido *vovô do vovô*: "depois me fez saber o Visconde [de Barbacena], a moçoila era neta do Almirante Cerqueira Lima, casado com uma neta do Barbacena, e com quem ele vivia. Era ela neta de uma neta do visconde que era assim, o vovô do seu vovô". *Cf.* OCTAVIO, 1934, p. 308.

> Procurando seguir a linha lógica do progresso nacional – caso a lógica, pelos tempos que correm, possa ser invocada como base de raciocínio –, vamos encontrar, na atividade de Mauá, *como que a continuação de outra, surgida no princípio do século passado, nos últimos tempos do jugo colonial e nos primeiros de nossa vida independente: a atividade do marquês de Barbacena.* (OTÁVIO FILHO, 1944, p. 53) (grifos meus)

Logo, o visconde de Mauá era um continuador do "espírito de iniciativa" do marquês de Barbacena. Eram homens ligados ao progresso material do País. Nesse sentido, o que ligava a vida daqueles homens era a necessidade de elevar o Brasil ao patamar das nações desenvolvidas. As biografias destacadas têm inúmeras proximidades não só na maneira pela qual relataram o caráter do marquês, bem como silenciam questões importantes de sua vida pessoal.

Nenhuma das obras citadas destaca os inúmeros contatos com a causa escravista que acompanharam a vida do marquês de Barbacena, desde sua nomeação como ajudante de ordens do governador de Angola (1796), passando por relações de parentesco e de negócio que acabavam por tocar no tema da escravidão, culminando em projetos de lei que procuraram a cessação do comércio de escravos no Brasil.

No que compete às suas relações pessoais, Caldeira Brant tinha laços mercantis com importantes comerciantes de escravos – era sócio do negociante baiano Pedro Rodrigues Bandeira e do português João Rodrigues Pereira de Almeida, barão de Ubá, – e casou-se com d. Ana Constança Guilhermina de Castro Cardoso, filha de Antônio Cardoso dos Santos, dono de uma das principais casas de negócio da Bahia e respeitável traficante de escravos daquela província.[30] Os trabalhos biográficos a seu respeito também não mencionam a autoria do marquês para com a norma de 1831, passada para a história como *lei pra inglês ver*.[31] Na verdade, a única menção que fazem ao comércio ilícito de africanos para o Brasil em suas obras[32] refere-se ao novo projeto de lei apresentado por ele, em 1837, contra o trato negreiro no País, associando-o à condenação moral que possuía contra o "infame comércio de carne humana".

Entretanto, apesar de ser relembrado em pesquisas biográficas em um período aproximado de 87 anos, Felisberto Caldeira Brant caminhou para um completo ostracismo a respeito de sua memória. Tanto as pesquisas históricas, bem como a memória coletiva nacional, pouco ou quase nada conhecem a respeito de Caldeira

---

30 Para outras informações sobre as redes de negócio do marquês de Barbacena, *cf.* RIBEIRO, 2009.

31 *Cf.* nota 3.

32 *Cf.* AGUIAR, 1896 e CALÓGERAS, 1982.

Brant. Joël Candau destaca que, se uma memória perde seu papel de referência legitimadora do presente, ou seja, de reforçar uma tradição, ela vai se enfraquecendo até que, "pouco a pouco, se descola da vida do grupo até seu desaparecimento completo". O "fazer memória" é resultado da preocupação humana de impedir que desapareça aquilo que fazem os homens. A transmissão de uma memória não busca apenas legar algo, mas sim estabelecer "passados formalizados", isto é, constituir uma memória "educada" ou mesmo "institucional". Assim sendo, nenhuma memória é "autêntica, mas sim forjada, isto é, sofre um processo de seletividade, sendo muitas vezes disputada entre memórias antagônicas" (CANDAU, 2012, p. 123).

O breve estudo aqui exposto sobre a trajetória social do marquês de Barbacena, associado às suas biografias, possibilitou identificar alguns elementos que foram selecionados, a fim de instituir uma identidade ao referido personagem. Logo, pudemos aferir algumas manipulações de memória que foram propostas dentro do processo de construção de uma identidade sobre o marquês. No entanto, algumas questões ainda se encontram em aberto: por que nenhuma das biografias destacou as atividades mercantis em que Barbacena esteve atuando e que acabaram por envolvê-lo com o trato negreiro? Destarte, nosso estudo tem nos indicado um caminho a seguir: mapear a atuação dos filhos do marquês, Pedro Caldeira Brant e Felisberto Caldeira Brant, no processo de seleção de memórias e de "silenciamentos" e "esquecimentos" que ajudaram a instituir uma identidade ao marquês.

Referências Bibliográficas:

AGUIAR, A. A. de. *A vida do marquês de Barbacena*. Rio de Janeiro: Imprensa Nacional, 1896.

ALMEIDA, C. M. C. de. "Uma nobreza da terra como projeto imperial: Maximiliano de Oliveira Leite e seus aparentados". In: FRAGOSO, J. L.; ALMEIDA, C. M. C. de; SAMPAIO, A. C. J. de (orgs.). *Conquistadores e Negociantes: História das elites no Antigo Regime nos trópicos. América Lusa, séculos XVI a XVIII*. Rio de Janeiro: Civilização Brasileira, 2007, p. 121-194.

ANDERSON, B. *Comunidades imaginadas: reflexões sobre a origem e a difusão do nacionalismo*. São Paulo: Companhia das Letras, 2008.

ARAÚJO, V. L. de. "Sobre a permanência da expressão *historia magistra vitae* no século XIX brasileiro". In: ARAÚJO, V. L. de; MOLLO, H. M.; NICOLAZZI, F. (orgs.) *Aprender com a história? O passado e o futuro de uma questão*. Rio de Janeiro: FGV, 2011, p. 131-147.

BETHELL, L. *A abolição do comércio brasileiro de escravos: A Grã-Bretanha, o Brasil e a questão do comércio de escravos, 1807-1869*. Brasília: Senado Federal, 2002.

BICALHO, M. F. B. "Conquista, mercês e poder local: a nobreza da terra na América portuguesa e a cultura política do Antigo Regime". *Almanack Braziliense*, n. 2. São Paulo: USP, 2005, p. 21-34.

BLAKE, A. V. A. S. *Diccionario bibliografico brazileiro*. Rio de Janeiro: Imprensa Nacional, 1883. v. 1.

BLAKE, A. V. A. S. *Diccionario bibliografico brazileiro*. Rio de Janeiro: Imprensa Nacional, 1902. v. 7

CALÓGERAS, J. P. "Diplomatas mineiros". In: *Estudos históricos e políticos. (Res nostra...)*. Coleção Brasiliana. São Paulo: Companhia Editora Nacional, 1936, p. 437-452.

CALÓGERAS, J. P. *O marquês de Barbacena*. Brasília: Ed. UnB, 1982.

CANDAU, J. *Identidade e memória*. São Paulo: Contexto, 2012.

CARONE, Edgard. "Notícias sobre Brasilianas". *Perspectivas: Revista de Ciências Sociais*, vol. 1, Araraquara (SP), UNESP, 1976. Disponível em: <www.seer.fclar.unesp.br/perspectivas/article/download/1491/1195>. Acesso em: 12/01/2015.

CARVALHO, A. G. de. *Calógeras*. São Paulo: Companhia Editora Nacional, 1935.

CARVALHO, J. M. de. "História intelectual no Brasil: a retórica como chave de leitura". *Topoi*, n. 1, Rio de Janeiro, UFRJ, jan./dez. 2000, p. 123-152.

CERTEAU, M. de. "A operação historiográfica". In: *A escrita da história*. Rio de Janeiro: Forense-Universitária, 1982, p. 65-119.

CONRAD, R. E. *Tumbeiros: O tráfico de escravos para o Brasil*. São Paulo: Brasiliense, 1985.

CUPELLO, R. *O poder e a lei: o jogo político no processo de elaboração da "lei para inglês ver" (1826-1831)*. Dissertação de mestrado – UFF, Rio de Janeiro, 2013.

GONÇALVES, M. de A. *Em terreno movediço: biografia e história na obra de Octávio Tarquínio de Sousa*. Rio de Janeiro: EdUERJ, 2009.

GONÇALVES, M. de A. "História ou romance? A renovação da biografia nas décadas de 1920 a 1940". *Artcultura*, vol. 13, n. 22. Uberlândia: INHIS/UFU, jan./jun. 2011, p. 119-135.

GRAHAM, R. *Grã-Bretanha e o início da modernização no Brasil (1850-1914)*. São Paulo: Brasiliense, 1973.

GUIMARÃES, A. *Dicionário Bio-bibliográfico Brasileiro de diplomacia, polítcia externa e direito internacional*. Rio de Janeiro, 1938.

GUIMARÃES, M. L. S. "Prefácio: a biografia como escrita da História". In: SOUZA, A. B. de. *Duque de Caxias: o homem por trás do monumento*. Rio de Janeiro: Civilização Brasileira, 2008, p. 19-26.

GURGEL, A. E. *A Lei de 7 de novembro de 1831 e as ações cíveis de liberdade na Cidade de Valença (1870-1888)*. Dissertação de mestrado – UFRJ, Rio de Janeiro, 2004.

LEME, L. G. da S. *Genealogia Paulistana*, vol. 2, p. 443-444. Disponível em: <http://www.arvore.net.br/ Paulistana/Lemes_6.htm>. Acesso em: 10/09/2012.

MATTOS, I. R. de. "O gigante e o espelho". In: GRINBERG, K.; SALLES, R. (orgs.) *O Brasil Imperial, vol. II: 1831-1870*. Rio de Janeiro: Civilização Brasileira, 2009, p. 13-52.

MENESES, P. R. de J. *Sociedade, imagem e biografia na litografia de Sebastião Sisson*. Dissertação de mestrado – UFRJ, Rio de Janeiro, 2008.

OCTAVIO, R. *Felisberto Caldeira. Chronica dos tempos coloniaes*. Rio de Janeiro: Laemmert & C. Editores, 1900.

OCTAVIO, R. *Minha memória dos outros*, 1ª série. Rio de Janeiro: J. Olympio, 1934.

OTÁVIO FILHO, R. *Figuras do Império e da República*. Rio de Janeiro: Zelio Valverde, 1944.

PALHA, A. *Pandiá Calógeras: o estadista e o sábio*. Brasil: Serviço de Documentação do M.T.I.C., 1959.

PARRON, T. *A política da escravidão no Império do Brasil (1826-1865)*. Rio de Janeiro: Civilização Brasileira, 2011a.

PARRON, T. A "Galeria dos brasileiros ilustres": Sisson e a elite imperial. Artigo especializado em site oficial (Brasiliana, USP), 2011b. Disponível em: <http://www.bbm. usp.br/node/101>. Acesso em: 11/04/2015.

PEDERNEIRAS, D. P. *Jornal do Brasil*, 7 jan. 1907, p. 3. Hemeroteca Digital Brasileira, Biblioteca Nacional Digital Brasil. Disponível em: <http://memoria.bn.br/DocReader/DocReader.aspx?bib=030015_4&PagFis=22091>. Acesso em: 11/10/2015.

PINTO, L. *Pequenos estudos sobre grandes administradores do Brasil: Pandiá Calógeras*. Rio de Janeiro: Serviço de Documentação do D.A.S.P., 1956.

Revista do Instituto Histórico e geográfico brasileiro, vol. 284. Rio de Janeiro: Departamento de Imprensa Nacional, jul./set. 1969.

RIBEIRO, A. V. *A cidade de Salvador: estrutura econômica, comércio de escravos, grupo mercantil (c. 1750-1800)*. Tese de doutorado – UFRJ, Rio de Janeiro, 2009.

RIBEIRO, E. da S. *O Conselho de Estado no tempo de D. Pedro I: Um estudo da política e da sociedade no Primeiro Reinado (1826-1831)*. Dissertação de mestrado – UFF, Niterói, 2010.

RODRIGUES, J. *O infame comércio: propostas e experiências no final do tráfico de africanos para o Brasil (1800-1850)*. Campinas: Ed. da Unicamp; São Paulo: CECULT, 2000.

SANTOS, J. F. dos. *Memórias do Distrito Diamantino da Comarca do Serro Frio (Província de Minas Gerais)*. Rio de Janeiro: Cruzeiro, 1956.

SISSON, S. A. *Galeria dos brasileiros ilustres*. Brasília: Senado Federal, 1999. v. 2.

TOLENTINO, T. L. T. *Monumentos de tinta e papel: cultura e política na produção biográfica brasileira (1935-1940)*. Dissertação de mestrado – UFMG, Belo Horizonte, 2009.

WHITE, H. "O texto histórico como artefato literário". In: *Trópicos do discurso: ensaios sobre a crítica da cultura*. São Paulo: EDUSP, 1994, p. 97-116.

Impressos e espaços de sociabilidade: as bibliotecas

Capítulo 9. A nova Corte e a circulação de ideias nos Império luso-brasileiro: Impressão Régia e Real Biblioteca do Rio de Janeiro durante o governo joanino (1808-1821)

Juliana Gesuelli Meirelles

A introdução da tipografia foi uma das grandes transformações ocorridas no Rio de Janeiro desde a chegada da Corte. Com o nascimento da *Impressão Régia* deste lado do Atlântico, sancionada pelo decreto de 13 de maio de 1808, a sociedade fluminense passou a conviver cotidianamente com a circulação da palavra impressa.[1] Dos decretos reais aos livros que "saíam à luz" ou se "achavam à venda", perpassando os almanaques, cartazes e a própria *Gazeta do Rio de Janeiro*, entre outros periódicos, os habitantes da nova capital do Império Português – a despeito da atuação dos censores – tinham ao seu alcance a possibilidade de realizarem múltiplas leituras acerca da realidade vivida.[2] Segundo o historiador Marco Morel, a difusão das palavras independentemente de sua natureza – falada, manuscrita ou impressa – ultrapassava as fronteiras sociais e perpassava amplos setores da sociedade não ficando estanques ao restrito círculo de letrados. Apesar disso, eram estes homens de letras que detinham o poder de produção e leitura direta da palavra impressa com destaque para a imprensa (MOREL, 2009, p. 163).

Este foi o caso do físico-mor Manoel Vieira da Silva. Personalidade de grande prestígio na Corte, o ilustre súdito publicou a pedido do príncipe regente a obra *Reflexões sobre alguns dos meios propostos por mais conducentes para a melhoria do clima da cidade do Rio de Janeiro*. As moléstias da cidade preocupavam d. João que pedia urgência na escrita da obra que seria utilizada como guia para a resolução dos

---

1 Os apontamentos e problematizações deste texto fizeram parte da minha tese de doutoramento intitulada *Política e Cultura no governo de D. João VI (1792-1821)*, defendida no IFCH-UNICAMP, no ano de 2013, cuja pesquisa foi financiada pela FAPESP.

2 Peça fundamental no processo de comunicação interatlântica, intimamente associado à veiculação da propaganda do Estado e, consequentemente, à sustentação do Império Português nos dois lados do Atlântico, a Impressão Régia tinha numerosas funções que extrapolavam a impressão *exclusiva* dos papéis ministeriais e diplomáticos do serviço real de todas as repartições, como os alvarás, decretos e cartas régias. Ficava sob a sua responsabilidade também imprimir as obras de particulares, tanto quanto produzir e fazer circular a Gazeta do Rio de Janeiro.

problemas de saúde pública (SILVA, 1808). O pragmatismo da ordem monárquica teria resposta ainda em 1808 quando o livro foi impresso pela Tipografia Real, sendo uma das primeiras publicações veiculadas pela *Impressão Régia*.[3] No prólogo, Vieira da Silva justificava a rápida impressão. "[d. João] Ordenou o seu Físico-mor que dissesse por escrito o que pensava sobre esta matéria, para assim excitar as *pessoas instruídas* a fazerem *públicos* os seus sentimentos, e apurar-se *pela discussão* um artigo, que todo se dirige para bem dos Povos". Silva convidava "os mais sábios e inteligentes para dizerem coisas melhores"; o que propiciaria tanto a execução das "boas sugestões" pelo governo, quanto a satisfação do público, que tiraria "as vantagens que tanto são para desejar" (SILVA, 1808, p. III).

Para além de propor a reorganização da saúde pública da nova capital, considerado por ele um tema de destaque entre os grandes legisladores, Manoel Vieira da Silva impulsionava uma discussão que se pretendia coletiva: desde que a urbe se tornara a residência da Coroa portuguesa o número de habitantes aumentava significativamente. Se até 1808 o Rio de Janeiro era uma cidade com cerca de 60.000 habitantes, treze anos depois, o censo de 1821 apontava para uma população em torno de 79.321 pessoas, contando o alto número de estrangeiros que fixaram residência, escravos, libertos e população livre (ALGRANTI, 1988, p. 32).

A preocupação do regente era indissociável da concepção de *cidade ilustrada* que vigorou na Europa ao longo do século XVIII. A cidade deveria difundir os ideais da *razão*, exprimindo tanto os ideais abstratos quanto concretos. "Essa 'transformação no olhar', na maneira de analisar, de imaginar, de modelar o espaço urbano, podia ser acompanhada por uma produção literária que englobava textos e obras ligadas não somente a arquitetura, mas à economia, a população e à medicina" (CARVALHO, 2008, p. 32-33).

Paralelamente às obras de caráter científico produzidas e veiculadas pela Tipografia Régia, a circulação da *Gazeta do Rio de Janeiro* a partir de setembro de 1808 também é um excelente indicativo das transformações pelas quais passava a nova capital.

Ao concebermos a imprensa na acepção de Robert Darnton e Daniel Roche como uma *força ativa na história, um ingrediente do acontecimento*, notamos o crescente interesse dos leitores na publicação de anúncios (DARNTON; ROCHE, 1996, p. 15). Dentre as vastíssimas temáticas que englobaram a Seção de Avisos da *Gazeta* entre 1808 e 1821,[4] destacamos a multiplicidade da natureza do universo impresso que então surgia: através do anúncio de opúsculos, memórias, peças de teatro, textos religiosos, manuais de civilidade, obras sobre política e economia,

---

3   *Gazeta do Rio de Janeiro*, n. 14, 1808.

4   A *Gazeta do Rio de Janeiro* estava estruturada em duas partes: seção noticiosa e de anúncios. Para análise detalhada dos dois espaços jornalísticos, ver: MEIRELLES, 2008, p.68.

história natural, relatos de viagem, dicionários, entre tantas produções é possível percebermos o empenho de diversos sujeitos – cada qual com seus interesses específicos – na veiculação de seus projetos políticos e literários. Dos diretores da Impressão Régia aos autores das obras, perpassando os bibliotecários e professores régios (que muitas vezes atuavam como revisores e tradutores), a atuação foi ampla e constante no período: entre 1808 e 1822, foram impressos 720 títulos de naturezas diversas. (CAMARGO; MORAES, 1993, p. 229).

No ano de 1815, a *Gazeta* anunciava um novo título produzido pela tipografia real: *Corografia Brasílica*, do clérigo Manuel Aires do Casal. A obra achava-se pronta para a impressão e os interessados em subscrevê-la deveriam depositar 1$600 réis por cada exemplar, na loja de Manuel Mandillo.[5] Segundo a lista que acompanhava a edição, houve um total de 93 subscritores, com 133 exemplares subscritos (SILVA, 1973, p. 446). Nove meses depois do anúncio, em abril de 1816, o livro não tinha saído do prelo, pois Luís Joaquim dos Santos Marrocos informava ao pai que estava realizando a sua revisão.[6] Um mês depois, a obra se encontrava em fase de produção.

A demora na impressão foi motivo de grande desconforto para o prefeito da Real Biblioteca, o padre Joaquim Dâmaso, que escrevia à Silvestre Pinheiro Ferreira, um dos diretores da Impressão Régia e da *Gazeta do Rio de Janeiro*, pedindo as devidas explicações à Junta diretora.

> Desde novembro se trabalha na obra do P. Aires de Casal; semanas tem havido em que tem saído 4 folhas, e em outras cinco, e apesar disto tem saído 25 folhas só, tantas tem sido as Semanas: Que razão terá havido para não serem todas as semanas iguais? Será por não se pagar quando querem, e adiantado? Será por falta de papel? Nenhuma destas faltas tem havido. Será por se demorarem as provas? Também não; porque se vem pela manhã, vão à tarde, se vem de tarde, vão pela manhã, e muito o mesmo autor se vê na Tipografia: se os dois CC. [sic] tem sido demorada, porque o Autor desesperado com o desprezo que na Tipografia fazem a sua obra e da sua Pessoa, intentava abrir mão dela inteiramente; e quem tem a culpa?

O clérigo ainda exaltava o bom comportamento de Aires de Casal:

---

5   *Gazeta do Rio de Janeiro*, n. 59, 1815.

6   Marrocos, Carta 98, p. 333. As citações das cartas serão feitas através da edição de 2008 elaborada pela Biblioteca Nacional de Portugal. A escolha se pauta em facilitar a leitura por conta da atualização da língua portuguesa, uma vez que este texto não aborda questões da língua ou de filologia. Portanto, nas menções às cartas de Marrocos indicarei número da carta e a página, considerando que não se trata de bibliografia, mas de citação do documento.

> A civilidade com que o Autor trata a todos, não merecia que uma Oficina, e Oficina Régia, se tratem as pessoas de semelhante forma, e isto em uma Oficina que necessita acreditar-se. Em todas as Oficinas, nenhuma Obra deve ser preferida à já começada, e muito mais sendo esta útil; e portanto, por experiência temos observado que sem fadiga se pode dar 4 folhas a cada semana, e se a Junta não quer que a Oficina as dê, então o autor quer se lhe entregue o Original, e pagar o que resta a dever do que se lhe entregar.[7]

Mesmo extensa, a carta do bibliotecário nos esclarece alguns aspectos importantes dos bastidores da Impressão Régia. É patente o conflito de interesse entre os diretores da tipografia e Aires de Casal. Muito provavelmente, as obras a serem produzidas sem custos eram *escolhidas*, em última instância, pelo príncipe regente, o que podia causar desconforto aos dirigentes da instituição. Se estes não ousavam questionar as preferências literárias do monarca, acabavam por realizar o projeto selecionado dentro dos prazos que eles próprios estabeleciam, ou seja, sem data-limite para a conclusão. Na ocorrência de Casal – através da irregularidade na entrega do material aos editores do projeto (que se incluem aí os funcionários da Biblioteca, entre eles Luís Marrocos) –, os diretores optaram por dar morosidade à produção do livro e a desprezar as súplicas do autor.

A intervenção de padre Dâmaso também pode ser lida como uma advertência formal aos chefes da tipografia: se a Coroa prezava pela consolidação de um *locus* de cultura tão vinculado a um projeto específico de Império – que perpassava educar politicamente seus súditos através da produção de obras pedagógicas, da arte à ciência –, era inadmissível uma atitude tão desrespeitosa por parte de seus diretores. Como demonstrou Sérgio Barra, a Impressão Régia do Rio de Janeiro foi criada com a finalidade de dar continuidade na nova sede do Império português ao trabalho executado pela sua congênere portuguesa (BARRA, 2012). Letrados e estadistas formados na reformada Universidade de Coimbra estavam à frente da instituição e buscavam preservar o patrimônio intelectual do reformismo ilustrado português, construindo-o como herança a ser apropriada no processo de construção do *novo império português* na América.

Neste contexto, portanto, todos os envolvidos eram súditos ilustrados responsáveis pela estruturação e funcionamento da instituição. Como tais, deveriam reverenciar, acima de outros interesses, o *status quo*. Notemos que, apesar de Dâmaso justificar sua "impertinência" através da "Justiça da Causa",[8] ao final da carta o clérigo se dirigiu aos diretores em pé de igualdade, demonstrando a autoridade

---

7   DÂMASO, *Real Biblioteca*, 01/05/1816. *Apud* CAMARGO; MORAES, 1993, p.182.
8   *Ibidem*.

do seu lugar de prefeito da Real Biblioteca. Em tempos de institucionalização da palavra impressa no Rio de Janeiro – em que pese o nascimento de novos livros e de sua circulação e leitura pela cidade e, quiçá, pelos dos dois lados do Atlântico –, a figura do bibliotecário parecia ser imprescindível. E sua intervenção, indiscutível. Depois de tantos desentendimentos, em 1817, a obra "saía à luz". Deste episódio ainda podemos entrever o quanto o trabalho dos funcionários da Real Biblioteca e da Impressão Régia eram interdependentes, mormente quando se tratava de preservar a instrução.

Ainda em 1815, Roberto Ferreira da Silva anunciava que pretendia "dar ao prelo uma coleção de perspectivas dos mais interessantes pontos desta corte e seus subúrbios". Para o sucesso do empreendimento, no entanto, o autor também rogava ao público que subscrevesse a sua obra. Os interessados podiam dirigir-se à loja de José Antônio Pinheiro Filho, na Rua Direita, onde pagariam pela subscrição.[9] Como nos informa Maria Beatriz Nizza da Silva, o alto custo da obra impossibilitou a impressão. Dois anos depois, contudo, Ferreira da Silva realizava o seu projeto literário. Com um orçamento mais barato, em 1817 publicava pela Impressão Régia a obra *Elementos de Pintura e Regras Gerais da Perspectiva*, que contou com 172 subscritores, entre eles nomes da nobreza portuguesa e dos negociantes fluminenses (SILVA, 2007, p. 181).

Enquanto algumas obras saíam do prelo, outras ficavam apenas no projeto. Estas duas situações ocorriam por razões distintas. Quando a Impressão Régia editava as obras "por ordem de S.A.R", os custos da impressão saíam do Real Erário, não gerando despesas para os autores. Por outro lado, a tipografia régia também aceitava publicar textos de escritores desconhecidos: estes originais eram submetidos à censura e precisavam recorrer ao tradicional sistema de subscrição para virem à luz, dado o alto valor da impressão.[10] (SILVA, 2007, p. 179-180). Em maio de 1817, por exemplo, Marrocos avisava ao pai sobre a subscrição da obra *Retratos e elogios dos varões e donas que ilustraram a nação portuguesa*, anunciada na *Gazeta do Rio de Janeiro* e cujo exemplar fora enviado juntamente com a carta.[11]

> [...] tenho na Livraria uma folha de Subscrição, de que me fez favor encarregar-se o Padre Joaquim Dâmaso, e na qual por suas diligências já se assinaram mais de 16 pessoas, assim literatas, como da primeira grandeza, que ali concorrem; e se espera aumentar este número

---

9   *Gazeta do Rio de Janeiro*, n. 20, 1815.

10 Idem.

11 A subscrição ainda podia ser feita na Loja de Saturnino, na rua da Alfândega, Manoel Mandillo, na rua Direita, e Manoel da Silva Porto, na rua da Quitanda. *Gazeta do Rio de Janeiro*, n. 37, 1817

> consideravelmente, porque não só uns servem de estímulo aos outros, mas tem à vista o exemplar que daí [Lisboa] se me remeteu, e que sem o desfrutar tenho-o ali para este fim depositado.[12]

A subscrição de uma obra não apenas dava visibilidade pública ao subscritor como também era um caminho possível para o alcance de futuras mercês. Como afiançou Marrocos, se em uma sociedade de Corte a hierarquia ditava os lugares sociais, a subscrição de uma obra aparecia como um privilégio para poucos. Nesse período, "a expressão de opinião e a manifestação estética não eram compreendidas, tal como ocorre hoje, como direitos" (FERREIRA, 2007, p. 53).

Os constantes anúncios veiculados na *Gazeta* acerca da venda de livros, folhetos e impressos no Rio de Janeiro, indicam-nos que o estabelecimento da tipografia foi de grande importância para o enraizamento da prática da leitura na sociedade joanina. Além disso, as numerosas listas de livros à espera de liberação da censura na alfândega da cidade, como demonstrou Leila Mezan Algranti, colocava o Rio de Janeiro em um novo estágio da cultura literária: para além de produtor de novos títulos, e provavelmente centro distribuidor de obras impressas para as demais capitanias, a nova capital também atraiu livreiros responsáveis pelo comércio legal de livros assim como os que se envolviam com o tráfico ilícito de obras (ALGRANTI, 2004, p. 161).

No Brasil do início do Oitocentos, a prática da leitura passava por um significativo processo de transição. Inscritos na lógica vigente do Antigo Regime, os primeiros anos de estada da Coroa portuguesa foram marcados pelo predomínio de uma leitura cujas características privilegiavam a oralidade e a leitura coletiva feita em voz alta.

> A leitura ouvida não distingue o ler do contar e alimenta-se dos mesmos textos escutados muitas vezes – o que é a própria condição de sua compreensão possível, a despeito da leitura pouco inteligível que aí é feita (CHARTIER, 1996, p. 84).

Neste processo de circulação das informações no espaço público ainda marcado pela leitura oral e coletiva, destaca-se o edital de 24 de junho de 1808, afixado pelas ruas da cidade. No documento, o intendente da polícia informava que competia *apenas* à junta administrativa da Impressão Régia "examinar os papéis e livros que se mandassem publicar e fiscalizar para que nada se imprimisse contra a religião, a moral e os bons costumes", reiterando, no entanto, a atuação da intendência da polícia, cuja licença para agir de forma complementar à direção da tipografia permitia a prisão daqueles que transgredissem a "segurança pública", sob a pena de

---

12 *Carta* 105, p. 355.

multa de duzentos mil réis. Transgredir significava veicular publicações consideradas sediciosas como "obras, escritos estrangeiros, impressos, ou não impressos", ou mesmo fazer circular manuscritos pela cidade com ideias contrárias ao governo. Todos viviam sob a constante atenção da polícia, que admitia e incentivava denúncias em segredo.[13]

Essa postura sofreu severa crítica do *Correio Braziliense*. Ao publicar o documento para seus leitores, o redator refletia sobre as "incoerências legais" de tal decisão, apontando o descompasso entre a atitude da realeza lusitana e as luzes do raiar do século XIX.[14] Ainda em fins de 1809, a polícia apreendia uma gazeta manuscrita contra Lorde Beresford que circulava na cidade. Segundo o anúncio, a folha continha "falsas, e atrozes calúnias" publicadas contra a persona do marechal. Tamanha "perversidade" contra o comandante era "por extremo desagradável a S.A.R", que não tinha recebido quaisquer informações dos governadores do reino que as confirmassem. Diante das "falsas notícias" cuja vulgarização tem por fim "semear a desunião, e desconfiança entre este Governo, e o de S.M. Britânica", os diretores da Impressão Régia desmentiam as informações do dito papel e anunciavam a tomada das severas medidas impostas pela lei.[15]

Seja o olhar de Hipólito da Costa sobre a lei de junho de 1809, seja o discurso de frei Tibúrcio, então redator da *Gazeta do Rio de Janeiro*, sobre a apreensão de escritos que divergissem da política oficial da Coroa, sobretudo no âmbito diplomático, ambos colocavam a público os vieses da política cultural da monarquia voltada para os impressos: dentro do cenário da leitura no período joanino, era vedado escrita, circulação e publicação de obras manuscritas e impressas que não passassem pelo crivo da censura real. Tal posicionamento, por natureza, já cerceava a liberdade de pensamento ao mesmo tempo em que estabelecia a autoridade *autorizada* da escrita como "um instrumento de poder que aproxima o autor do poder real" (SCHIAVINATTO, 2008, p. 19). Por outro lado, esse mesmo cenário impulsionava os estudos e a formação filosófica dos súditos luso-brasileiros. Este é o caso de Silvestre Pinheiro Ferreira, um dos conselheiros de d. João no Brasil. Além de ministro régio, Ferreira era um homem de vasta cultura. Político, diplomata e filósofo, sua atuação intelectual foi de grande valor para o avanço do conhecimento na Corte. Com a obra *Preleções Philosophicas*, publicada pela Impressão Régia entre os anos de 1813 e 1820, Ferreira difundia o valor dado à retórica. De acordo com José Murilo de Carvalho, "para o autor das *Preleções*, a retórica não deveria separar-se da lógica e da gramática [...] Isto é, a arte de pensar não se devia separar da arte

---

13 *Instrução de 24 de junho de 1808*. Apud RIZZINI, C. *O livro, o jornal e a tipografia no Brasil*. Rio de Janeiro: Livraria Kosmos Editora, 1946, p. 317.

14 *Correio Braziliense*, vol. III, p. 341.

15 *Gazeta do Rio de Janeiro*, n. 127, 1809.

de falar com clareza, a retórica não devia ser enfeite, mas instrumento cotidiano de argumentação e persuasão" (CARVALHO, 2000, p. 133-134). Em maio de 1813, esse momento de "ebulição cultural" é um dos temas da carta de Luís Joaquim dos Santos Marrocos ao pai. "Silvestre Pinheiro está metido a Projetista, e as suas lições reduzem-se a uma mescla científica que se não sabe o que é: estamos no tempo das Gramaticas Filosóficas, e o Sistema de todas as Línguas reduzido a uma só praxe".[16]

Preleções Philosophicas foi anunciada na *Gazeta do Rio de Janeiro* e no *Investigador Portuguez em Inglaterra*, o que indica a ampla valorização da obra pela monarquia bragantina, uma vez que era a mantenedora de ambos os periódicos. Enquanto a primeira folha avisava os moradores da Corte sobre o horário e local onde aconteciam as aulas,[17] a segunda divulgava, do outro lado do Atlântico, as principais ideias do autor. Ao considerarmos a circulação interatlântica dos periódicos, notamos que a estratégia discursiva da Coroa portuguesa tinha objetivos complementares. Enquanto no Rio de Janeiro a obra podia ser facilmente adquirida tanto na loja da Gazeta quanto na loja do livreiro Francisco Luís Saturnino, a 120 réis,[18] – bastava que o redator anunciasse em linhas gerais o conteúdo do livro –, em Londres, a distância e a dificuldade de acesso ao impresso exigiam que os redatores de *O Investigador* abrissem um amplo espaço no jornal para que seus leitores pudessem conhecê-la, como ocorreu nas edições de outubro e novembro de 1814.[19]

> De uma obra desta natureza é impossível fazer bons extractos, e até dignos do seu mi relevante merecimento. Parece-nos pois que a melhor ideia que por ora podíamos dar era publicar uma espécie de Índice dos pontos importantes de que trata. Se tivermos porém ocasião, publicaremos tão bem ainda por inteiro as ditas Prelecções, para que a sua leitura mais se generalize, e assim prepare todas as utilidades que pode e deve produzir um tal género de instrução Elementar.[20]

O jornal produzido na capital britânica ainda publicava a *Ideia Geral da Obra*, destacando os principais pontos acerca da Física e da Dinâmica. Portanto, fosse

---

16 *Carta 43 A*, p.185.

17 Segundo o aviso da *Gazeta*, as aulas aconteciam às segundas, quartas e sextas-feiras, às 17h00, no Colégio de S. Joaquim. O jornal ainda noticiava o conteúdo teórico das aulas, assim como as atividades práticas, que englobavam "a lição e análise de alguma obra escolhida dos principais Filósofos, Oradores e Poetas, assim antigos, como modernos, sagrados e profanos." *Gazeta do Rio de Janeiro*, n. 30, 1813.

18 *Gazeta do Rio de Janeiro*, n. 87, 1813.

19 *O Investigador Portuguez em Inglaterra*, vol. 10, p. 627.

20 *Idem*, vol. 11, p.53.

pela *Gazeta* ou pelo *Investigador Portuguez* os súditos ilustrados da monarquia teriam acesso ao conteúdo da obra pelas duas margens do oceano. Divulgá-la, incentivando maciçamente, e por diferentes estratégias, a sua leitura, também fazia parte da política cultural da Coroa voltada aos impressos. Diferentemente dos comentários elogiosos *de O Investigador*, Marrocos era crítico do autor de *Preleções*. "Não sei, se será erro meu em dizer que Silvestre Pinheiro é daqueles homens, que tem habilidade em infundir veneração científica; e inculcando-se Corifeu enciclopédico, granjeia um partido, que ouvem suas palavras soltas, como vozes de Oráculo", observava o bibliotecário.[21] Quanto à repercussão e importância da obra, seu exame foi ainda mais ácido:

> O Padre Joaquim Dâmaso [...] nos inculca[-o] sempre por superior a todos, nos tempos actuais, em luzes e conhecimentos; e eu, ao contrário, vejo nas suas Prelecções impressas Definições e Teoremas, que por sua ostentação de novidade só me causam riso, ou nojo; apesar da ilustrada Análise, que lhes fazem os Redactores do *Investigador Português*, elevando-as às nuvens.[22]

Nessa carta, Luís Joaquim demonstrava a insatisfação com a atitude de seu superior, o padre Dâmaso, assim como reiterava a análise sobre as funções "filosóficas" que, por ventura, a obra intentava atingir. Como leitor assíduo *de O Investigador*, que fazia parte do rol dos periódicos assinados pela Real Biblioteca, sua crítica acerca da publicidade que o jornal dava à obra ganha outros sentidos. Mesmo sendo funcionário da Real Biblioteca e súdito leal à monarquia, Marrocos *questionava*, na intimidade de suas reflexões com o pai, as estratégias da política cultural da Coroa em relação aos impressos. Portanto, por mais que respeitasse o trabalho dos redatores de *O Investigador* e da *Gazeta*, achava-o um tanto exagerado.

Todas essas transformações do mundo público, associada à leitura de Marrocos, nos ajudam a melhor compreender a valorização dos impressos em detrimento dos manuscritos no Rio de Janeiro no raiar do século XIX, período em que ocorria a consolidação da tipografia na colônia e estruturavam-se alguns dos valores éticos que acompanhariam a vida jornalística luso-brasileira, como as noções de *confiabilidade, veracidade e imparcialidade* das notícias que seriam veiculadas pelas folhas impressas. Com o predomínio das publicações impressas na Corte houve o nascimento e constituição de um novo espaço público cujo centro foi a imprensa compreendida como uma arena de debates (MEIRELLES, 2008, p. 165). A emergência das leituras individuais e privadas perceptíveis mais nitidamente a partir de

---

21 *Carta 96*, p. 327.
22 *Ibidem*.

1821 permitiu, segundo Marco Morel, "a formação de uma opinião de caráter mais abstrato, fundada sobre o julgamento crítico de cada cidadão-leitor e representando uma espécie de somatório das opiniões", já que nascia a pluralidade de periódicos e o debate sobre as questões políticas (MOREL, 2005, p. 205).

Neste cenário nos interessa discutir as transformações que vigoraram na cidade, mormente em relação ao mundo dos livros, em particular, e da circulação da palavra impressa, em geral. Principalmente durante os anos da guerra peninsular (1808 a 1815), que também engloba o período de estruturação e abertura da Real Biblioteca do Rio de Janeiro (1810-1814), o governo joanino protegeu seu patrimônio intelectual por diversas vias de atuação. A Impressão Régia validava a força simbólica almejada pela Coroa através da circulação dos papéis oficiais assim como das demais produções impressas que saíam dos prelos reais. "[O governo] nunca se divorciou de outras exigências de leitura, encarregando-se da publicação de obras políticas, econômicas, literárias, científicas e filosóficas" (ARAÚJO, 2008, p. 31). Para além da atividade impressa, que também perpassava a política cultural de patrocínio às publicações com linhas editoriais oficiais, como no caso da *Gazeta do Rio de Janeiro*, *O Patriota*, *O Investigador Portuguez*, etc., a coerção aos súditos com leituras críticas à ordem estabelecida foi uma constante. No início de 1810, por exemplo, o conde de Aguiar[23] escrevia do Rio de Janeiro para o patriarca eleito de Lisboa sobre a prisão dos insultantes do governo. No discurso do ministro uma questão se sobressai: o processo de repressão àqueles contrários à monarquia e a justificativa para as prisões.

> (...)[sobre a] medida que esse governo tomou de mandar prender nas fortalezas alguns indivíduos, e repreender outros, constantes da relação de n.5 por continuarem com as suas declamações, e práticas insultantes, e sediciosas; e recomenda nesta matéria toda a cautela, circunspecção, e vigilância para se manter a tranquilidade pública; o que sendo sempre necessário, de muito mais em circunstâncias tão críticas.[24]

Aguiar se referia à expulsão dos franceses do reino, sabendo que em um cenário de guerra todo o cuidado era pouco. A alta vigilância da Intendência da Polícia

---

23 Fernando José de Portugal e Castro, conde de Aguiar (1752-1817). Entre os anos de 1808 e 1812, Castro ocupou dois cargos de relevo no governo joanino: atuou no Ministério dos Negócios do Reino e era presidente do Real Erário e ministro assistente do despacho, função equivalente à de primeiro ministro, segundo a historiadora Lúcia Paschoal Guimarães. GUIMARÃES, L. P. "Fernando José de Portugal e Castro" In: VAINFAS, NEVES, 2008, p.163-164.

24 Arquivo Nacional da Torre do Tombo. Ministério do Reino. Livro 380.

era um imperativo e, na prática, recaia principalmente sobre os estrangeiros e os homens de imprensa. Os últimos eram os produtores das notícias que circulavam no país, sendo a censura à circulação de impressos sediciosos uma atividade indissociável das diretrizes políticas do governo de d. João.[25] A ordem de proibição e supressão dessas folhas, como a apreensão do periódico *Correio Braziliense*, em 1809, a referência à prisão do conde de Egas por conta de papéis escritos de Paris para o conde de Almada, tendo, neste caso, a polícia como agente interrogador, compôs o rico mosaico de atitudes reais diante da instabilidade política de Portugal no raiar do século XIX.

Mas as ações governamentais não paravam aí. A preservação dos arquivos da Coroa em Lisboa e a valorização das qualidades morais das pessoas que responsáveis pela documentação oficial, nomeadamente contra o furor dos franceses; a licença real de impressão das obras; a vigilância dos censores e a relação com a manutenção do bem comum do Estado; a atuação da Intendência da Polícia com foco para a proteção eficaz de todo o território do Brasil, assim como a ação direta do príncipe regente, que listou todas as obras da Real Biblioteca a serem enviadas para o Brasil,[26] são exemplos fundamentais da amplitude das diretrizes monárquicas que englobavam a política cultural joanina no que concerne ao universo da palavra impressa e a coibição das ideias revolucionárias em ambos os lados do Atlântico.[27]

A biblioteca era um dos maiores símbolos de status na Idade Moderna e sua constituição na nova sede do poder também simbolizava a *superioridade* política da realeza, sendo a posse de livros e/ou a alfabetização duas *qualidades* distintivas na sociedade de Corte (DARNTON, 2001, 284-292). A abertura deste *locus* de saber foi objeto da arguta observação do padre Perereca, que a elevou à "primeira [biblioteca], e a mais insigne, que existe no Novo Mundo" pela variada coleção de livros em diversas línguas, estampas, mapas e manuscritos raros. Além disso, descreveu-a internamente: organizada em salas específicas, as coleções foram distribuídas por temas e suas obras, classificadas (SANTOS, 1981, p. 425-426).

A descrição do religioso dá a conhecer o trabalho dos funcionários da instituição. Segundo Perereca, o *locus* também contou com a ativa colaboração do príncipe regente que, não só se empenhou em mover uma equipe especializada no processo de transladação das preciosidades intelectuais da Coroa – composta pela coleção de livros e manuscritos raros –, como também se atentou para o constante enriquecimento do acervo através da política de novas aquisições.[28] Ainda durante o

---

25 Sobre a repressão do governo português em relação aos impressos no período, ver: TENGARRINHA, 1989, p. 57-99; MEIRELLES, 2008, p.101-133.
26 Arquivo Nacional da Torre do Tombo. Ministério do Reino. Livro 380, p.459-465.
27 *Ibidem*.
28 A análise de Rubens Borba de Moraes demonstra a veracidade da fala do padre Perereca

transporte do acervo real, a Coroa reiterava a importância da figura do bibliotecário régio como súdito ilustrado de destaque: por conhecer em detalhes estes bens culturais, estes homens de letras ficavam responsáveis para que o acervo chegasse a salvo na América. É dentro dessa perspectiva que Luís Joaquim dos Santos Marrocos chegou ao Brasil, em junho de 1811, substituindo seu pai, Francisco José dos Santos Marrocos, como ajudante de bibliotecário.[29]

Sobre o processo de circulação das ideias luso-brasileiras no período, destacamos a atuação de Marrocos em dois episódios. Primeiramente, pouco mais de seis meses depois de sua chegada, o bibliotecário conseguia a Propina da Impressão Régia, que na prática enviava uma cópia para a Biblioteca "de tudo o quanto se tem impresso, e houver de imprimir-se",[30] pela tipografia. Em segundo lugar, no raiar de 1813, tornava-se o responsável pela Sala de Manuscritos. Ter sob suas mãos a chave de um espaço de tamanha consideração real era motivo de grande vaidade para o súdito: "quem quiser ir a ela [sala] há-de [sic] vir primeiro à bajulação", vangloriava-se.[31] Apesar disso, por esta mesma época Marrocos foi transferido para o edifício do Real Tesouro para exercer seu ofício sem a procedência do prefeito da Real Biblioteca, o padre Joaquim Dâmaso, com quem mantinha relações pouco cordiais. Na análise de Ana Cristina de Araújo, a saída estratégica do ajudante da livraria permite que percebamos a sua posição subalterna nos círculos da Corte, tendo, muitas vezes, o papel de "peão de conflitos e de mensageiro de boatos". Tal situação, no entanto, não o impediu de conquistar benefícios simbólicos decisivos: a atenção e confiança do príncipe regente, concedendo-lhe a honrosa atividade de organização e catalogação dos manuscritos, ajudaram-no a garantir alguns ganhos para muitos de seus amigos e conhecidos que ficaram no reino (ARAÚJO, 2008, p. 27-28).

Para além da atuação de figuras ligadas à Real Biblioteca, destacamos o processo de enriquecimento do acervo. Em 1811, a instituição recebeu por doação o espólio literário de Frei Mariano da Conceição Veloso, que contava com cerca de 2.500 livros, além das estampas e os desenhos originais da *Flora Fluminensis*.[32] No final

---

sobre o enriquecimento do acervo da Biblioteca Real do Rio de Janeiro no período. MORAES. *Livros e Bibliotecas no Brasil colonial*. São Paulo: Livros Técnicos e Científicos, 1979, Capítulo 11.

29 Desde 1801, Luís Marrocos trabalhava sob os olhos paternos no registro de preciosas coleções régias de livros e documentos. Esta atividade lhe garantiu, dez anos depois, a experiência necessária para atravessar o oceano com a missão de levar a segunda leva de livros ao Brasil. Para mais informações, ver: ARAÚJO, 2008, p. 20-21.

30 *Carta* 11, p. 99.

31 *Carta* 37, p. 167.

32 *Carta* 9, p. 93.

de 1812, d. João determinava que viesse de Lisboa um exemplar de cada obra produzida pela extinta tipografa do Arco do Cego: o material chegou ao Rio de Janeiro em setembro de 1813. Já em 1815, a realeza comprava a biblioteca de Manuel Inácio de Silva Alvarenga, que, inclusive, possuía obras proibidas no acervo de quase 1600 volumes (TUNA, 2009, p. 265-276). No ano da aclamação (1818) a Coroa adquiria a coleção do arquiteto português dos teatros régios de São Carlos (Lisboa) e São João (Rio de Janeiro), José da Costa e Silva: dentre as raridades estavam "uma valiosa série de estampas, manuscritos e, principalmente, grande número de desenhos originais de mestres da renascença italiana" (MORAES, 1979, p. 85). Em 1822, já sob o governo de d. Pedro, houve o arremate da célebre livraria do conde da Barca (SILVA, 1999, p. 139-141). O acervo da Real Biblioteca também contou com pequenas doações, porém, de grande valia. Se entre 1817 e 1820 foi registrada a entrada de 317 obras, os seus benfeitores eram a elite do Paço. Para além de d. João, seus ministros agiam constantemente em prol do esplendor do espaço. Entre os doadores de destaque estão o marquês de Marialva, Thomaz Antonio Vilanova Portugal e Francisco Borja Garção Stockler, dois ministros e um censor régio respectivamente (SCHWARCZ; AZEVEDO; COSTA, 2001, p. 281). Ademais, a pesquisa de Lúcia Pereira das Neves já demonstrou o interesse desses homens de prestígio em doar suas obras, atitude que reafirmava a importância da Biblioteca como instância simbólica de consagração da monarquia, além de reiterar o papel político e social desses sujeitos na sociedade de Corte (NEVES, 2009b, p. 295).

Em relação aos dias de funcionamento da Real Biblioteca, padre Perereca nos informa que "exceto nos domingos, dias santos e feriados por motivos de anos das pessoas reais, ou por alguma causa pública, a instituição estava sempre aberta, e patente, tanto de manhã quanto de tarde, a todas as pessoas, que a querem frequentar" (SANTOS, 1981, p. 426). Se considerarmos as características do calendário real – pautado pelo viés religioso e político – os compromissos da monarquia no espaço público do Rio de Janeiro eram constantes, podendo ser contabilizados pelas paradas militares, dias santos, datas natalícias da realeza etc. Tal fato nos mostra que, provavelmente, o acesso do público ao acervo da Real Biblioteca tenha sido bem menor do que quer nos fazer crer o padre Perereca. De qualquer forma, as cartas de Marrocos nos indicam que as visitações ao *locus* eram práticas cotidianas, pelo menos para os membros da realeza e da elite intelectual da Corte, incluindo-se aí os viajantes.

As livrarias foram consideradas espaços de saber de suma importância para a política cultural joanina (1792-1821). Apenas na *nova capital*, a Coroa portuguesa gerenciou o nascimento de dois *locus*: a Real Biblioteca do Rio de Janeiro, e a biblioteca da Academia dos Guarda-Marinhas (1810)(DENIPOTI, p. 133-145); isto sem contar com as principais livrarias conventuais de São Bento e São Francisco existentes desde o século XVIII. Para além desses estabelecimentos, ainda funcionavam na cidade diversos institutos de estudos superiores criados pelo governo, tais como a Real Academia Militar, o Laboratório Químico-Prático, a Academia Médico-Cirúrgica, o Arquivo Militar e a Academia dos Guarda-Marinhas (MORAES, 1979, p. 87).

Quanto ao restante da colônia, o grande empreendimento foi a Biblioteca Pública da Bahia. Instalada em Salvador, o *plano* para o estabelecimento do espaço foi aprovado pelo conde dos Arcos (governador da capitania) e veiculado *em O Investigador Portuguez*, já na edição de estreia, em 1811. Mesmo tendo sido uma "iniciativa privada da elite culta da segunda cidade do Brasil" (SILVA, 1999, p. 142), o *locus* teve total apoio da Coroa, que disponibilizou as páginas do seu jornal em Londres para a divulgação do projeto. Esta postura reitera, mais uma vez, o uso da imprensa interatlântica como mola-mestra dos projetos culturais sustentados pelo governo joanino. A abertura da livraria deu-se em agosto de 1811. Sete anos depois, em 1818, quando o espaço passava a receber as duplicatas da Real Biblioteca do Rio de Janeiro, o amplo e variado acervo contava com 5361 obras previamente aprovadas pelos censores.[33] O governo joanino ainda dirigiu deste lado do Atlântico os destinos das principais bibliotecas reais lisboetas, assim como endossou o projeto dos negociantes portugueses exilados na Inglaterra referente à estruturação da Biblioteca Lusitana em Londres.

No gerenciamento dos espaços do reino, alguns eventos chamam a atenção. Em maio de 1812, por exemplo, o príncipe regente pedia a Antonio Ribeiro dos Santos que enviasse (pela Secretaria do Estado dos Negócios Estrangeiros e da Guerra) a relação dos empregados na Biblioteca Pública da Corte, com as devidas "declarações e explicações" sobre a rotina dos funcionários e do estabelecimento.[34] As queixas e pedidos dos súditos reais vinculados a esses espaços também chegavam às mãos do monarca e, por vezes, eram atendidos. Em 1814, Ribeiro dos Santos fazia duas reclamações aos governadores do Reino: a falta de estantes "para se arranjarem muitos dos livros que tem acrescido à Biblioteca Pública", e a necessidade de se arrumar um novo ajudante, uma vez que José Gonçalves Ramiro, oficial da outra Biblioteca não servia o seu cargo havia dois anos. Do Rio de Janeiro, d. João mandava "expedir as ordens necessárias para se aproximarem as estantes precisas" e ordenava que "se o dito oficial não for servir com efetiva residência como deve", prometia colocar outro em seu lugar.[35]

---

33 "Catálogo dos livros que se acham na Livraria Pública da cidade da Baía, em maio de 1818". *Apud* SILVA, 1999, p. 143.

34 Aviso em que manda pedir uma relação dos empregados na Biblioteca. Biblioteca Nacional de Portugal, Seção de Reservados, Cód. 10612.

35 Aviso em que manda servir José Gonçalves Ramiro com efetiva residência. Biblioteca Nacional de Portugal, Seção de Reservados, Cód. 10612.

Para além das questões burocráticas, o Príncipe também estava a par das aquisições de novas obras e das traduções que cotidianamente ocorriam. Em 1816, o governador do Reino, João Antonio Salter de Mendonça, avisava Antonio Ribeiro dos Santos sobre os trâmites para a tradução da *Eneida*. "El Rei Nosso Senhor manda remeter a V. S.ª o manuscrito original da tradução da Eneida de Virgílio por Leonel da Costa, para guardar na Real Biblioteca Pública da Corte, com a cautela que merece uma obra de tal preço."[36] A ordem real ainda determinava que o bibliotecário fizesse uma cópia do dito manuscrito, conservando-a na Biblioteca, uma vez que esta seria usada quando fosse autorizada a impressão do livro.

Em novembro de 1815, o projeto da Biblioteca Lusitana em Londres foi veiculado em *O Investigador Portuguez em Inglaterra*, que o concebia como um ponto de reunião comum da comunidade portuguesa, onde os sócios poderiam consagrar-se aos deleites da literatura nacional, a base do fortalecimento do patriotismo, conservarem a pureza de sua língua, "que mui arriscados andam a viciar e perder, vivendo em país estrangeiro sem o próprio antídoto", e ainda se instruírem "nas histórias, e mais coisas de sua nação, que é obrigação de todos não ignorar, e que, em ponto de ricas, e interessantes, por nenhuma das modernas são excedidas." A biblioteca também contaria com mapas, gazetas, e jornais das mais diversas nações.[37]

Nos meses de julho e agosto de 1816, *O Investigador* publicou duas cartas referentes ao tema. Escrita sob o pseudônimo de "BIBLIOMANÍACO", a primeira correspondência pedia informações sobre o espaço. Chamando-a de "*Dulcineia encantada*", o autor pedia o endereço de onde ela vivia.[38] A resposta chegou no mês seguinte. "BIBLIÓFILO", o interlocutor, justificava a demora do empreendimento por razões financeiras, exaltando, por outro lado, o fato de o espaço estar em fase de preparo.[39] Não sabemos se a biblioteca veio a público, mas pelo silêncio do periódico a partir de 1817 tudo indica que o projeto não tenha saído do papel.

A política cultural do governo joanino, tanto em relação à institucionalização da palavra impressa através da tipografia régia, quanto à sua "coleção de bibliotecas" distribuídas nos dois lados do Atlântico, expressava a concepção real de que esses *locus* de saber compunham uma das principais faces de um espelho, cuja imagem era de um Império vigoroso e politicamente forte e saudável. Tamanha pretensão, no entanto, se desvaneceu ao longo do tempo. Desde o início da tormenta revolucionária no Velho Mundo, em 1789, a Coroa portuguesa lutava pela estabilidade do Império. No reino, tal projeto foi inviável. Com a invasão napoleônica iminente,

---

36 Aviso em que remete a tradução da Eneida por Leonel da Costa. Biblioteca Nacional de Portugal, Seção de Reservados, Cód. 10612.

37 *O Investigador Portuguez em Inglaterra*, vol. 14, p. 246-248.

38 *Idem*, vol. 16, p. 177.x

39 *Idem*, vol.16, p. 267-268.

a travessia oceânica tornou-se uma realidade de treze anos. Do Brasil, a tentativa de implantar um novo e poderoso Império tendo a Impressão Régia como ponto nevrálgico dessa política (BARRA, 2012), também não se concretizou: com a morte de d. Rodrigo de Souza Coutinho (1812), o fim da era napoleônica (1815) e o ápice da crise do sistema absolutista português, a partir de 1817, era preciso repensar a estrutura do frágil Império que se tinha sob as mãos. Dirigi-lo de qual sede, Rio de Janeiro ou Lisboa?

A resposta chegou antes do previsto por d. João VI. Pouco mais de três anos depois de ter sido aclamado rei na América (1818), a Revolução do Porto (1820) exigia providências urgentes. Era a monarquia constitucional que se afigurava no horizonte com os revoltosos chamando às Cortes. Na efervescente ebulição política dos anos 1820-1822, a emergência do novo espaço público liberal luso-brasileiro mostrava toda sua face, tendo a própria sociedade como protagonista. O conceito de cidadania agora fazia parte do vocabulário comum. Eram os cidadãos que lutavam por um novo pacto político nos dois lados do oceano. O Império português, finalmente, tinha novos atores políticos e o Antigo Regime era obrigado a negociar com uma nova ordem em praça pública. "A prática liberal considerava a igualdade perante a lei como condição inerente ao cidadão, dando uma nova conotação política ao exercício da cidadania" (NEVES, 2003, p. 181).

Em 1821, uma parte dos manuscritos reais atravessava o oceano juntamente com d. João e seu séquito rumo ao Velho Mundo. Estavam quase a salvos, não fosse terem deixado no Rio de Janeiro o mais precioso de seus bens: a Real Biblioteca, que valia quatro vezes mais do que toda a prataria real. Não bastasse isso, ainda em 1821, os funcionários da livraria régia imprimiam seu Estatuto, que simbolizava "uma verdadeira carta de alforria do estabelecimento, que decididamente se assentava em terras tropicais" (SCHWARCZ; AZEVEDO; COSTA, 2002, p. 400-403).

Ao longo desses anos, a opinião tornava-se senhora da razão e tomava as ruas do Império. Em Coimbra ou em Belém do Pará, em Salvador ou no Porto, em Lisboa, ou no Rio de Janeiro. A *crítica* ao *status quo* adentrava o século XIX luso-brasileiro. Mesmo com toda a política governamental de coibição das ideias sediciosas, os sujeitos históricos do Oitocentos *liam* a realidade à sua volta de uma maneira muito diferente de antes da Revolução Francesa. A imprensa? Os manuscritos? Os livros? As peças de teatro? A biblioteca? Sim, todos estes espaços de saber, ou de produção de novas leituras, olhares e conhecimentos, foram fundamentais para a formação de outra identidade coletiva. Esta, no início da década de 1820, começava a trilhar o caminho da soberania política.

Referências Bibliográficas:

ALGRANTI, L. M. *O feitor ausente: estudo sobre a escravidão urbana no Rio de Janeiro (1808-1821)*. Petrópolis: Vozes, 1988.

ALGRANTI, L. M. *Livros de devoção, atos de censura: cultura religiosa na América Portuguesa*. São Paulo: Editora Hucitec /FAPESP, 2004.

BARRA, S. *Ilustração e memória: a impressão régia do Rio de Janeiro e o projeto do novo império português*. Tese de Doutorado – PUC-RIO, Rio de Janeiro, 2012.

CAMARGO, A. M.; MORAES, R. B. de. *Bibliografia da impressão régia do Rio de Janeiro*. São Paulo: Edusp/Kosmos, 1993. v. 2.

CARVALHO, J. M. de, "História intelectual no Brasil: a retórica como chave de leitura". *Topoi*, Rio de Janeiro, n. 1, p. 133-134.

CARVALHO, M. P. de. *Uma ideia de cidade ilustrada: as transformações urbanas no Rio de Janeiro de d. João VI (1808-1821)*. Rio de Janeiro: Odisséia, 2008.

CHARTIER, R. "Do livro à leitura". In: CHARTIER, R. *Práticas de leitura*. Trad. Cristiane Nascimento. São Paulo: Estação Liberdade, 1996, p. 77-106.

DARNTON, R.; ROCHE, d. *Revolução Impressa: a imprensa na França (1775 – 1800)*. São Paulo: Edusp, 1996.

DARNTON, R. *O grande massacre de gatos e outros episódios da história francesa*. Trad. Sonia Coutinho, 4ª ed. Rio de Janeiro: Ed Graal, 2001.

DENIPOTI, C. "Possibilidades combinatórias da condução da leitura em uma biblioteca: José Maria Dantas Pereira e o 'Catálogo systematico da Bibliotheca da Companhia dos Guardas Marinhas'". *Revista Acervo*, n. 2, vol. 26. Rio de Janeiro: Arquivo Nacional, p.133-145. Disponível em: <http://www.revistaacervo.an.gov.br/seer/index.php/info/issue/view/43>. Acesso em: 24/04/2015.

FERREIRA, T. M. T. B. "Redatores, livros, e leitores em *O Patriota*" In: KURY, L. (org.) *Iluminismo e Império no Brasil: O Patriota (1813-1814)*. Rio de Janeiro: Editora Fiocruz, 2007, p. 41-66.

LOPES, E. *Festas públicas, memória e representação: um estudo sobre manifestações na Corte do Rio de Janeiro (1808-1822)*. São Paulo: Ed. Humanitas, 2004.

MARROCOS, L. J. dos S. *Cartas do Rio de Janeiro (1811-1821)*. Lisboa: Biblioteca Nacional de Portugal, 2008.

MEIRELLES, J. G. *Imprensa e poder na Corte Joanina: a Gazeta do Rio de Janeiro (1808-1821)*. Rio de Janeiro: Ed. Arquivo Nacional, 2008.

MEIRELLES, J. G. *Política e Cultura no governo de d. João VI (1792-1821)*. Tese de Doutorado – Unicamp, Campinas, 2013.

MOREL, M. *As transformações dos espaços públicos: imprensa, atores políticos e sociabilidade na cidade imperial (1820-1840)*. São Paulo: Editora Hucitec, 2005.

MOREL, M. "Da gazeta tradicional aos jornais de opinião: metamorfoses da imprensa periódica no Brasil". In: FERREIRA, T. M. T. B. da C.; BASILE, M.; CHARTIER, R.; NEVES, L. M. B. P. *Corcundas, constitucionais e pés de chumbo: A cultura política da independência (1820-1822)*. Rio de Janeiro: Ed Revan, FAPERJ, 2003.

NEVES, L. M. B. P. das (org.). *Livros e impressos: retratos do setecentos e do oitocentos*. Rio de Janeiro: EDUERJ, 2009a, p. 153-184.

NEVES, L. M. B. P. "O livro para se fazer nele memória de todas as obras que entrarem na Real Biblioteca". In: ALGRANTI, L. M.; MEGIANI, A. P. T. (orgs.). *O Império por escrito: formas da transmissão da cultura letrada no mundo ibérico (Sécs. XVI-XIX)*. São Paulo: Ed. Alameda, 2009b, p. 277-296.

SANTOS, L. G. dos. *Memórias para servir a História do Reino do Brasil*, 2 vol. Belo Horizonte: Itatiaia; São Paulo: Edusp, 1981.

SCHIAVINATTO, I. L. "Entre os manuscritos e os impressos". In: LESSA, M. L.; FONSECA, S. C. P. de B. *Entre a monarquia e a república: imprensa, pensamento político e historiografia (1822-1889)*. Rio de Janeiro: Eduerj, 2008, p. 13-33.

SCHWARCZ, L. M.; AZEVEDO, P. C. de; COSTA, Â. M. da. *A longa viagem da biblioteca dos reis: do terremoto de Lisboa à Independência do Brasil*. São Paulo: Companhia das Letras, 2002.

SILVA, M. V. da. *Reflexões sobre alguns dos meios propostos por mais conducentes para a melhoria do clima da cidade do Rio de Janeiro*. Rio de Janeiro: Impressão Régia, 1808.

SILVA, M. B. N. da. "Livro e sociedade no Rio de Janeiro". *Separata da Revista de História*, n. 94, São Paulo: USP, 1973.

SILVA, M. B. N. da. *Silvestre Pinheiro Ferreira: ideologia e teoria*. Lisboa: Sá da Costa, 1975.

SILVA, M. B. N. da. *Cultura luso-brasileira: da reforma da universidade à independência do Brasil*. Lisboa: Editorial Estampa, 1999.

SILVA, M. B. N. da. *A Gazeta do Rio de Janeiro (1808-1821): cultura e sociedade*. Rio de Janeiro: EDUERJ, 2007.

SILVA, M. B. N. da. *D. João: príncipe e rei no Brasil*. Lisboa: Livros Horizonte LDA, 2008.

SILVA, M. B. N. da. "A impressão Régia do Rio de Janeiro e a Cultura Científica". *Revista Portuguesa de História do livro*, ano XII, vol. 23. Lisboa: Edições Távola Redonda, 2009, p. 215-231.

TENGARRINHA, J. *História da imprensa periódica portuguesa*, 2ª ed. Lisboa: Editora Caminho, 1989.

TUNA, G. H. "A livraria de Manuel Inácio Silva Alvarenga: representante das Luzes na América Portuguesa?" In: ALGRANTI, L. M. & MEGIANI, A. P. T. (orgs.). *O Império por escrito: formas da transmissão da cultura letrada no mundo ibérico (Sécs. XVI-XIX)*. São Paulo: Ed. Alameda, 2009, p. 265-276.

VAINFAS, R. & NEVES, L. M. B. P. (org.). *Dicionário Do Brasil Joanino*, vol. 1. Rio de Janeiro: Objetiva, 2008.

Capítulo 10. Impressos, bibliotecas e ideias: a ampliação da esfera literária na província do Espírito Santo nos anos de 1880

Karulliny Silverol Siqueira Vianna[1]

Durante a segunda metade do século XIX, o Brasil vivenciou a entrada de novas correntes políticas e científicas que marcaram o debate em torno do republicanismo e as críticas à monarquia. Nesse mesmo período, as tipografias, os impressos e os espaços de leitura se tornaram ambientes propícios à difusão das novas ideias, adquirindo grande importância no cenário político oitocentista.

Este texto pretende analisar a consolidação da cultura impressa na província do Espírito Santo, na década de 1880, destacando a formação de seus principais espaços de leitura e debate científico, como por exemplo, a criação de clubes literários e bibliotecas públicas. Procuraremos demonstrar como a ampliação da esfera literária provincial esteve diretamente relacionada à formação de uma opinião pública e política e, sobretudo, auxiliou na legitimação de projetos políticos que passaram a circular nessa localidade, nos últimos anos do Império. A ampliação do alcance dos impressos e da circularidade de ideias será analisada por meio de relatórios governamentais, obras de memorialistas e, também, por jornais publicados na província durante a década de 1880 como *O Horizonte, A Província do Espírito Santo* e *O Cachoeirano*.

As turbulências que marcaram o início da década de 1880 já anunciavam as mudanças políticas que estavam por vir. Em 01 de janeiro, quando passou a vigorar o imposto de 20 réis sobre as passagens de bondes e trens, o povo já estava nas ruas, ouvia discursos contra o imperador e começava a assimilar as denúncias de Lopes Trovão e José do Patrocínio contra os percalços do governo. Iniciou-se o embate entre os partidários da monarquia e os promotores do ideal republicano como a única solução para o país.

---

[1] Doutoranda do Programa de Pós-Graduação em História da Universidade Federal do Espírito Santo. Bolsista da Fundação de Amparo à Pesquisa e Inovação do Espírito Santo (FAPES)

Tânia Bessone • Gladys Sabina Ribeiro • Monique de Siqueira Gonçalves • Beatriz Momesso

Nota-se que este período representou não somente o acirramento do debate político, mas também a ampliação e a modernização da imprensa em todo o Império. Como indica Marialva Barbosa, o número de tipografias aumentou significativamente nesta época e as publicações mais importantes introduziram uma série de melhorias em suas oficinas. As mudanças nos sistemas de transportes, o serviço de correios, assim como a extensão da malha ferroviária, fizeram com que os impressos atingissem até mesmo os leitores das áreas mais distantes da Corte. Consolidou-se, dessa forma, a ampliação do espaço público por meio de conferências, clubes, livrarias e associações, solidificando a politização nas ruas do Rio de Janeiro (BARBOSA, 2010, p. 117).

No Espírito Santo, durante o mesmo período, a imprensa tornou-se um espaço de discussão política e canalização de teorias científicas. Na década anterior, o jornalismo local, por meio dos chamados "órgãos democráticos", empreendeu linguagem que já demonstrava a inserção de novos conceitos e ideias ligados à ciência e ao progresso. O jornalismo político, todavia, ainda era efêmero na década de 1870, fazendo com que os redatores "democráticos" não lograssem êxito na criação de projetos políticos, apesar de terem iniciado a discussão de críticas pontuais à monarquia. O projeto de ordem, conduzido pela elite política, tratou de neutralizar tais conflitos por meio de cooptação de alguns jornalistas para o centro do partido Liberal. O redator Joaquim Pessanha Póvoa é um exemplo dessa prática. No início da década de 1870, Pessanha Póvoa era um dos agitadores que guiavam os estudantes do Atheneu Provincial com a publicação de um jornal e demonstrações de apoio à implantação da República no país. Alguns anos depois, o redator cessou suas publicações nos jornais "democráticos" e passou a fazer parte das discussões políticas do partido Liberal.

Nos anos de 1880, é possível identificar a ampliação e a consolidação do jornalismo na província, além da atuação mais eficaz dos jornalistas na esfera política, o que pode ter sido propiciado pela inserção de uma nova geração de redatores. É necessário salientar, contudo, que neste período ocorreu significativa diminuição de impressos sem bandeira política, como ocorrera na década de 1870, fazendo com que os jornais voltassem a se manifestar como liberais ou conservadores, extinguindo quase por completo a publicação dos jornais "democráticos", o que fortaleceu a ideia monárquica na província justamente durante o período de críticas ao Império.

O que se problematiza neste estudo é a formação de uma imprensa em seu sentido mais latente, propulsora da circulação de ideias, muito mais atuante a partir de 1880. Neste sentido, concordamos com as proposições de Marialva Barbosa, que, ao tratar a imprensa por um viés cultural, chama a atenção para o fato de que a existência de impressos, tipografias e publicações sem regularidade, como ocorrera em outras décadas, podem não configurar a presença de uma "imprensa" de fato:

> Só existe imprensa, no sentido estrito do termo, a partir do momento em que a transmissão de informações regular se torna pública, ou seja, acessível ao público em geral. Só há imprensa quando a ideia do público como espécie de abstração-concreta se torna o desejo dominante das publicações. Não importa que tipo de público: se os próprios jornalistas, se os poderosos do reino, se os comerciantes e os militares de altas patentes. Há jornalismo quando há publicização no sentido mais amplo.(BARBOSA, 2010, p. 20).

Portanto, identificamos a imprensa do final do Oitocentos como espaço de ampliação do debate político, atuando como veículo de contestação e denúncia pelo exercício do poder local por parte de grupos distintos, chocando-se pela primeira vez contra uma cultura política consolidada, baseada nos princípios de ordem e moderação.

A ampliação da esfera literária e intelectual que ocorreu na década de 1880, não atingiu somente o jornalismo provincial; também marcou a maior circulação de livros e a criação de espaços de leitura e de discussão de correntes políticas e científicas. A situação das bibliotecas e práticas de leitura se situa na mesma discussão que nos propomos a fazer sobre jornais locais. A primeira biblioteca no Espírito Santo remonta ao período colonial, como uma criação jesuíta, o que nos indica a circulação de livros na província nos anos anteriores a 1880. Entretanto, mesmo com tais evidências, deseja-se analisar a expansão da circulação literária e das diferentes práticas de leitura nos últimos anos do Império, como uma das bases para a construção da linguagem política que canalizou projetos políticos distintos.

Os espaços de leitura no Império: bibliotecas e sociedades literárias

As sociabilidades intelectuais e os espaços destinados à divulgação do saber e às discussões políticas redimensionaram a opinião pública e tornaram-se importantes locais de debate para os que, na maioria das vezes, estavam aquém do debate político. O movimento revolucionário francês, por exemplo, foi fator essencial no contexto de criação de espaços públicos de divulgação do saber e da prática da leitura. É necessário ressaltar que, neste período, as bibliotecas particulares eram consideradas "inimigas da república", fazendo com que a revolução transferisse a todos os cidadãos o direito de instrução, abolindo a ideia de que o passado, cristalizado nas bibliotecas particulares, deixasse de ser um privilégio da classe burguesa (ARRUDA, 2000). Diversos autores indicam que,[2] apesar da existência das bibliotecas

---

2   As bibliotecas públicas, contraditoriamente, eram locais de acesso restrito, e, além disso, destaca-se que o acervo era proveniente de bibliotecas particulares, não agradando ao gosto do leitor. Somente na segunda metade do Oitocentos pode-se falar verdadeiramente

Tânia Bessone • Gladys Sabina Ribeiro • Monique de Siqueira Gonçalves • Beatriz Momesso

na Antiguidade e no Medievo, as bibliotecas públicas surgiram na segunda metade do século XIX, nos Estados Unidos e na Inglaterra. Para Almeida Junior (2003), estas bibliotecas se diferenciavam por três fatores: eram integralmente mantidas pelo Estado, possuíam funções específicas e objetivavam atender a sociedade. Na Inglaterra, os espaços de leitura tiveram seu maior desenvolvimento por volta de 1850, em meio ao contexto da revolução industrial, propiciado pelos movimentos de contestação, que indicavam a necessidade de espaços de discussão cultural e local de aperfeiçoamento (WADA, 1985, p. 16).

Diversos fatores levaram as bibliotecas públicas e os acervos particulares do século XIX, a se tornarem objetos de estudo da historiografia brasileira. A análise dos acervos, das práticas de leitura e do público leitor permite caracterizar o que era lido nas províncias, a interferência da leitura na formação dos indivíduos e nos movimentos de contestação, além de caracterizar a recepção e a circulação das ideias políticas. As investigações dessa natureza auxiliam, sobretudo, a mapear o mercado livreiro e as transações que ocorriam entre o Brasil e outros países como, por exemplo, a França (MOLLIER, 2010).

No Brasil, como afirma Rubens Borba de Moraes (2006), as primeiras bibliotecas foram organizadas pelos jesuítas. Entretanto, resguardados à ordem religiosa, tais acervos não eram considerados públicos. Com a chegada da Corte, diversas instituições culturais foram criadas no Rio de Janeiro, como, por exemplo, a Real Biblioteca, formada em 1810. Após a Independência, passou a se chamar Biblioteca Imperial Pública, contando ainda com o acervo posterior. Da mesma forma, as províncias passaram a projetar suas bibliotecas locais, atribuindo a estes espaços a ideia de civilização e modernidade (CARVALHO, 1994).

A criação de bibliotecas como espaços de difusão de conhecimento, a partir da iniciativa e necessidade das elites intelectuais locais, foi uma prática recorrente em diversas regiões. Na Bahia, por exemplo, onde ocorreu a criação da primeira biblioteca pública, a necessidade de um espaço de leitura foi requerida pelo intelectual Pedro Gomes Ferrão Castello Branco. Em 1811, apresentou ao governador da capitania da Bahia um documento que instituía um plano para o estabelecimento de uma biblioteca pública em Salvador. A urgência de um estabelecimento como aquele foi denunciada por Castello Branco:

> Padece o Brazil, e particularmente esta Capital a mais absoluta falta de meios para entrarmos em relação de idéas com os Escritores da Europa, e para se nos patentearem os tesouros do saber espalhados

---

em bibliotecas públicas, com acervos provenientes da necessidade e gosto popular (ARRUDA, 2000).

nas suas obras, sem as quais nem se poderão conservar as ideias adquiridas, e muito menos promovê-las a benefício da Sociedade.[3]

A partir de então, a capital passou a contar com um espaço para leitura, sendo que a maioria de seus livros era escrita em língua francesa, composta por doações de outros intelectuais da região. Nos anos de 1880, a biblioteca pública da Bahia já havia se consolidado, e contava com um acervo de quase vinte mil livros.

Por outro lado, a província do Amazonas só passou a vivenciar a experiência de uma sala de leitura em meados de 1870, acompanhando a modernização e as modificações urbanas de Manaus. De acordo com os estudos de Guilhermina Arruda, a iniciativa de se criar uma biblioteca pública em Manaus objetivou satisfazer a elite intelectual manauara, na tentativa de fazer da cidade uma referência intelectual (ARRUDA, 2000). Após a criação da sala de leitura agregada à biblioteca, o local passou por alguns anos de abandono, tanto por parte dos leitores, como também das autoridades públicas. Foi somente na década de 1880 que a nova biblioteca voltou a ser uma preocupação governamental e ganhou novo acervo.

Acompanhando o mesmo processo, a primeira biblioteca pública do Pará também foi requerida por parte da elite intelectual. A biblioteca iniciou seu funcionamento por volta de 1839, visando o desenvolvimento intelectual da província. O acervo foi realocado por diversas vezes, fazendo com que as obras facilmente se desorganizassem e sofressem abandono por parte dos usuários. Somente em 1871, o espaço passou por uma renovação, iniciada pelo presidente da província Joaquim Pires Machado Portella, atualizando o acervo, agregando obras diferenciadas aos volumes já existentes, e instituindo-a como departamento público (APOLARO, 2008).

De acordo com Tânia Bessone, em 1880 a Corte abrigava grande número de bibliotecas, entre as quais se destacava a Biblioteca Nacional, as bibliotecas da faculdade de Medicina, Escola da Marinha, do Mosteiro de São Bento, da Academia de Belas Artes, do Gabinete Português de Leitura, do IHGB, entre outros acervos (FERREIRA, 2005). As pesquisas da autora indicam que as bibliotecas públicas eram locais bastante frequentados por leitores com objetivos diversos. As bibliotecas, por sua vez, preocupavam-se em ampliar o público, publicando informativos nos jornais e zelando pelo conforto do leitor com iluminação adequada e expediente que suprisse a demanda dos frequentadores (FERREIRA, 1999).

---

3 Plano para o estabelecimento de huma bibliotheca publica na Cidade de S. Salvador – Bahia de Todos os Santos, offerecido á Approvação do Illustrissimo e Excellentissimo Senhor Conde dos Arcos, Governador, e Capitão General desta Capitania in História da Biblioteca Pública da Bahia. Disponível em: <http://200.187.16.144:8080/jspui/bitstream/bv2julho/356/1/Historia%20da%20biblioteca%20publica%20na%20bahia.pdf>. Acesso em: 24/07/2014.

Na província de São Paulo, o número de bibliotecas também era bastante significativo nas últimas décadas do Império. De acordo com Marisa Deaecto, a primeira biblioteca pública foi criada em 1825, tornando-se mais tarde Biblioteca da Faculdade de Direito. Por volta de 1890, a instituição já contava com mais de 10.000 exemplares. Na década de 1870, criou-se a Biblioteca Popular e a Biblioteca da Sociedade Germânia. Outra importante biblioteca de estudos foi fundada pelo College Mackenzie, em 1886. Em 1894, São Paulo contava ainda, com o acervo da biblioteca da Escola Politécnica (DEAECTO, 2011).

Tomando por base a literatura referente ao estudo das bibliotecas em outras províncias, e a circulação de ideias nos espaços de leitura, é necessário inserir a província do Espírito Santo no mapeamento das bibliotecas públicas do Império. Tal investigação possibilita caracterizar a utilização dos espaços de leitura local como elemento indispensável para a discussão e conhecimento de diversas teorias científicas e correntes políticas divulgadas no fim do século XIX. As novas práticas de leitura e assiduidade às bibliotecas consolidaram a existência de uma elite intelectual atuante nos anos finais do Império, ampliando neste sentido, o espaço público de discussão e crítica.

Impressos, leituras e leitores na província

A criação tardia da imprensa no Espírito Santo, em 1849, certamente afetou a impressão de livros e outros tipos de publicações, fazendo com que a impressão de livros também fosse inibida até esta data. A situação pouco se modificou nos anos posteriores, já que a maioria das obras de autores locais costumava ser publicada na Corte (HALLEWELL, 1985). Os entraves não se relacionavam somente às publicações, mas também aos espaços necessários à pulverização de ideias e difusão de novos conceitos no fim do século XIX, no Espírito Santo. Somente nos anos finais do Império foram criados lugares propícios à difusão de conhecimento e ciência na província. Estes espaços, contudo, mostraram-se de formas diferentes nas principais regiões da província.

Foi por meio da Biblioteca Pública Provincial criada na capital, na localidade de Vitória, que as correntes políticas e científicas tomaram fôlego na província. O local não era o único reduto de leitura na localidade,[4] no entanto, é necessário destacar o papel da Biblioteca em meio à dinâmica de circulação de ideias científicas e das discussões sobre o progresso e a civilização nos anos finais do XIX. Foi durante a década de 1880 que se verificou a intensificação dos trabalhos da biblioteca e das práticas de leitura na capital, embora sua criação tenha se dado desde a metade do

---

4   Em Vitória funcionavam algumas sociedades literárias como o Grêmio Literário Vitoriense.

século. Os relatórios emitidos por presidentes de província auxiliam a delinear a história da Biblioteca Pública e também exibem as dificuldades para a concretização do projeto na capital.

Os preparativos para a instalação da Biblioteca Pública se iniciaram por volta de 1853.[5] Em comunicado feito à Assembleia Provincial, o presidente da província, Sebastião Machado Nunes, indicou que necessitava da aprovação de verbas para que a comissão destinada a organizar a biblioteca pudesse dar prosseguimento aos trabalhos.[6] Em julho daquele ano, a biblioteca foi aberta ao público, mas continuou a demandar auxílios dos deputados provinciais para a sua permanência.

Os livros que ali existiam eram, em sua maioria, doados por Braz Costa Rubim, intelectual nascido no Espírito Santo, mas residente na Corte no momento da abertura da biblioteca. Autor de diversas obras sobre a história de sua terra natal e membro do IHGB, Rubim presenteou a biblioteca com cerca de 400 obras, que foram então administradas por João Clímaco de Alvarenga Rangel, João Malaquias dos Santos Azevedo e José Camilo Ferreira Rabelo. A fundação do espaço para leitura não obteve êxito, posto que em 1859, o estabelecimento já dava seus sinais de fraqueza. De acordo com o presidente da província, Pedro Leão Velloso, era visível a necessidade do apoio de verbas do legislativo para que a biblioteca cumprisse seu papel na província: "Não passa de [...] 900 volumes inclusive as ditas brochuras, atiradas à poeira. Se entendeis que a província deve ter uma livraria pública [...] que adoteis dos meios de que há mister o núcleo que já temos, para que se possa desenvolver".[7]

Durante a década de 1850, o estabelecimento foi pouco frequentado, o que, para os presidentes da província, devia-se à má organização dos livros e à falta de boas acomodações para os leitores. Além da falta de estrutura, a biblioteca sofria com a ausência de um encarregado permanente, o que geralmente fazia com que estivesse fechada. Entre outras reclamações dos administradores locais, constava também a ausência de um catálogo regular, o que poderia facilitar a consulta dos leitores, além de mobiliário adequado. Pensava-se que se devia solicitar às sociedades científicas do Império, e a todas as tipografias, que enviassem um exemplar de suas publicações para aquela biblioteca. Se, em 1860, as tipografias iniciavam intensa produção na província, o mesmo entusiasmo não foi visto na Biblioteca Pública. Em 1861, o presidente Costa Pereira Junior relatou a situação precária daquele estabelecimento na capital. Faltavam móveis adequados, segundo o administrador,

---

5   APEES. Relatório com que o Exm. Sr. Dr. Evaristo Ladislau, Presidente da Província do Espírito Santo dirigiu a Assembleia Legislativa Provincial no dia vinte e três de maio do corrente anno, 1853.

6   *Idem*, 1854.

7   APEES. Relatório do Presidente da Província do Espírito Santo, o Bacharel, Pedro Leão Velloso, na abertura da Assembléa Legislativa Provincial no dia 25 de maio de 1859.

principalmente no que se referia àqueles para guardar os livros. De acordo com o presidente, a ausência de estantes fazia com que as obras ficassem amontoadas e jogadas pelo chão da sala que abrigava a biblioteca. No entanto, a preocupação de Costa Pereira Junior não se referia apenas à estrutura física, mas também, ao conteúdo dos livros que formavam a biblioteca, indicando que "poucas são as obras de vulto que a biblioteca possui e destas, algumas pela antiguidade das edições, não mostram o último estado das ciências de que tratam".[8]

O público leitor também não era animador. Segundo as fontes, eram raros os indivíduos que frequentavam o estabelecimento, seja pelas péssimas condições para realização de pesquisas e leituras ou ainda, pelo desprezo por tal atividade. Neste sentido, não há indícios que nos apresentem grande interesse pelos livros e prática de leitura na biblioteca pública em meados de 1860. Entretanto, foi na década de 1870 que a biblioteca viveu o seu pior período. O relatório governamental de 1872 exibiu a sua precariedade, afirmando que *"hoje apenas existem alguns livros de todo inutilizados e estragados pelas traças"*. Contudo, o que chama atenção na fala de Francisco Ferreira Correia não é somente a situação crítica do estabelecimento, posto que tal fato já era constatado desde a criação da biblioteca e se assemelhava à situação de outras bibliotecas provinciais. O que o presidente da província fez questão de destacar em seu relatório era a negligência dos capixabas diante da prática de leitura e do conhecimento. Na visão do administrador:

> Reconheço infelizmente que na maior parte da população não há somente indiferença e negação pelas letras; há mais que isso; há um horror quase igual ao que se observa em relação ao serviço das armas e até a inoculação da vacina [...] Em geral, pois, evita-se a escola. [...] Uns não sabem ler, outros não querem aprender o que deveriam saber! E assim grassa a ignorância como uma epidemia de mau caráter, que mata a um tempo o espírito público e todas as aspirações nobres que se precedem à indústria, às ciências, às letras, às belas artes e às armas.[9]

Ainda na década de 1870, paralelo ao surgimento do jornalismo "democrático" vivenciado na província, iniciou-se forte discussão sobre a reforma da instrução pública no Espírito Santo. A demanda educacional forjou também a necessidade de

---

8   APEES. Relatório apresentado à Assembléa Legislativa Provincial do Espírito Santo no dia da abertura da sessão ordinária de 1861, pelo Presidente, José Fernandes da Costa Pereira Junior.

9   APEES. Relatório lido no paço d'Assembléa Legislativa da Província do Espírito Santo pelo Presidente o Exm. Snr. Doutor Francisco Ferreira Correa na sessão ordinária do anno de 1871.

se restabelecer a biblioteca como um estabelecimento literário em prol do saber. O discurso de mudanças da época enquadrava as práticas capixabas nos quesitos do "velho" e do "novo". Entretanto, pouco se viu em termos de mudanças e difusão de ideias científicas na província. Foi somente na década de 1880, durante a administração de Eliseu de Souza Martins, que se consolidou a ideia da biblioteca pública como um espaço da ciência e de conhecimento para o progresso.

O governante mencionou em seu relatório à Assembleia Provincial, a "ideia de fundar na Capital um templo consagrado às ciências, às artes e às letras, e no qual funcionem como sacerdotes meus concidadãos".[10] Para compor a "nova" biblioteca, Eliseu contou com a doação de 1.844 livros e comprou outros 239 volumes. A escolha do acervo concentrou-se na instrução popular, fazendo com que o administrador adquirisse também cartas geográficas, mapa-múndi e do Brasil, globo terrestre e esferas celestes, além de outras figuras geométricas. Dentre as principais mudanças na estrutura física, destaca-se a instalação de gás na biblioteca, o que tornou possível as leituras noturnas, cuja frequência era maior.

No entanto, Eliseu Martins não considerou somente os melhoramentos momentâneos para a biblioteca, pois solicitou renda anual para a compra de livros, assinaturas de revistas nacionais e estrangeiras, e para as despesas referentes a encadernações. Inicialmente a biblioteca teve sua direção entregue ao Atheneu Provincial e, posteriormente, nomeou-se um bibliotecário. Portanto, a biblioteca como espaço destinado à leitura não foi uma novidade para os espírito-santenses nos anos de 1880. No entanto, a ideia de uma biblioteca como espaço da ciência era parte de um novo projeto político e intelectual baseado nas ideias de civilização e ciência. A imprensa positivista da capital prestou honras a Eliseu Martins por concretizar a ideia da biblioteca pública, o que, de certa forma, era visto como parte do projeto positivista:

> Coube-lhe a gloria da criação da Biblioteca Pública, essa ideia luminosa que por si só era suficiente para recomendar o nome de S. Ex. à posteridade. Agenciando donativos de grande número de cidadãos par a realização biblioteca, animou Sua Ex. a iniciativa particular, essa alavanca poderosa do século XIX, e que infelizmente estava adormecida nesta província. Para mostrar as vantagens de uma biblioteca pública, basta lembrar que a troca dos jornais, a leitura fácil e cômoda desperta o gosto e o amor às letras. Em seu relatório apresentado à Assembleia Legislativa provincial mostrou Sua Ex. a sua ilustração e amor às letras pátrias, oferecendo um projeto

---

10   Relatório com que o Exm. Sr. Dr. Eliseu de Sousa Martins, no dia 19 de julho de 1880, passou a administração da Província do Espírito Santo ao Exm. Sr. Tenente-Coronel Alpheu A. Monjardim d'Andrade e Almeida, 1º Vice-Presidente.

de reforma para a instrução da mocidade, *baseada nos verdadeiros princípios das ciências positivas*.[11] (grifos meus)

Se a criação de um ambiente de leitura objetivou a difusão de conhecimento e de novas correntes científicas, ao naturalismo, ao evolucionismo e às demais discussões do período, pode-se dizer que a biblioteca pública resguardava estrutura ideal para tal empreendimento. O mapeamento das obras que eram lidas pelos capixabas na Biblioteca Pública indicava que havia circulação desses livros e, sobretudo, que a consulta a essas obras aumentou largamente no decorrer da década de 1880, perdendo espaço para as práticas de leitura mais comuns até meados de 1870.

Tabela 1. Consultas na Biblioteca Pública de Vitória, ES

Tipo da Obra	Consultas 1880	Consultas 1886
Bellas letras	1.296	644
Jurisprudência	62	58
Ciências Matemáticas	108	188
Ciências Naturais	78	207
Ciências Médicas	10	47
Filosofia Abstrata	38	78
História e Geografia	–	192
Teologia	8	–
Moral aplicada	68	123
Jornais e Revistas	467	875

Fontes: APEES. Relatório apresentado à Assembléa Legislativa da Província do Espírito Santo em sua sessão ordinária de 8 de março de 1881 pelo Presidente da Província, Exm. Sr. Dr. Marcellino de Assis Tostes; APEES. Relatório apresentado à Assembléa Legislativa Provincial do Espírito Santo pelo Presidente da Província, Dezembargador Antonio Joaquim Rodrigues, em 5 de outubro de 1886.

Os dados indicam que desde o início do funcionamento da biblioteca, empreendido por Eliseu Martins, houve o aumento nas consultas às obras ligadas às ciências naturais e médicas, enquanto as obras de belas-letras e jurisprudência sofreram declínio no gosto dos leitores. A análise do acervo da biblioteca provincial demonstra a variedade de temas e autores que passam a ser lidos pelos jovens e intelectuais da localidade. A teoria darwinista e as discussões sobre a evolução esta-

---

11   *O Horizonte*, n. 10, 25/07/1880.

vam presentes aí. Entre os livros do acervo estava *Introducion a la Science Sociale* de Herbert Spencer, difusor do darwinismo social, e complementando tal discussão, haviam também livros de opositores de Darwin, como *L'Espécie Humaine*, escrito por Quatrefages de Bréau, defensor da unidade da origem da espécie humana e da superioridade do homem branco. De acordo com as investigações de Heloísa Domingues sobre a recepção do darwinismo no Brasil, a discussão darwinista e evolucionista, que em outros países tornou-se problemática, sobretudo por conta do catolicismo, encontrou no Império brasileiro um terreno fértil para debates que envolviam tanto a defesa quanto os opositores da teoria, assim como ocorreu na província (DOMINGUES, 2003).

É necessário destacar as obras de Auguste Comte e a presença de vários tomos do *Cours Philosophie Positive*. Havia também obras obrigatórias para o debate político da época, como *A Província* de Tavares Bastos, e a obra *Estudos práticos sobre a administração das províncias no Brasil*, do visconde do Uruguai. Na seção dedicada à História havia *Histoire de la Revolution Française*, de Adolphe Thiers; *História dos Estabelecimentos Scientificos Litterarios e Artisticos de Portugal nos sucessivos reinados da Monarchia*, de José Silvestre Ribeiro; *História dos Quinhentistas*, escrita por Theophilo Braga; *História Graeca Tomusiv*, obra de Xenophotis, entre vários outros livros sobre História.[12]

Apesar de manter um acervo que disponibilizava aos provincianos o contato com diversas teorias em voga no fim do século XIX, a Biblioteca Pública Provincial e as práticas de leitura da capital, no entanto, não eram acessíveis a todos os indivíduos da província, até mesmo pela distância que existia entre as cidades do interior e a capital. A demanda pela leitura e por espaços de discussões científicas e literárias passou, então, a ser uma necessidade frequente em várias localidades da província, sobretudo no Sul, onde a construção do espaço de leitura partiu da iniciativa de populares, redatores e estudantes. Em ambientes diferentes, os capixabas empreenderam a divulgação de ideias que nem sempre se assemelhavam, o que poderia ser melhor exemplificado, a partir das discussões que a imprensa destacou no Centro e no Sul.

A circulação de impressos que divulgariam as ideias cruciais para a contestação da monarquia, como o cientificismo, o republicanismo e o positivismo também ocorreram na região sul da província. Além dos jornais que eram publicados naquela região, a formação do Grêmio Bibliotecário Cachoeirense também modificou as práticas e os hábitos de leitura em Cachoeiro de Itapemirim, na década de 1880. Criado a partir de uma sociedade, o grêmio, por empenho da própria elite política e intelectual cachoeirana, por meio de doações de livros e móveis concretizou o

---

12   A análise do acervo da biblioteca foi feita com base nas obras preservadas da Biblioteca Provincial hoje se encontram alocadas na Biblioteca Estadual do Espírito Santo.

projeto de um estabelecimento direcionado à difusão do saber e do conhecimento na região.

A ideia da criação do grêmio surgiu de uma reunião feita na casa do redator do periódico *O Cachoeirano*, João Loyola e Silva. Os sócios, autodenominando-se amantes do progresso e das letras, pretendiam criar um espaço para leitura naquela vila e, além disso, levar o ensino às classes menos favorecidas. Afirmavam que "felizmente vai desaparecendo o desânimo que havia, e podemos quase garantir que muito em breve o povo encontrará livros com abundância para a sua distração e a classe menos favorecida da fortuna, aulas noturnas gratuitas para sua instrução".[13]

Foi desta forma que em 17 de junho de 1883, alguns cidadãos reuniram-se para a eleição da diretoria do Grêmio para o primeiro ano de funcionamento. A primeira eleição estabeleceu que o Dr. Deolindo José Maciel ocuparia o cargo de presidente, enquanto Emílio Nunes Leão assumiria o cargo de secretário. Bernardo Horta ficou responsável pela tesouraria e João Loyola e Silva, editor de *O Cachoeirano*, foi eleito o bibliotecário do grêmio.[14]

A sua instalação foi marcada para 1º de julho de 1883. Antes mesmo desta data, mais de 700 livros já haviam sido arrecadados.[15] No dia da inauguração, a biblioteca contava com mais de 1.115 livros. A concretização da Sociedade Bibliotecária em Cachoeiro de Itapemirim representou muito mais que um estabelecimento dedicado à leitura. A análise da linguagem empregada pelo redator de *O Cachoeirano*, na edição de 08 de julho de 1883, verifica que o nascimento do grêmio carregava em si a simbologia do progresso, do rompimento com o atraso, a anunciação de uma "era auspiciosa", como denominou João Loyola e Silva. Ao relatar o festejo de inauguração, o redator enfatizou que os que ali compareceram era os que visavam o desenvolvimento das ideias e do progresso, "as conquistas da inteligência".

Diferente da capital, que recebeu uma biblioteca projetada pela administração pública, a de Cachoeiro de Itapemirim nasceu da iniciativa de particulares, como se visasse preencher uma demanda emanada do próprio povo. Sobre a união dos cidadãos do Sul em prol de uma biblioteca João Loyola e Silva afirmou:

> É belo, grandioso e sublime quando se vê um povo, unido num só pensamento, colocar-se ainda mesmo com passos vacilantes, na estrada que conduz ao grande templo da civilização, deixando após si as trevas da ignorância. Era tempo! Operou-se a transição e as velhas teorias vão desaparecendo, ofuscadas pelos revérberos dos raios luminosos do século. [...] A mocidade atirou-se com avidez as

---

13　*O Cachoeirano*, n. 24, 17/06/1883.

14　*Idem*, n. 25, 24/06/1883.

15　*Ibidem*.

lutas pacíficas da inteligência bebendo dos livros o elixir confortativo das suas aspirações. Elas caminharão para o zenit e o Grêmio cachoeirense fará parte da grande cruzada civilizadora.[16]

O local escolhido para a biblioteca foi o edifício cedido pelo coronel José Pinheiro de Souza Werneck, no Largo de São João, e funcionou naquele recinto desde a instalação. Entre os vários discursos feitos no dia de sua inauguração, destacam-se as falas que demonstravam a importância do conhecimento científico e da função das sociedades bibliotecárias no século XIX, como o fez Dr. Lobão Cedro. O discurso do presidente indicou como seria o funcionamento da biblioteca. A sociedade seria formada por um número ilimitado de sócios efetivos, colaboradores e beneméritos, dirigidos por uma diretoria que, por sua vez, era regida por um estatuto. Os livros do acervo poderiam ser comprados com as finanças da biblioteca, ou ainda oferecidos por particulares. Como já dito, outro grande objetivo da Sociedade Bibliotecária era oferecer aos mais pobres uma aula noturna de instrução primária, passando posteriormente a outros cursos gratuitos.

O discurso de abertura,[17] feito por Deolindo José Vieira Maciel, exaltou a importância das sociedades bibliotecárias na evolução das sociedades, traçando uma história das bibliotecas por todo Ocidente e Oriente. As bibliotecas de Alexandria, Pérgamo e a da Palatina se tornaram exemplos para os cidadãos capixabas do Sul, que naquele momento empreendiam a consolidação de sua biblioteca rumo à cruzada pela civilização.

Ao verificar a linguagem utilizada pelos fundadores, torna-se evidente que a instalação da biblioteca era parte de um projeto também de cunho político, ligado à ideia de evolução, civilização e difusão da ciência. De acordo com Deolindo, a biblioteca poderia trazer à região na qual foi instalada uma série de melhoramentos como, por exemplo:

> [...] a aquisição e desenvolvimento das ciências pelas relações que pouco a pouco se estabelecem com muitas instituições científicas e literárias do país e quiçá do mundo. Desenvolvimento das artes e indústrias pelas constantes notícias de descobertas e melhoramentos ocorridos no jornalismo [...].[18]

---

16   O *Cachoeirano*, n. 27, 08/07/1883.

17   O discurso proferido por Deolindo Maciel encontra-se no número 28 de O *Cachoeirano*, publicado em 15/07/1883.

18   *Ibidem*.

Desde sua fundação, a sociedade contava com 54 sócios efetivos,[19] 04 colaboradores e 02 sócios beneméritos. Destaque especial foi dado à participação feminina como d. Joanna P. das Dores e d. Julieta Werneck. O público leitor alcançou a média de 200 pessoas ao mês. Entre as obras mais consultadas estavam as de belas artes, história, ciências naturais e literatura, sendo esta última uma área de grande interesse para os visitantes da biblioteca.

A iniciativa dos cidadãos de Cachoeiro abriu espaço para a criação de outras bibliotecas e associações dedicadas à leitura no sul da província.[20] Em São José do Calçado, formou-se, em 1883, a *Sociedade Bibliotecária Calçadense*. No mesmo ano, em São Pedro de Itabapoana, foi organizada a *Sociedade José de Alencar*, que criou uma biblioteca para leitura e difusão do ensino e instrução de seus sócios.[21]

Deste modo, verifica-se que nos anos de 1880 houve significativa ampliação dos espaços de leitura na província e, consequentemente, da circulação de novas ideias e de novo vocabulário político. O que era lido nas bibliotecas particulares, nas sociedades literárias e na biblioteca pública passou a estampar as páginas dos jornais, divulgando em larga escala os novos projetos políticos e as novas correntes científicas. Destacamos que os espaços de leitura criados na província nasceram de iniciativas diferentes. Na capital, o empreendimento da Biblioteca Pública foi um projeto de autoridades governamentais, preocupadas em colocar a província a par da modernização e retirá-la do atraso quanto à instrução pública. Embora a biblioteca tenha sido frequentada também pela elite intelectual da época e, sobretudo, pelos estudantes, percebe-se ali que a iniciativa externa para concretizar um espaço de estudo e discussão.

Em contrapartida, a elite política e intelectual do Sul parece ter colocado em prática seu próprio plano de construção de espaços dedicados às letras e à divulgação da ciência. Talvez a própria distância da capital tenha despertado a necessidade de se construir um lugar para a leitura naquela região, ou se pode levantar a hipótese de que o engajamento político e a busca de ampliar o número de adeptos das

---

19   Entre os sócios fundadores da Sociedade Bibliotecária estavam: Dr. Deolindo Maciel, tenente coronel José Pinheiro de Souza Werneck, Dr. Lobão Cedro, João Loyola, Dr. Eugenio Amorim, Bernardo Horta, Octavio Werneck, D. Joanna P. das Dores, D. Julieta Werneck, Marrero y Guardia, Custodio Maia, J. de Araújo Gama, Emílio Leão, Martins Coutinho, Vicente Campos, Padre Sampaio Mello, Dr. Baptista, Dr. Novaes e Mello, Carlos do Carmo, Cunha Lobo, J. Ayres, Alberto Fonseca, Luiz da Matta, Ornellas, A. Rosa, Dr. Joaquim Amorim, Luiz Jordão, João da R. Machado, Antônio Jordão, Hermogeneo Toledo, Salvador Thevenar, Francisco Fernandes e Joaquim Jorge. (*O Cachoeirano*, n. 29, 22/07/1883.)

20   Também no Sul existia a Sociedade Amor a Leitura, fundada nos anos de 1870 em Limeira do Itabapoana.

21   *O Cachoeirano*, 27/01/1884, n. 04.

novas correntes de pensamento tenham transformado a organização de bibliotecas em uma estratégia das agremiações da porção meridional da Província. A biblioteca de Cachoeiro de Itapemirim foi mantida exclusivamente por doações feitas pelos sócios, o que permite pensar sobre uma maior independência sobre a escolha das obras, as discussões em grupo e o ambiente de leitura.

Poucas informações nos permitem comparar o que era lido nas duas bibliotecas, ou ainda, nas demais bibliotecas da província. No entanto, a recepção de ideias e as práticas literárias desses espaços podem ser medidas por meio do reflexo das diferentes leituras no momento em que estas ultrapassavam a biblioteca e chegavam aos leitores por meio dos jornais e seus redatores. Discutiremos a seguir a manifestação das leituras de novas correntes políticas e científicas na imprensa provincial.

As máquinas de ideias: a ampliação da atividade tipográfica no Espírito Santo na crise da monarquia

Nas palavras de Amâncio Pereira, 1860 representou a "explosão" da imprensa na província. Entretanto, quando comparada à produção da década de 1880, os números desta são bastante representativos. A última década do Império vivenciou um movimento de ampliação e transformação da imprensa. Excluindo-se jornais maiores, como *O Correio da Victória* e *O Espírito Santense*, o jornalismo político de 1860, em geral, foi bastante instável, exatamente por estar no centro de disputas partidárias, onde não era raro surgirem jornais de poucos números, projetados somente para uma retaliação política pessoal ou como veículo de um candidato em tempo de eleições. Já na década de 1880, a imprensa da província se mostrava um pouco mais atuante, representando neste sentido, o consequente aumento no número de tipografias:

Tabela 2. Tipografias e jornais criados na Província do Espírito Santo

Período	Tipografias	Jornais
1860-1870	6	11
1880-1889	15	27

Fonte: PEREIRA, A. "História da Imprensa Capixaba". *Revista do IHGES*, n. 3, 1922.

A tabela indica que, ao se comparar a quantidade de tipografias existentes na província nas décadas de 1860 a 1880, houve importante aumento desses estabelecimentos. A maior produção de jornais também merece ser destacada dentro da ampliação da imprensa, nas últimas décadas do Império. Os indícios desta época como momento de grande produção de impressos não aparecem somente na província, mas também em São Paulo e, sobretudo, na Corte.

No levantamento feito para a província de São Paulo por Heloisa Cruz, na obra *São Paulo em Papel e Tinta*, os dados indicam que, neste mesmo período, pelo menos 600 publicações paulistanas foram produzidas pelas 20 tipografias que ali existiam (CRUZ, 2013, p. 53). No Rio de Janeiro, os números são ainda mais impactantes. Somente no ano de 1881 publicou-se 95 novos periódicos e, nos anos que se seguiram, foram criados em média 40 ou 50 novos jornais por ano. Assim como em outras localidades do Império, a ampliação da imprensa e do alcance dos periódicos foi auxiliada pela agilidade da transmissão de notícias vivenciadas nesta época como, por exemplo, a regularização dos telégrafos e correios e pelas vias férreas que foram criadas em várias partes do Brasil.

O aumento da produção nas tipografias na província do Espírito Santo é bastante expressivo, até mesmo se comparado ao número de estabelecimentos em São Paulo identificados na obra de Heloisa Cruz. Em 1880, circularam em média 27 jornais na província, mais que o dobro do que existia na década de 1860. Outra diferença desses impressos se refere à identidade política dos jornais. No período de 1860-1870, vigorava o jornalismo combatente entre liberais e conservadores, enquanto na década de 1870 emergiram os "jornais democráticos", trazendo evidências de novos conceitos como progresso e civilização. Já a partir de 1880, retornaram os órgãos dos partidos monárquicos, talvez pelo cenário de contestação no Império e pela necessidade de se resgatar a ordem provincial. As exceções neste caso foram o jornal *O Cachoeirano*, que permaneceu sem adesão aos partidos monárquicos, e o jornal positivista *O Baluarte*, publicado em Vitória.

A localização das tipografias também é elemento de destaque dentro do novo jornalismo, ocorrendo significativa ampliação geográfica do jornalismo. Enquanto a imprensa da década de 1850 e 1860 se concentrava na capital da província e na região sul, as 15 tipografias que atuaram durante os anos finais do Império se estabeleceram em diversas regiões como, por exemplo, nas vilas de Vitória, Cachoeiro de Itapemirim, São Mateus e Anchieta. A criação da imprensa em outras vilas é um elemento valioso para análise da dinâmica política destes locais, e, sobretudo, para identificar a circulação de ideias de república que ultrapassavam o cenário do Centro e do Sul. O jornal *O Cachoeirano*, produzido no sul do estado é um forte indicador da relação entre os impressos e a legitimação de ideias políticas. Foi por meio deste periódico e do envolvimento político de seus redatores que se formou, em Cacheiro de Itapemirim, o primeiro Clube Republicano da província do Espírito Santo, em 1887. O jornal foi atuante na crítica à monarquia e manifestou o alijamento político do sul da província, requerendo maior participação nos cargos do Legislativo e apoiando a criação do Partido Republicano. Deve-se mencionar ainda que grande parte dos fundadores do partido eram os sócios do Grêmio Literário, fundado na região.

O Espírito Santo consolidou, neste período, uma esfera literária e política de opinião, acompanhada de uma elite intelectual também atuante. Os impressos e o hábito da leitura passaram a adquirir grande importância na sociedade capixaba oitocentista. A ideia pode ser comprovada a partir do grande número de anúncios expostos pelas tipografias, que se ofereciam para impressão de todo tipo de trabalho, como também pela existência de oficinas de encadernação que existiam na província.[22]

Manoel Correia de Jesus, por exemplo, era proprietário de um desses estabelecimentos em Vitória, por volta de 1884. Seus anúncios indicavam que a oficina se encarregava da encadernação de brochuras e livros, e, além disso, atuava como mediadora na compra de livros na Corte mediante porcentagem razoável. O mercado livreiro da província era tímido, mas atuante. Embora os anúncios em jornais[23] não indiquem a existência de uma livraria, diversas casas comerciais, faziam a mediação entre os livreiros da Corte e o Espírito Santo, como, por exemplo, a *Casa Correia*, onde era possível encontrar grande variedade de papéis, tintas, e livros. Além disso, as próprias tipografias se encarregavam da compra de livros na Corte para vender em seus estabelecimentos, como faziam as tipografias dos periódicos *A Província do Espírito Santo* e *O Cachoeirano*.

A atuação comercial das tipografias também se modificou na década de 1880. Alguns jornais como *O Horizonte* e *O Cachoeirano*, permaneceram com pequenas tiragens e técnicas artesanais. Em outros casos, como no jornal *A Província do Espírito Santo*, percebe-se o esforço da tipografia em ir além da produção diária de jornais, colocando-se à disposição para serviços de impressão de artigos como cartões e documentos. Com a maior tiragem de todo o Espírito Santo, a tipografia de *A província* dispunha de um diferencial com relação às demais tipografias: o estabelecimento liderado por Moniz Freire e Cleto Nunes era o único na província que detinha uma rotativa Marinoni que, em 1884, chegava a produzir 1.200 exemplares por dia. Para captar ainda mais leitores, *A Província* lançou mão de alguns atrativos como, por exemplo, a publicação dos debates da Assembleia Provincial, o resumo dos principais jornais da capital e, sobretudo, do serviço telegráfico que mantinha

---

22 As oficinas de encadernação são mencionadas em diversos anúncios do jornal *O Horizonte* e *A Província do Espírito Santo*.

23 Foram analisados anúncios de jornais publicados durante a década de 1880 na província.

com a Corte. A redação de *A Província do Espírito Santo* anunciava em primeira mão para os espírito-santenses as principais notícias do Império.

A busca pelo público leitor se mostrou diferente por parte dos jornais. Enquanto nos anos anteriores as assinaturas tinham um lugar fixo para serem feitas, durante os anos de 1880, os redatores provincianos fizeram uso dos chamados "agentes". Geralmente, esses agentes eram membros do partido defendido pelo jornal, residentes em outras vilas da província, ou ainda na Corte, ou em Paris, no caso do jornal *A Província*. Esses indivíduos se encarregavam de serem mediadores junto aos interessados em assinar os jornais nos locais onde moravam, encurtando a distância entre o leitor e a tipografia. A variedade de jornais e a atuação incisiva das tipografias possibilitaram não somente a divulgação de notícias e anúncios, mas também fez circular na província uma variedade de projetos políticos que, na maioria das vezes, ressignificaram as ideias vindas da Corte, adequando-as às posições e necessidades da elite local.

Conclusão

A ampliação da esfera literária nos últimos anos do século XIX não foi somente um acontecimento vivenciado na Corte, ou nas maiores províncias do Império. Durante a década de 1880, várias localidades consolidaram seus espaços de leitura e demonstraram a importância da circulação impressa utilizada pela rede de intelectuais que atuava nesse período. A circulação impressa tornou-se assim fator de grande relevância no estudo sobre a divulgação de novas correntes políticas durante a crise da monarquia. Evidenciou-se igualmente o papel da imprensa em meio à propaganda republicana.

Este artigo objetivou demonstrar a consolidação da circulação escrita na província do Espírito Santo nos anos de 1880, analisando a criação e a diversidade dos espaços de leitura, onde se iniciaram discussões políticas e científicas que deram base para novos debates em torno da política imperial. A partir da análise desse período, torna-se possível mapear o crescimento e a modernização da imprensa em diversas províncias, enfatizando a importância do aumento das tipografias no âmbito local, caracterizando a consolidação do jornalismo no Espírito Santo como espaço de discussão política.

Demonstrou-se, ainda, a importância desses ambientes como difusores de crítica e de novas leituras, que impulsionaram a nova linguagem ao reconhecer no republicanismo a solução para a exclusão política de alguns grupos na província. Os impressos políticos produzidos durante a década de 1880 tornam-se valiosos em meio à investigação sobre a recepção da ideia republicana, pois caracterizam o primeiro espaço de oposição à monarquia no Espírito Santo, originando posteriormente o Partido Republicano no sul da província a partir da vivência e das discussões empreendidas nas tipografias, nos impressos e nos grêmios literários.

Referências Bibliográficas

ALMEIDA JÚNIOR, O. F. de. *Biblioteca Pública: avaliação de serviços*. Londrina: EDUEL, 2003.

APOLARO, K. da C. *A criação da biblioteca pública na província do Pará*. Belém: UFPA, 2008.

ARRUDA, G. M. "As práticas da biblioteca pública a partir das suas quatro funções básicas". *Anais do Congresso brasileiro de biblioteconomia e documentação*. Porto Alegre: Associação Rio Grandense de Bibliotecários, 2000, p. 7. Disponível em: <http://dici.ibict.br/archive/00000734/01/T079.pdf>. Acesso em: 22/07/2014.

BARBOSA, M. *História cultural da imprensa, Brasil, 1900-2000*. Rio de Janeiro: Mauad X, 2007.

CARVALHO, G. V. de. *Biografia da Biblioteca Nacional (1807 a 1990)*. Rio de Janeiro: Irradiação Cultural, 1994.

CRUZ, H. *São Paulo em papel e tinta: periodismo e vida urbana 1890-1915*. São Paulo: Arquivo Público do Estado de São Paulo, 2013.

DEAECTO, M. M. *O Império dos Livros: instituições e práticas de leitura na São Paulo oitocentista*. São Paulo: Edusp, 2011.

DOMINGUES, H. M. B. et al (org.) *A recepção do darwinismo no Brasil*. Rio de Janeiro: Ed. Fiocruz, 2003.

FERREIRA, T. B. da C. *Palácios de destinos cruzados: bibliotecas, homens e livros no Rio de Janeiro (1870-1920)*. Rio de Janeiro: Arquivo Nacional, 1999.

FERREIRA, T. B. da C. "Livros de História: bibliotecas e mercado editorial no século XIX". *Anais da ANPUH. XXIII Simpósio Nacional de História*. Londrina, 2005. Disponível em: <http://anpuh.org/anais/wp-content/uploads/mp/pdf/ANPUH.S23.0981.pdf>. Acesso em: 22/07/2014.

FONSECA, G. da. *Biografia do jornalismo carioca (1808-1908)*. Rio de Janeiro: Quaresma, 1941.

HALLEWELL, L. *O Livro no Brasil: sua história*. São Paulo: EdUSP, 1985.

MOLLIER, J. *O Dinheiro e as letras: história do capitalismo editorial.* São Paulo: Edusp, 2010.

MORAES, R. B. de. *Livros e bibliotecas no Brasil colonial.* 2ª ed. Brasília: Briquet de Lemos, 2006.

WADA, M. S. M. *Democratização da cultura nas bibliotecas infanto-juvenis.* Belo Horizonte: UFMG, 1985.

Capítulo 11. A biblioteca da Academia dos Guardas-Marinha: um acervo como instrumento de formação militar-naval

Carlos André Lopes da Silva

Um dos navios da esquadra que transportava a Corte de d. João para o Brasil tinha um carregamento singular, não era nenhum grande tesouro que pudesse despertar a cobiça de piratas ou corsários, como os oitenta milhões de cruzados que constituíram as reservas iniciais para o estabelecimento do Erário Régio no Rio de Janeiro (MALERBA, 2000, p. 224-225). Nem gente era, mesmo que de nobre estirpe, pois dos mais simples criados aos fidalgos da primeira nobreza vieram aos montes nos navios do rei e nos cerca de trinta mercantes fretados. A carga singular vinha a ser uma instituição em nada comparável aos demais componentes do aparato administrativo do Estado português e nem mesmo semelhante aos contingentes militares destinados a robustecer o braço armado da Casa Real de Bragança na Colônia elevada à sede de uma monarquia. A carga, preciosa para a construção de uma organização militar digna de um estado soberano, era uma instituição de ensino: a Real Companhia e Academia dos Guardas-Marinha, que embarcou com "seus Diretor, Lentes, Professores, Livraria, etc., bem como vários representantes do corpo docente e alguns alunos" na nau *Conde D. Henrique* em 27 de outubro de 1807 (BOITEUX, 1940, p. 70).

Mas, por que destacamos como singular a transferência dessa Academia para a Colônia, já que as três secretarias de estado que compunham o topo da estrutura do Estado monárquico português foram igualmente "embarcadas", com os detentores dos seus cargos e seus arquivos, para a nova capital do Reino? Albuquerque alertou – em trabalho de difusão restrita editado em 1982, ano em que a atual Escola Naval brasileira consolidava sua conexão histórica com a setecentista Academia dos Guardas-Marinha portuguesa comemorando seus duzentos anos – que aquela foi a única escola superior a deixar Portugal junto com a família real. Lá ficaram a Universidade de Coimbra, a Academia Real de Marinha (muitas vezes confundida pela historiografia com a Academia dos Guardas-Marinha) e a Academia Real de Fortificações, Artilharia e Desenho, dentre outras instituições de ensino superior de cunho civil e militar. Nas orgulhosas palavras desse autor, "a Academia Real dos

Guardas-Marinhas inaugurou, no Brasil, os estudos superiores" (ALBUQUER-QUE, 1982, p. 15).

Tal afirmação, embora possa soar parcial quando vinda de um dos mais destacados historiadores orgânicos da Marinha brasileira e professor da própria Escola Naval, evoca, sim, uma justificável primazia quando constatamos que inexistiam na Colônia instituições de ensino equivalentes, mesmo recordando o funcionamento em poucas das principais capitanias de aulas e seminários em que o ensino superava o elementar.[1] Também é certo que, enquanto a Academia veio "pronta", aproveitando a longa travessia para "graças à energia do seu Diretor, da boa vontade dos Lentes e Professores, os alunos embarcados algum proveito alcançaram nas lides oceânicas: aparelho, navegação, manobra e o tombo marinheiro" (BOITEUX, 1940, p. 70), a Aula de Cirurgia de Salvador, decantada origem do primeiro curso universitário aqui estabelecido, teve o seu funcionamento apenas autorizado durante a passagem do regente pela Bahia, em fevereiro de 1808 (SILVA, 1996, p. 22). Mas, tal precedência somente importa para sublinhar que os navios régios não conduziram somente homens e seus bens, mas também saber, tornado palpável nas livrarias públicas e particulares e instrumentalizado, a partir das necessidades do Estado, na Academia dos Guardas-Marinha e, porque não, também na sua Biblioteca.

A Academia dos Guardas-Marinha foi criada em 1782 para fornecer o preparo técnico requerido a todos os que quisessem adentrar no oficialato da Marinha portuguesa. Ministrava um rol de saberes percebido como essencial para a operação militar de um navio a vela e dividia sua grade curricular em dois cursos concomitantes e complementares, o *Curso Matemático* e o das *Artes Marinheiras e Militares*. Diferente da dinâmica do acesso ao oficialato do Exército português, e mesmo da encontrada em diversas marinhas de guerra europeias, como a inglesa, a posse pelo futuro oficial daquele rol de saberes, sobretudo através da aprovação nos dois cursos da Academia dos Guardas-Marinha, era condição obrigatória para a entrada na Marinha portuguesa (MOTTA, 2001, p. 43-47; ELIAS, 2007, p. 86-88).

Seus Estatutos, promulgados em 1796, e que permaneciam vigentes quando do seu estabelecimento no Brasil, não definiam quais obras os lentes deveriam utilizar na instrução dos alunos como, por exemplo, determinava o regulamento fundador da Real Academia Militar do Rio de Janeiro, de 4 de dezembro de 1810. En-

---

1 Talvez, o melhor exemplo das instituições estabelecidas na colônia que ministravam um ensino além do elementar estabelecidas na Colônia seja o Seminário de Olinda, de 1800. Apesar de organizado segundo moldes tridentinos, este seminário não era exclusivamente para a formação de sacerdotes, estando aberto aos "bons cidadãos" (AULAS. In: VAINFAS, 2000, p. 55-58). Contudo, vinha a ser "uma Escola de princípios elementares", aproximando-se mais de uma "escola de tipo secundária", que somente poderia ser compreendida como uma instância preparatória para estudos superiores a serem feitos em território metropolitano (OLIVEIRA, 1997, p. 26-27).

tretanto, em pouco tempo ficou patente a necessidade de um repositório de obras escritas que fornecesse aos professores e alunos acesso facilitado ao largo espectro de conhecimentos vinculados às disciplinas ministradas.

Instituída por decreto de 1º de abril de 1802, a Biblioteca da Academia dos Guardas-Marinha pretendia reunir "escritos marítimos dos autores portugueses, quer manuscritos, quer impressos", (RIBEIRO, 1873, p. 188) para uso prioritário dos lentes na instrução dos alunos da Academia. Era administrada pelo próprio diretor da Academia dos Guardas-Marinha e angariava recursos para a aquisição dos livros das multas cobradas dos alunos com patente militar por infrações de pequena gravidade, como atrasos e esquecimento do material individual (RIBEIRO, 1873, p. 188-189). Mas não seria esse acervo o que acompanhou a Academia e seus alunos em sua viagem transoceânica: a "Livraria" salva das tropas francesas foram os manuscritos e mapas da *Sociedade Real Marítima, Militar e Geográfica para o Desenho, Gravura e Impressão das Cartas Hidrográficas, Geográficas e Militares*, fundada em 1798, e da qual o então diretor da Academia dos Guardas-Marinha era destacado membro (BOITEUX, 1939, p. 319-322). Somente em 1809, os então 720 títulos da Biblioteca iniciada em 1802 embarcaram na charrua *S. João Magnânimo*, conforme informa documento que também relaciona mobília, instrumentos náuticos e maquetes de navios para uso didático pertencentes à Academia dos Guardas-Marinha (ALBUQUERQUE, 1982, p. 148).

Embora o "Inventario de tudo quanto pertence à Real Academia dos Guardas-Marinha e vai embarcar para o Rio de Janeiro em a Charrua S. João Magnânimo por ordem do Excelentíssimo Senhor Barão da Arruda Almirante da Armada Real",[2] seja a primeira relação conhecida das obras da Biblioteca, é o "Catálogo Sistemático da Biblioteca da Companhia dos Guardas-Marinha",[3] um manuscrito de 31 páginas concluído em abril de 1812, que melhor informa sobre a vinculação daquele acervo à formação militar-naval empreendida naquela instituição. Pois, muito além de simplesmente arrolar títulos, secciona o acervo em cinco grandes áreas do conhecimento: ciências naturais (divisão I), ciências matemáticas puras e mistas (II), ciências e artes navais (III), ciências e artes militares de terra (IV) e polimatia (V), a última divisão que agrupava todas as obras cuja temática não se encaixava em nenhuma das outras áreas.

---

2   Fac-símile deste documento, sob a guarda do Arquivo Geral da Marinha portuguesa, está em: ALBUQUERQUE, 1982.

3   PEREIRA, José Maria Dantas. Catalogo da Biblioteca da Academia dos Guardas Marinhas, criada por ordem de S.A.R. Rio de Janeiro, 1812. Manuscrito sob a guarda da Biblioteca Nacional – Rio de Janeiro. Para este trabalho foi consultada o fac-símile do acervo da Biblioteca da Marinha – Diretoria do Patrimônio Histórico e Documentação da Marinha (doravante citado apenas como Catálogo).

Entretanto, o inventário produzido pouco antes da transferência da Biblioteca, mesmo menos detalhado que o *Catálogo*, também contribui para a identificação daquele acervo. Como um bom registro, relaciona todos os títulos em lista única, somente informando autor e número de exemplares existentes. Justamente para facilitar a conferência dos livros no seu destino, registra seus títulos no idioma original. Já o *Catálogo* traz traduzidos todos os títulos para o português, já que cumpria uma dupla função: atualizar o registro feito cerca de três anos antes e descortinar a Biblioteca aos alunos e lentes, separando as obras nas já citadas áreas de conhecimento, e, dentro destas, em subdivisões que se relacionavam com as disciplinas ministradas nos cursos matemático e das artes marinheiras e militares. Era, ao mesmo tempo, um documento de registro e um instrumento de consulta.

Mais que os títulos disponíveis, pelo *Catálogo* intui-se as fronteiras intelectuais da própria formação profissional do oficialato militar-naval português do começo do Oitocentos. A Biblioteca da Academia dos Guardas-Marinha apresenta-se como um fragmento do panorama científico daquele período, apontando para a interseção entre as ciências e a atividade guerreira, naquilo que contemporâneos nominavam *ciência militar*.

O uso desse termo no Portugal joanino não tem relação direta com o estudo filosófico do fenômeno da guerra desenvolvido pelo militar e teórico prussiano Carl von Clausewitz e, posteriormente, utilizado pelo cientista político Samuel Huntington para caracterizar o amadurecimento da profissão militar (HUNTINGTON, 1996, p. 46-50). Aproxima-se mais da aplicação às necessidades de toda a atividade guerreira – do combate em si, mas também da organização dos exércitos e das esquadras tornados permanentes – dos mais diversos ramos de uma ciência decantada e sistematizada pelos enciclopedistas do século XVIII. Antes de particularizar e delimitar um certo conhecimento cuja posse e uso cabe aos militares enquanto detentores de uma profissão, a *ciência militar* do início do Oitocentos é multifacetada e se define por *militar* quando contribui, direta ou indiretamente, com a atividade guerreira.

A incorporação das ciências no campo militar através da sistematização da formação profissional do oficialato pelas academias militares é bem representada na trajetória e nas ações do autor do *Catálogo*, o capitão de fragata José Maria Dantas Pereira, diretor da Academia dos Guardas-Marinha e, por conseguinte, administrador daquele acervo. Sem origem nobiliárquica, foi um aluno brilhante daquela Academia na primeira década de seu funcionamento e destacou-se mais como intelectual do que como guerreiro na sua longa carreira militar. Lente de matemática desde 1790, quando ainda era um primeiro-tenente, assumiu, em 1800, o comando da Companhia de Guardas-Marinha, o corpo de alunos militares, por ser o oficial de patente mais alta então a serviço da Academia. Às vésperas da transferência da Corte, conseguira reforçar sua posição de chefia perante os demais lentes, recebendo a titulação de "diretor de Estudos da Academia Real dos Guardas-Marinha", concentrando, finalmente, o comando militar e acadêmico daquela instituição (PEREIRA, 1985, p. 162).

Com uma série de obras publicadas sobre os mais diversos assuntos, da matemática aplicada ao comércio à legislação criminal, e sócio, desde 1792, da Academia de Ciências de Lisboa, três projetos seus apresentados durante a estada no Brasil revelam sua percepção da marinha de guerra e dos oficiais nela empregados como instrumentos para o desenvolvimento do Reino (BOITEUX, 1939, p. 326-330). Ainda em 1808, propôs ao ministro da Marinha a criação de um periódico, que ficaria a cargo dos lentes da Academia, para difundir as "invenções modernas da indústria humana" alcançadas no Velho Mundo. Reforçava seu juízo sobre o atraso das ciências nestas terras com outra proposta: de expansão do ensino da Academia dos Guardas-Marinha para um currículo próximo ao da faculdade de matemática da Universidade de Coimbra. Pretendia incluir, ao lado dos cursos matemático e das artes marinheiras e militares, outros de comércio, escrituração mercantil e ciências naturais. Almejava que a instituição sob sua direção se tornasse uma "Academia Militar, Náutica e Econômica", reunindo saberes que reconhecia como essenciais para o fortalecimento do Estado e para a exploração do potencial econômico da Colônia (ALBUQUERQUE, 1982, p. 14-15).

Pereira não desanimou com a parca recepção de suas ideias pelo ministro da Marinha e, em 1810, tentou criar uma "Sociedade Naval" que teria por fim publicar um programa de estudos para a formação científica continuada do oficialato militar-naval. Compreenderia 27 volumes distribuídos em três graus de instrução: o primeiro direcionado aos oficiais subalternos, o segundo aos oficiais superiores, e o terceiro para os almirantes. Os temas a serem abordados iam da sempre presente matemática à história naval, passando pela legislação relacionada à Marinha, higiene, pesca e, até, navegação aerostática (por balão) e submarina. A dita Sociedade e sua "Biblioteca do oficial de mar e guerra" também não foram adiante, não somente pela dimensão da empreitada numa cidade ainda carente de homens de ciência, mas, também, pela esperada dificuldade de instituir um programa de leitura compulsória a "mestres de barca elevados à categoria de oficiais generais" (BOITEUX, 1939, p. 322-324). Em 1817, Pereira, promovido a chefe de esquadra, passou a direção da Academia a Francisco Maria Telles e retornou ao Velho Mundo (BOITEUX, 1940, p. 86-87).

Retornando ao *Catálogo*, Pereira informava no seu prólogo que a indexação por áreas do conhecimento espelhava a própria organização da Biblioteca, e a primeira grande área descrita era a das ciências naturais. Reunia 54 obras e estava organizada em três subdivisões: uma para botânica, química e história natural; outra para física; e uma última denominada polígrafos, que agrupava obras que tratavam de mais de um desses assuntos. Essa era a divisão menos aquinhoada, até porque nenhum desses conhecimentos fazia parte da grade curricular da Academia dos Guardas-Marinha. Mas, lembremos que Pereira defendia, quando propôs uma "Academia Militar, Náutica e Econômica" para a Colônia, que a difusão desses saberes potencializaria a exploração dos recursos naturais abundantes no Brasil. Por reconhecer que a aplicação desse rol de conhecimentos ia muito além da já sistematizada formação militar-naval da Academia, talvez tivesse optado por destacar aqueles títulos na abertura do *Catálogo*, numa tentativa de incrementar a consulta dos mesmos na Biblioteca.

A segunda divisão remetia ao conteúdo primário do curso identificado como científico dentro da grade curricular da Academia dos Guardas-Marinha: o curso matemático. Era a que tratava das ciências matemáticas puras e mistas,[4] reunindo 196 obras. Não era a divisão com mais livros, porém era a que se dividia em uma maior variedade de assuntos, oito ao todo, delimitando uma maior sistematização daquela área que, afinal, era o principal do emprego das ciências na atividade marítima. Contava, também, com alguns dos compêndios de maior circulação nos primeiros sessenta anos de funcionamento daquela instituição militar de ensino. Dentro do que Pereira estipulava como matemáticas puras, a primeira das oito subdivisões agrupava 26 textos sobre aritmética e álgebra, tópicos abordados logo no 1º ano do curso matemático da Academia dos Guardas-Marinha. A próxima subdivisão era denominada "cálculo superior" e continha obras de doze autores diferentes, incluindo uma do próprio Pereira, nominada *Reflexões sobre a metaphisica do calculo*, de 1806. Todos os livros dessa subdivisão, com exceção do citado, teriam sido publicados no século XVIII, e abarcavam o cálculo de probabilidades, o cálculo diferencial e integral e as derivações.

A terceira subdivisão das ciências matemáticas atingia a geometria e a trigonometria, com 21 obras publicadas entre 1534 e 1811. A edição mais antiga era justamente de um texto milenar em três volumes, *Clarissimi philosophi, geometricorum, elementorum líber*, atribuído ao matemático grego Euclides.

A próxima subdivisão encerra as obras sobre matemática pura que não se encaixavam nas três seções anteriores, os denominados polígrafos. São 22 obras publicadas entre 1720 e 1804, que discorrem sobre mais de um campo da matemática. Nessa seção podemos encontrar diversos trabalhos identificados como "cursos", expressão que já no início do século XIX significava a sistematização de determinado conhecimento. Enquanto um lexicógrafo do início do século XVIII distinguia,

---

[4] A identificação de matemáticas mistas, em oposição à eminentemente teórica, classificada como pura, refere-se ao que chamamos de matemáticas aplicadas. Conforme esclarece Nizza da Silva quando discute a prática científica no começo dos Oitocentos: "Distinguia-se então as matemáticas puras das matemáticas mistas, isto é, aplicadas à arte militar, ao comércio, etc., e eram estas últimas que ocupavam as elites culturais" (SILVA, 1977, p. 115).

dentre os significados de "curso", a trajetória de um discípulo no estudo de um corpo de conhecimentos: "curso no estudo de alguma ciência. Andar no curso da Filosofia, ou da Teologia" (BLUTEAU, 1712-1728, p. 643), Moraes e Silva definia, no seu *Diccionario da lingua portugueza*, "curso" como "Corpo de lições, preleções, leituras; v. g. curso de Cirurgia, de Matemática: curso de História" (SILVA, 1789, p. 505). A subdivisão contava com os cursos de matemática de Bernard Forest de Bélidor, Charles Étienne Louis Camus, Joseph Saurin e Charles Bossut, todos editados ao longo do século XVIII.

Porém, a obra mais significativa nessa tipologia era *Cours de mathématiques a l'usage des Gardes du Pavillon et de Marine*, primeira publicação orientada para o ensino de matemática aos candidatos para o oficialato militar-naval, que teve sua primeira edição lançada em 1764. Seu autor, o matemático francês Étiènne Bezout (1730-1783), membro desde 1758 da *Académie des Sciences*, fundada por Luiz XIV, foi nomeado, em 1763, pelo duque de Choiseul, então ministro da Marinha francesa, examinador dos *gardes de la Marine* e encarregado de organizar um curso que agrupasse toda a matemática essencial para a atividade marítima, o que redundou na citada obra (BOITEUX, 1940, p. 20). A Biblioteca também contava com outro compêndio da lavra de Bezout, *Cours de mathématiques à l'usage du Corps Royal de l'Artillerie* (1781), produzido quando esse autor sucedeu Charles Camus como examinador do Corpo de Artilharia do Exército francês. Contudo, foi o compêndio para os *Gardes du Pavillon et de Marine* que constituiu a base do conteúdo ministrado nos três anos letivos do curso matemático da Academia dos Guardas-Marinha desde, pelo menos, o ano de 1789 (BOITEUX, 1939, p. 318). A reputação da obra de Bezout na alta administração da Marinha portuguesa era tanta que, em 1809, o diretor da Academia recebia a reprimenda do almirante-general da Armada d. Pedro Carlos a um lente que se recusava a utilizar a obra de Bezout:

> Deverá informar sem perda de tempo; porque motivo, tendo Sua Alteza Real mandado, que nas Reais Academias de Marinha se ensine o curso Matemático de Bezout, e providenciado a consequente remessa de compêndios para essa Capital por conta da Real Fazenda se acha introduzido Legandre [sic][5] no ensino da Academia, sem Sua Alteza haver ordenado, ou aprovado a sua introdução, e feito excluir a Geometria do referido Curso.[6]

---

5   O autor referido é o matemático francês Adrien-Marie Legendre, com algumas obras de aritmética, álgebra e geometria também registradas no Catálogo.

6   Registro de 02/09/1809. IIIM552 – "Registro dos Officios ao Comandante da Companhia dos GG MM, e Director da Academia, o qual tem principio no Mez de Julho de 1809". Série Marinha – Arquivo Nacional (doravante abreviado para SM-AN).

A censura aos lentes que se afastavam dos métodos de ensino consagrados continuaria em 1810 e 1811.[7] E a resposta a um aviso da Secretaria de Estado dos Negócios da Marinha que pedia o detalhamento dos conteúdos ministrados comprovava que, em 1838, o consagrado método de Bezout ainda era a principal ferramenta para o catedrático do 1º ano do curso matemático para ensinar aritmética, álgebra até composição das equações, geometria, trigonometria plana e o uso das tábuas logarítmicas.[8]

Ainda na extensa divisão que tratava das ciências matemáticas, as quatro últimas seções detalhavam as chamadas matemáticas mistas. A subdivisão dedicada à astronomia contava com 35 publicações e um manuscrito editadas de 1720 a 1801, além de uma série de almanaques náuticos do século XVIII e alguns manuscritos narrando observações realizadas no Real Observatório de Marinha, em Lisboa, até o ano de 1807.

Já a seção sobre mecânica reunia 31 impressos e quatro manuscritos, publicados entre 1720 e 1808. Destacam-se os livros sobre o que chamamos hoje de engenharia hidráulica, como a *Architecture Hydraulique* (1737), de Bélidor, os apontamentos do arquiteto francês Jean Rodolphe Perronet sobre as obras no canal da Borgonha (1788), a *Nouvelle Architeture Hydrolique*, do barão Riche de Prony, e memórias manuscritas sobre importantes intervenções feitas em canais e portos de Portugal.[9] Havia, também, muitos livros sobre mecânica das máquinas, especialmente as mais usuais nos navios, como *Traité des horloges marines* (1773) e *Essai sur l'horlogerie: dans lequel on traité de cet art, relativement à l'usage civil, à l'astronomie & à la navigation, en établissant des principes confirmés par l'experience* (1786), do suíço Ferdinand Berthoud, especialista na fabricação dos cronômetros marítimos, precisos relógios a corda introduzidos nos navios para determinar a longitude a partir de um meridiano de referência.[10]

---

7   Registros de 23/02/1810 e 08/07/1811. IIIM552 – "Registro dos Officios ao Comandante da Companhia dos GG MM, e Director da Academia, o qual tem principio no Mez de Julho de 1809". SM-AN.

8   Relação nominal dos Professores, e mais Empregados na Academia dos Guardas Marinhas, em que se declara as matérias, que cada um deles ensina em seu respectivo ano, 05/02/1838. José Pereira Pinto. Anexo ao ofício de José Pereira Pinto a Joaquim José Rodrigues Torres, 05/02/1838. XM950 – "Documentos e Ofícios da Academia de Marinha (1830-1839)", SM-AN.

9   O *Catálogo* indica os manuscritos n. 32 e 35 com, respectivamente, as descrições sobre o encanamento do rio Lima e sobre o porto de São Martinho, ambos de Auffdiener, e os n. 36 e 92 sobre os melhoramentos dos portos de mar e a abertura da barra de Aveiro, de Cordeiro.

10   Para a determinação de longitudes no mar, recorremos a Martins: "(...) consistia em determinar-se astronomicamente a hora local (por processos atualmente em desuso) e

Na subdivisão de ótica, perspectiva e cronometria, há vinte trabalhos produzidos entre 1729 e 1804, onde sobressai o tratado sobre ótica de Isaac Newton, em tradução para o francês aprovada pela Académie des Sciences, editada em 1787.[11] Ainda na divisão das ciências matemáticas, a seção dos polígrafos das matemáticas mistas reúne 24 impressos editados de 1691 a 1799, e contém outra obra de Newton, *Equitis aurati, opuscula mathematica philosophica et philologica*, editada na Suíça em 1744.

A terceira grande divisão da Biblioteca, titulada "ciências e artes navais", agrupava todas as obras concernentes à atividade marítima em si, não distinguindo, dentre suas seis subdivisões, quais o organizador valorava como ciências e como artes. A primeira seção dessa divisão encerrava dezoito impressos e seis manuscritos que poderiam ser utilizados durante o segundo ano letivo do curso das artes marinheiras e militares, quando os alunos se dedicavam às lições de "Arquitetura Naval", uma série de conhecimentos sobre equipamento, reparo e construção de navios. Quatro dos seis manuscritos versavam sobre o corte de madeira para a construção de navios; um deles, o *Compendio de Construcção pratica do úzo da R.l Ac.a dos GG MM*, teria sido feito, como o próprio nome permite supor, para a instrução dos alunos da Academia.

A seção nomeada "Cordoaria, Installação, e Manobra", exarava a prática exercitada nas lições de "Aparelho e Manobra" pelos alunos do 1º ano do curso das artes, o aproveitamento máximo do vento para propulsão através do uso do "aparelho" de um veleiro, seus mastros, velas e cabos. Como que a comprovar a transmissão oral que caracterizou a perpetuação das artes e ofícios, essa seção agrupava somente dezoito obras publicadas entre 1757 e 1799. Já a seção de geografia e hidrografia estava entre as mais numerosas, contendo 46 obras impressas entre 1726 e 1803, na sua maioria roteiros das linhas de comunicação marítimas que partiam de Portugal para a Costa africana, as Índias Ocidentais e Orientais, o Mediterrâneo e o canal da Mancha.

A seção sobre "pilotagem" – que vinha a ser a orientação em alto-mar propriamente dita, incluindo o traçado e seguimento de uma rota em cartas náuticas – era a que reunia o maior número de trabalhos, 52 ao todo, 47 impressos e cinco manuscritos, publicados ou produzidos entre 1554 e 1800. A edição mais antiga era a

---

compará-la com a mesma hora no meridiano de referência, que podia ser o do Rio de Janeiro, Paris e, posteriormente aceito mundialmente como padrão, o de Greenwich, na Inglaterra. Antes de 1735, quando John Harrison, um carpinteiro, inventou o cronômetro de corda, que podia ser levado a bordo dos navios (...), as longitudes só eram obtidas com a 'estima', isto é, com as distâncias e os rumos que os navios teriam navegado" (MARTINS, 2006, p. 19).

11 NEWTON, I. *Optique de Newton*. Paris: Chez Leroy, Libraire, 1787.

do clássico manual de navegação astronômica do cosmógrafo dos reis de Espanha, Pedro de Medina, numa versão editada em Lion, França, e ilustrada com diversos mapas. Mas o acervo também contava com tratados de navegação de outros cosmógrafos espanhóis, como Andrés Garcia de Céspedes e José de Mendoza e Rios, e de portugueses, como o *Tratado completo da navegação: offerecido a El Rey nosso Senhor D. Joseph I* (1779), de Francisco Xavier do Rego.

Diferentemente das demais seções da divisão de ciências e artes navais, um dos assuntos da subdivisão denominada "Tática, Telegrafia, e Governo militar-náutico" estava elencado entre as disciplinas do curso matemático e não do curso das artes marinheiras e militares. Embora não se relacionasse diretamente à matemática utilizada para a navegação, pois instruía sobre os procedimentos empregados no combate entre navios e forças navais, a disciplina "Rudimentos da Tática Naval", conforme indicava os Estatutos de 1796, era ministrada no 3º ano do curso matemático. Nessa subdivisão, estavam relacionados 33 trabalhos publicados entre 1450 e 1807, onde apareciam ensaios sobre tática naval, como *Rudimentos de tactica naval para instruccion de los oficiales subalternos de marina* (1776), do almirante espanhol d. Jose de Mazarredo Salazar y Gortazar; L'Art des Armées Navales (1727), do padre jesuíta francês Paul Hoste – o primeiro tratado que consolidava táticas explicitamente navais, particularizando o modo de fazer a guerra no mar de uma simples adaptação das táticas utilizadas em terra, com sua primeira edição é de 1697 (COUTAU-BÉGARIE, 2010, p. 431) –; e *Essay on Naval Tactics*, do escocês John Clerk of Eldin, na versão em inglês (1804) ou na tradução para o português de Manoel do Espírito Santo Limpo (1801).

Também se faziam presentes obras sobre administração das marinhas de guerra, como os discursos do militar Armand de Kersaint, atuante na primeira fase da Revolução Francesa. Contudo, sobressaiam as legislações e regulamentações das marinhas de guerra europeias, como a ordenança naval francesa de 1689, as espanholas de 1748 e 1793, os artigos de guerra ingleses e inúmeros regimentos portugueses, cujo mais antigo é a *Carta Régia sobre a jurisdicção do Almirante*, de 1450.[12] Encerrando aquela divisão, os polígrafos de artes e ciências navais agrupavam 33 impressos editados entre 1691 e 1807.

---

12 O *Catálogo* não fornece maiores informações sobre essa legislação, porém, Saldanha cita uma "sentença a favor da jurisdição do Almirante", de 23 de maio de 1450, quando arrola a farta normalização acerca das prerrogativas do cargo de almirante no Portugal dos séculos XV e XVI (SALDANHA, 1988, p. 147); Moreno se refere à legislação de mesma data (23 de maio de 1450), tipificando-a como carta régia, e indicando que dava ao detentor do cargo, Rui de Melo, "jurisdição sobre os alcaides, Arrais e petintais das galés e ainda sobre os desertores; quando fosse necessário armar uma frota, pertencer-lhe-ia a mesma jurisdição que fora concedida por d. Dinis em carta de privilégios aos almirantes" (MORENO, 1980, p. 864-865).

A quarta divisão da Biblioteca era dedicada às ciências e artes militares de terra, agregando 77 obras divididas por três seções. Na primeira, destinada à artilharia e cavalaria, estavam relacionados 28 impressos e dois manuscritos produzidos entre 1720 e 1804. Desde o *Exame de Artilheiros* (1744) e *Exame de Bombeiros* (1748), do engenheiro militar português José Fernandes Pinto Alpoim, célebre na história militar do Brasil colonial (SODRÉ, 2010, p. 71-72), até as *Instrucçoenz Militares* (1796), de Frederico II da Prússia, um dos senhores da arte da guerra do Setecentos.

Outra seção daquela mesma divisão destinava-se à engenharia militar e infantaria, com quinze livros e seis manuscritos. A edição mais antiga, de 1728, era *O engenheiro portuguez*, de Manoel Azevedo Fortes, mas também lá estavam obras como *De l'attaque et de la defense des places* (1737), do célebre arquiteto militar de Luiz XIV, Sébastien Le Prestre de Vauban, ou o *Regulamento de Infanteria* (1763), uma das normalizações redigidas pelo conde de Schaumburg-Lippe para o Exército português de d. José I. A última subdivisão das ciências e artes militares de terra incluía os 25 impressos, e um manuscrito sobre tática, governo militar e polígrafos, produzidos entre 1727 e 1806.

Encontramos, nesta divisão, similaridades entre o acervo da Biblioteca e as obras recomendadas aos lentes da já referida Academia Militar (SILVA, 1977, p. 159), instituição que não teve uma biblioteca própria, até pelo menos a década de 1830. Duarte, que na sua dissertação traça o perfil científico e literário daquela Academia através das obras arroladas em seus Estatutos de 1810, compreende que tais livros constituiriam o virtual acervo de uma "protobiblioteca" e que sínteses e traduções de muitas dessas obras seriam publicadas pela Imprensa Régia ou disponibilizadas em acervos concretos, como os da Real Biblioteca e os da própria Biblioteca da Academia dos Guardas-Marinha (DUARTE, 2004, p. 142-161).

Embora se reconheça que na guerra naval praticada em navios veleiros houvesse lugar para eventuais ações terrestres iniciadas com o desembarque da própria tripulação, essas incursões, encabeçadas por oficiais do próprio navio, eram limitadas tanto no tempo como nos objetivos. No emprego de navios de guerra para transportar tropas para uma operação militar de envergadura, como em Passo da Pátria, na Guerra do Paraguai, o comando dos efetivos quando desembarcados era dos oficiais dos exércitos. Desse modo, compreende-se a manutenção de acervo descolado da grade curricular dos futuros oficiais da Marinha como uma contribuição à instrução de militares das tropas de terra, mesmo antes que lentes e alunos da Academia Militar do Rio de Janeiro buscassem a "protobiblioteca" intuída em seus Estatutos no acervo da Biblioteca da Academia dos Guardas-Marinha.

A quinta e última divisão, denominada Polimatia, reunia tudo o que não cabia nos grandes temas das outras divisões, sendo assim, a mais robusta, com 225 títulos. Contudo, guardava uma criteriosa organização em seis diferentes seções distinguidas pela temática, tipologia ou idade dos trabalhos nelas agrupados. A primeira dessas seções reunia 29 livros e um manuscrito sobre história, escritos por 26 diferentes autores e editados ou produzidos entre 1727 e 1804. Ressalta-se que, embora a história não fosse uma matéria regular nos três anos letivos da Academia dos Guardas-Marinha, a seção contava com uma boa quantidade de títulos se comparada com temáticas de maior presença na grade curricular, como geometria e trigonometria, com 21 livros, e arquitetura naval, com 24 obras.

Aqui cabe esclarecer como e por que conteúdos da história eram repassados aos alunos da Academia dos Guardas-Marinha. Os recém-aprovados no primeiro ano deveriam, antes de começar o segundo ano letivo, passar por um teste definitivo que comprovasse sua capacidade física e mental para exercer funções militares em navios. Prestariam um período de "estágio", embarcados em grupo, em navio da Marinha portuguesa. Porém, não em um preparado para a instrução, como os atuais navios-escola, mas numa belonave em comissão real de combate. Preferencialmente nas fragatas e corvetas que protegiam navios-mercantes portugueses do ataque de corsários e piratas, frequentes no final do século XVIII na Costa meridional do Mediterrâneo. Entretanto, o chamado "Ano de Embarque" tinha duração imprecisa, e o embarque do destacamento de alunos, por vezes, demorava a acontecer. Assim, as semanas que permaneciam na Academia, antes e depois do período de embarque, não podiam ser desperdiçadas, pois urgia naquele tempo de emergência de novos padrões de ensino a economia do tempo, conforme assinalada por Foucault em um de seus mais conhecidos textos (FOUCAULT, 1977, p. 134-135).

Era justamente nesse período que os alunos seriam iniciados na "Lição dos fatos memoráveis das Marinhas Militares, quando para ela haja ainda mais algum tempo; visto que esta lição deve contribuir muito para lhes formar o espírito necessário para a execução das ações grandes, e heroicas, anexas ao seu importante destino."[13] Embora citada nos Estatutos de 1796 e, talvez, até mesmo ministrada nesses períodos de fuga do ócio entre o embarque e os anos letivos, a história como campo de conhecimento de interesse para a apreensão da *ciência militar* encontrava lugar tão insipiente na Academia dos Guardas-Marinha como o verificado, anos depois, pelo espaço reservado a ela na Academia Militar do Rio de Janeiro, afastada que foi das disciplinas regulares para os sete anos letivos instituídos pelos Estatutos de 1810.[14]

---

13 Item XIV do título "Da Admissão e Promoções dos Discípulos" da carta régia de 01/04/1796, transcrita em: SCAVARDA, 1955, p. 55.

14 No primeiro regulamento da Academia Militar admitia-se o ensino da história militar "de todos os povos: os progressos que na mesma fez cada nação; e dando uma ideia dos maiores generais nacionais e estrangeiros; explicará também dos planos das mais célebres batalhas, o que acabará de formar os alunos, e os porá no caso de poderem com grande distinção ser verdadeiramente úteis ao meu real serviço em qualquer aplicação que eu seja

Naquele período, a história não ocupava, na formação militar, o lugar preponderante conquistado após a elevação dos modelos prussianos de ensino militar e de organização dos centros de apoio ao comando em estados-maiores como padrões a serem adotados, em maior ou menor medida, nos exércitos ocidentais. O uso pioneiro da história militar na reflexão sobre o fenômeno da guerra empreendido por Clausewitz, e o enfoque dado por Moltke à história como instrumento privilegiado para a elaboração do planejamento estratégico colocaram essa disciplina em pé de igualdade com as disciplinas matemáticas, antes relacionadas à insipiente *ciência militar* pelo seu recorrente uso nas armas de Artilharia e Engenharia (CRAIG, 2001, p. 438). A história militar como ferramental para a compreensão da guerra ainda não atingira, nesse período, a profundidade analítica clausewitziana, que reconhecia na *névoa da guerra*, para usar uma consagrada expressão desse teórico, um cabal impedimento para a consecução de formulações absolutas e procura por regularidades oriundas do primado do método científico vinculado à racionalidade das Luzes. Para Moltke, a névoa somente poderia ser dissipada através de uma aproximação multidisciplinar apoiada nas experiências humanas recuperadas pela história.

O marechal de campo Helmuth Karl Bernhard, graf von Moltke, reconheceu que, para o líder militar envolvido na guerra:

> (...) o problema é captar os inúmeros aspectos, cobertos pelo manto da incerteza, com que se apresenta a situação real, avaliar os fatos corretamente e tentar adivinhar os elementos desconhecidos para chegar a uma rápida decisão e depois efetivá-la vigorosa e implacavelmente (...). É óbvio que o conhecimento teórico não é suficiente, mas numa situação assim, as qualidades mentais e o caráter podem dar largas a uma expressão livre, prática e artística, embora fundamentada no treinamento militar e apoiada pela história militar e pela própria vida. (HOLBORN, 2001, p. 388)

Mesmo nos atendo apenas aos enunciados que prometiam as lições de história nos regulamentos das Academias da Marinha e do Exército que funcionaram no Brasil a partir da instalação da Corte joanina, observamos que se buscava definir um saber aplicado à atividade guerreira onde os "fatos memoráveis" das grandes

---

servido dar-lhes." (Extrato do título segundo da "Carta de D. João estabelecendo na cidade do Rio de Janeiro uma Academia Real Militar", de 4 de dezembro de 1810, transcrita em: DUARTE, 2004, p. 173. Porém, esse conteúdo somente seria ministrado num projetado, mas nunca instituído, oitavo e último ano letivo. Motta aponta como uma das poucas falhas do currículo inicial da Academia Militar a falta da "Geografia e da História, sobretudo da História Militar" (MOTTA, 2001, p. 23 e p. 27).

marinhas e as "célebres batalhas" contribuiriam "para lhes formar o espírito necessário para a execução das ações grandes". Isto é, que a descrição precisa dos eventos militares servisse de exemplo, tanto tático, como principalmente *moral*, para a conduta em combate; segmentando-se no que seria, muito mais tarde, e de maneira um tanto pejorativa, nomeado "história-batalha" (PARENTE, 2006, p. 38-41; SANCHES, 2010, p. 1). Mas essa "história-batalha" não prefiguraria, ainda, a "investigação metódica" da guerra e dos eventos militares segundo os "dois principais modelos historiográficos da História Militar (...) elaborados por Clausewitz e Ranke" (PARENTE, 2006, p. 40). O paradigma histórico que envolvia essas propostas oitocentistas do ensino da história militar ainda prescindia do método histórico sistematizado, em meados do século XIX, pelo movimento de consolidação da história como disciplina e profissão. Através do pouco que nos chega pelas fontes, a história militar intentada pelos citados Estatutos, distantes quatorze anos entre si, apresentava-se dentro de uma tradição que remontava os primeiros cronistas das guerras, uma memória política "apresentada como a história dos grandes feitos de grandes homens – chefes militares e reis" (BURKE, 1991, p. 11). Essa narrativa triunfalista,[15] recuperada da Antiguidade Clássica pelo Estado Absoluto, enaltecia o "arquétipo dos grandes generais", mas também fazia "a apologia do legionário romano como modelo do soldado ideal", legitimando a subordinação como característica inerente ao militar (PARENTE, 2006, p. 40).

Encontram-se na seção dedicada à história desde obras de interesse específico para os quadros das marinhas de guerra – como a conhecida *História Tragico-marítima* (1735), de Bernardo Gomes de Brito; alguns títulos da coleção *Vie des plus célèbres Marins* (1789), do biógrafo francês Adrien Richer; *Essai sur la marine des anciens* (1768), do filosofo francês André-François Deslandes; e *Histoire navale d'Anglaterre* (1751), do inglês Thomas Lediard – até livros de difusão mais geral. Inevitáveis eram os que versavam sobre a história pátria, como as *Decadas* (1778), dos historiadores João de Barros e Diogo de Couto; as *Chronicas dos Reis de Portugal* (1774), de Duarte Nunes de Leão; e as *Chronicas do Serenissimo Principe D. João* (1790), de Damião de Góis. Mas também poderiam ser encontradas narrativas militares, como *Histoire militaire du Prince Eugene de Savoye, Marlborough et du Prince de Nassau-Frise* (1729), de Jean Dumont, e trabalhos de história geral que conjugavam da vertente enciclopedista, como *Le Gran Dictionnaire Historique* (1759),

---

15 Note-se que a tradição historiográfica que se ocupava, preponderantemente, da narração dos eventos políticos e militares, embora vigente na transição do século XVIII para o XIX, já sofria a concorrência de visões da história que dialogavam com o Iluminismo, o que Burke nomeou como uma história sociocultural que teve como seus representantes John Millar, E. Gibbon e, tardiamente, Michelet (BURKE, 1991. p. 11-15).

de Louis Moréri, e o *Dictionnaire historique portatif des grands hommes* (1777), de Jean-Baptiste Ladvocat.

A outra subdivisão "temática" da grande divisão Polimatia descortinava os relatos de viajantes. São 38 obras publicadas entre 1559 e 1802. Lá estão as difundidas narrativas dos circunavegadores ingleses John Byron, *Voyage autour du monde fait en 1764 et 1765 sur le vaisseau anglais le Dauphin* (1767); James Cook e James King, *A voyage to the Pacific ocean* (1785), até as menos afamadas, como a do francês Étienne Marchand, *Voyage autour du monde pendant les annés 1790, 1791 et 1792* (1798). Mas havia também compilações, como os vinte volumes da *Histoire generale des voyages* (1746-1789), de Antoine François Prévost, ou obras de cunho quase ficcional, como a do navegador e corsário francês Jean Alphonse, a fantástica *Les voyages avantureux du Capitaine Ian Alfonce* (1559).[16] Entretanto, são quase inexistentes os relatos produzidos por portugueses ou sobre suas explorações, mormente a amplitude de suas conquistas. Identificamos somente uma obra produzida por e sobre viagem de portugueses, *Jornada, que Antonio de Albuquerque Coelho, Governador e Capitão General da Cidade do Nome de Deos de Macao na China, fez de Goa até chegar à dita cidade no anno de 1718* (1732), de João Tavares de Velez Guerreiro.[17]

As quatro outras seções da quinta divisão da Biblioteca foram organizados segundo critérios que, provavelmente, não auxiliariam os consulentes no "pronto conhecimento, seja do progresso, ou marcha do espírito humano",[18] já que separavam as obras restantes pela sua tipologia e idade. As últimas subdivisões agrupavam as obras em: literatura e manuscritos médios, com gramáticas e dicionários constituindo a maior parte das obras impressas; manuscritos antigos, quase todos do século XVI; manuscritos modernos e miscelânea.

Exposto não só o tamanho, mas a amplitude temática da Biblioteca da Academia dos Guardas-Marinha, que ultrapassava em muito a grade curricular da própria Academia, o que dizer da sua acessibilidade? Uma troca de ofícios entre o infante d. Pedro Carlos, o almirante-general da Armada, e Pereira, diretor da Academia e da sua Biblioteca, recupera esse debate. Em 1810, um ofício do Quartel General de Marinha, informava que d. Pedro Carlos aprovava a minuta de um regulamento para a Biblioteca rascunhado pelo próprio Pereira, as "Ordens para

---

16 Jean Alphonse de Saintonge, que se empregou em navios portugueses e esteve no Brasil, relatou suas viagens "num livro um tanto imaginoso", segundo Hemming (2007, p. 57).

17 Antônio de Albuquerque Coelho (1682-1745), mestiço nascido no Maranhão, foi militar e funcionário da administração portuguesa no Oriente na primeira metade do século XVIII, tendo sido governador de Macau, Timor e Patê. O autor do relato, Velez Guerreiro, era um oficial militar a serviço de Albuquerque Coelho (CORREIA, 2009).

18 Transcrito de: PEREIRA, José Maria Dantas. "Catalogo da Biblioteca da Academia dos Guardas Marinhas, creada por ordem de S.A.R." Rio de Janeiro, 1812. p. 1.

a Polícia, e Regimento da Biblioteca da Companhia dos Guardas-Marinha", mas determinava a modificação de dois dos artigos que regulavam o acesso. O infante não concordava com o ingresso se limitar aos grandes do Reino a aos oficiais da Marinha. Cônscio que a nova sede da Corte não contava com biblioteca pública e sabedor do benefício de tal aparelho para o Estado ordenava "que se conceda franca entrada na mencionada Biblioteca a todas as classes de pessoas, que além das mencionadas se conhecer podem tirar fruto do seu trabalho (...) e de que as pessoas que a frequentarem tratem os livros como devem". E ia além, sugerindo que "todas as pessoas que se quiserem aproveitar dos conhecimentos da Biblioteca possam escrever cópias dos artigos, parágrafos, ou outros quaisquer títulos que lhe convier".[19] Pereira logo objetou a liberalidade do infante, e parece que seus argumentos surtiram efeito, pois em novo ofício, no dia seguinte, d. Pedro Carlos limitava o acesso àquele acervo aos oficiais do Real Corpo da Marinha, permitindo só aos lentes da Academia tomar por empréstimo os livros.[20]

O acesso à Biblioteca por vezes mantinha-se restrito até mesmo aos alunos da Academia dos Guardas-Marinha. Em 1812, um deles teve que formalizar uma licença para "ler na Biblioteca Marítima os livros que lhe forem necessários".[21] Mas, com o tempo, a acessibilidade se viu mais prejudicada pelas condições de instalação da Biblioteca do que por interditos institucionais. Em 1813, foi constatado o estado de ruína da edificação que servia à Biblioteca, fazendo com que o Quartel General de Marinha determinasse que Pereira fosse à busca de uma residência de proporções compatíveis com o acervo e próxima ao Mosteiro de São Bento, local que abrigou em uma de suas alas a Academia dos Guardas-Marinha, desde sua instalação no Rio de Janeiro até 1839.[22]

Nova mudança ocorreria quatro anos depois, quando o proprietário da casa em que estava instalada requisitou-a. Porém, a nova sede, na Rua de São Pedro, não se mostrou grande o bastante. Assim, alguns "caixões" mantidos fechados na antiga sede foram levados para o Arsenal de Marinha, onde se pretendia transferi-los para

---

19   Registro de 04/06/1810. IIIM552 – "Registro dos Offícios ao Comandante da Companhia dos GG MM, e Director da Academia, o qual tem principio no Mez de Julho de 1809". SM-AN.

20   Registro de 05/06/1810. IIIM552 – "Registro dos Offícios ao Comandante da Companhia dos GG MM, e Director da Academia, o qual tem principio no Mez de Julho de 1809". SM-AN.

21   A referida licença foi concedida ao aluno Luiz José Fernandes. Registro de 27/03/1812. IIIM552 – "Registro dos Offícios ao Comandante da Companhia dos GG MM, e Director da Academia, o qual tem principio no Mez de Julho de 1809". SM-AN.

22   Registro de 25/09/1813. IIIM552 – "Registro dos Offícios ao Comandante da Companhia dos GG MM, e Director da Academia, o qual tem principio no Mez de Julho de 1809". SM-AN.

a nau *Príncipe Real*, que servia como presiganga, mas uma infestação por cupins as reteve em terra.[23] Em 1821, um ofício da direção da Academia ao ministro da Marinha informava que a Biblioteca se achava "encaixotada, sem atividade".[24] Em 1825, a Biblioteca encontrava-se acomodada no Palácio Imperial, em sala contígua à secretaria do Conselho Supremo Militar e de Justiça. A existência de uma única entrada, que servia a ambas as repartições, prejudicava o funcionamento da Biblioteca, limitado pelo curto expediente daquela secretaria, de nove da manhã às duas horas da tarde. O que não permitia a arrumação dos livros e limpeza das estantes, já que o insuficiente período que permanecia aberta era todo destinado ao atendimento de consulentes.[25]

O que, afinal, a Biblioteca da Academia dos Guardas-Marinha traz pelo "instantâneo" da organização de seu acervo, que vem a ser o *Catálogo*, é tanto o panorama da especialização requerida do profissional empregado no comando dos navios de guerra, como o mapeamento dos múltiplos vieses do conhecimento científico do início do Oitocentos. A aprofundada segmentação das diversas áreas de conhecimento presente no *Catálogo* permite, a partir do entrecruzamento com a grade curricular exposta nos Estatutos de 1796, o reconhecimento pormenorizado de cada uma das disciplinas ministradas na Academia dos Guardas-Marinha. Mesmo considerando que muitos dos títulos postos nas estantes da Biblioteca pudessem ser simplesmente ignorados pelos que ensinavam e pelos que aprendiam, a aquisição daquelas obras e sua classificação dentro das áreas de conhecimento demonstram os limites propostos àquela disciplina. Delimitação e estruturação de um rol de saberes administrados na formação militar-naval alcançadas senão pelo consenso dos lentes responsáveis pelas disciplinas, ao menos pela avaliação do seu diretor, o muito citado José Maria Dantas Pereira, no cargo desde sua criação em 1802, até a produção daquele instrumento de consulta.

A constatação de que a montagem de todo esse acervo esteve sob a responsabilidade de um único homem, o mesmo que o sistematizou em áreas de conhecimento através do *Catálogo*, admite, também, a investigação das influências sofridas por um intelectual formado na convergência entre a atividade guerreira vinculada ao mar e o conhecimento científico. Portanto, a organização da Biblioteca da Academia dos Guardas-Marinha, uma livraria pública formada com a intenção de aprimorar a

---

23 Registros de 26/08, 02/10 e 13/11/1817. IIIM552 – "Registro dos Officios ao Comandante da Companhia dos GG MM, e Director da Academia, o qual tem principio no Mez de Julho de 1809". SM-AN.

24 Ofício de Francisco Maria Telles a Manoel Antônio Farinha, 18/08/1821. XM60 – "Documentos e Ofícios da Academia de Marinha, 1808-1820-1828", SM-AN.

25 Ofício de Diogo Jorge de Brito a Francisco Vilela Barbosa, 07/05/1825. XM60 – "Documentos e Ofícios da Academia de Marinha, 1808-1820-1828", SM-AN.

formação militar-naval do oficialato empregado na Marinha portuguesa, contribui para que melhor se apreenda a articulação dessas duas dimensões "frequentadas" pelo seu diretor, a atividade guerreira nas marinhas a vela e o desenvolvimento e difusão das ciências na Corte joanina, cuja conjugação revela o panorama da *ciência militar* do início do Oitocentos.

Referências Bibliográficas:

ALBUQUERQUE, A. L. P. *Da Companhia de Guardas-Marinha e sua Real Academia à Escola Naval, 1782-1982*. Rio de Janeiro: Xerox do Brasil, 1982.

BLUTEAU, R. *Vocabulario portuguez & latino: aulico, anatomico, architectonico...* Coimbra: Collegio das Artes da Companhia de Jesus, 1712-1728. 8 vol.

BOITEUX, H. "O Chefe de Esquadra José Maria Dantas Pereira de Andrade: O primeiro diretor da nossa Academia de Marinha." In: *Subsídios para a História Marítima do Brasil*, vol. II, Rio de Janeiro, 1939, p. 314-331.

BOITEUX, L. A. *A Escola Naval (seu histórico), 1761-1937*. Rio de Janeiro: Imprensa Naval, 1940.

BURKE, P. *A Revolução francesa da historiografia: a Escola dos Annales 1929-1989*. São Paulo: UNESP, 1991.

CORREIA, A. N. M. *António de Albuquerque Coelho (1682-1745)*, 2009. Disponível em: <http://www.arlindo-correia.com/070709.html>. Acesso em: 13/09/2014.

COUTAU-BÉGARIE, H. *Tratado de estratégia*. Rio de Janeiro: Diretoria do Patrimônio Histórico e Documentação da Marinha, 2010.

CRAIG, G. A. "Delbrück: o historiador militar." In: PARET, P. (org.). *Construtores da Estratégia Moderna: De Maquiavel à Era Nuclear*. Rio de Janeiro: Bibliex, 2001, p. 437-471.

DUARTE, E. C. F. *Da Real Academia à escola militar: a profissionalização das armas e a consolidação do ensino militar no Brasil, 1810-1855*. Dissertação de Mestrado – Instituto de Filosofia e Ciências Humanas, Universidade do Estado do Rio de Janeiro, Rio de Janeiro, 2004.

ELIAS, N. *The Genesis of the Naval Profession*. Dublin: University College Dublin Press, 2007.

FOUCAULT, M. *Vigiar e punir: nascimento da prisão*. Petrópolis: Vozes, 1977.

HEMMING, J. *Ouro vermelho: a conquista dos índios brasileiros*. São Paulo: EDUSP, 2007.

HOLBORN, H. "A escola germano-prussiana: Moltke e a ascensão do Estado-Maior." In: PARET, P. (org.). *Construtores da Estratégia Moderna: De Maquiavel à Era Nuclear*. Rio de Janeiro: Bibliex, 2001, p. 377-396. t. 1.

HUNTINGTON, S. P. *O soldado e o Estado: teoria e política das relações entre civis e militares*. Rio de Janeiro: Bibliex, 1996.

MALERBA, J. *A corte no exílio: civilização e poder no Brasil às vésperas da independência (1808-1821)*. São Paulo: Companhia das Letras, 2000.

MARTINS, H. L. *Abrindo estradas no mar: hidrografia da costa brasileira no século XIX*. Rio de Janeiro: Serviço de Documentação da Marinha, 2006.

MORENO, H. B. *A Batalha de Alfarrobeira: antecedentes e significados históricos*, . Coimbra: Biblioteca Geral da Universidade de Coimbra, 1980. v. 2.

MOTTA, J. *A Formação do oficial do exército: currículos e regimes na academia militar, 1810-1944*. Rio de Janeiro: Bibliex, 2001.

OLIVEIRA, J. C. "A cultura científica e a Gazeta do Rio de Janeiro (1808-1821)." *Revista da Sociedade Brasileira de História da Ciência*, Rio de Janeiro, n. 17, 1997, p. 29-58.

PARENTE, P. A. L. "Uma nova história militar? Abordagem e campos de investigação." *Revista do Instituto de Geografia e História Militar do Brasil*, Rio de Janeiro, n. 93, vol. LXVI, 2006, p. 37-45.

PEREIRA, J. A. R. "José Maria Dantas Pereira." In: *Comemorações do Bicentenário da Companhia de Guardas-Marinhas e da sua Real Academia: 3-5-1982 – 24-3-1983*. Lisboa: Instituto Hidrográfico, 1985, p. 161-173.

RIBEIRO, J. S. *História dos estabelecimentos scientificos, litterarios e artisticos de Portugal nos successivos reinados da Monarquia*. Lisboa: Typographia da Academia Real das Sciencias, 1873.

SALDANHA, A. V. de. "O Almirante de Portugal: estatutos quatrocentistas e quinhentistas de um cargo medieval." *Separata da Revista da Universidade de Coimbra*, vol. XXXIV. Coimbra, 1988, p. 137-156.

SANCHES, M. G. "A Guerra: problemas e desafios do campo da história militar brasileira." *Revista Brasileira de História Militar*, n. 1, vol. 1, abr. 2010. Disponível em: <http://www.historiamilitar.com.br/index1.html>. Acesso em: 4/9/2014.

SCAVARDA, L. "A Escola Naval através do tempo." In: *Subsídios para História Marítima do Brasil*, vol. XIV, Rio de Janeiro, 1955, p. 9-294.

SILVA, A. M. *Diccionario da lingua portugueza – recompilado dos vocabularios impressos ate agora, e nesta segunda edição novamente emendado e muito acrescentado, por Antonio de Moraes Silva*. Lisboa: Typographia Lacerdina, 1789.

SILVA, C. P. da. "Sobre a História da Matemática no Brasil após o Período Colonial." *Revista da Sociedade Brasileira de História da Ciência*, Rio de Janeiro, n. 16, 1996, p. 21-40.

SILVA, M. B. N. da. *Cultura e Sociedade no Rio de Janeiro: 1808-1821*. São Paulo: Ed. Nacional, 1977.

SODRÉ, N. W. *História Militar do Brasil*. São Paulo: Expressão Popular, 2010.

VAINFAS, R. (org.). *Dicionário do Brasil Colonial (1500-1808)*. Rio de Janeiro: Objetiva, 2000.

Sobre os autores

Alexandre Raicevich de Medeiros é doutor em História Social pela Universidade do Estado do Rio de Janeiro (UERJ) e autor da tese: "Uma Memória Ímpar: a trajetória de Arthur Napoleão na sociabilidade musical de dois continentes (1843-1925)". Desenvolveu seu mestrado na área de Música na Universidade Federal do Estado do Rio de Janeiro (UNIRIO).

Arnaldo Lucas Pires é doutorando pelo Programa de Pós-graduação em História Social da Universidade Federal do Rio de Janeiro (UFRJ). Realiza pesquisas nas áreas de História da América Latina, História do Brasil Império, História da imprensa, História das imagens e Ensino de História.

Carlos André Lopes da Silva é mestre em História pelo Programa de Pós-Graduação em História Social da Universidade Federal do Rio de Janeiro (UFRJ) com dissertação intitulada: "A Real Companhia e Academia dos Guardas-Marinha: aspectos de uma instituição militar de ensino na alvorada da profissionalização do oficialato militar, 1808-1839". Atua como pesquisador da Diretoria do Patrimônio Histórico e Documentação da Marinha, órgão encarregado da Biblioteca da Marinha, herdeira da Biblioteca da Academia dos Guardas-Marinha.

Daiane Lopes Elias possui mestrado em História pela Universidade Federal do Rio de Janeiro (UFRJ). É doutoranda do Programa de Pós-graduação em História (PPGH) da Universidade do Estado do Rio de Janeiro (UERJ), onde desenvolve pesquisa sobre os republicanos liberais na segunda metade do século XIX.

Juliana Gesuelli Meirelles é doutora em História Política pela Universidade Estadual de Campinas (UNICAMP) e docente da Pontifícia Universidade Católica de Campinas (PUCCAMP). Atua nas áreas de História do Brasil Colônia, principalmente nos seguintes assuntos: gazeta do Rio de Janeiro, história da leitura/dos leitores, concepção de imprensa, sociabilidade, cultura e política no período joanino. É autora das seguintes obras: *Imprensa e Poder na Corte Joanina: a Gazeta do Rio de Janeiro (1808-1821)*. (2008) e *A família real no Brasil: política e cotidiano (1808-1821)* (2013).

Karruliny Silverol Siqueira Vianna é membro do Instituto Histórico e Geográfico do Espírito Santo (IHGES) e doutoranda em História Social pela Universidade Federal do Espírito Santo (UFES) onde desenvolve a pesquisa intitulada "O Império das Repúblicas: partidos e projetos políticos na crise da monarquia no Espírito Santo, 1880-1908". Tem experiência na área de História do Brasil Império e História Local. Autora do livro *Imprensa e Partidos Políticos na Província do Espírito Santo 1860-1880*.

Martha Victor Vieira é doutora em História Social pela Universidade Federal do Rio de Janeiro (UFRJ). Professora do Curso de História, do Programa de Mestrado Profissional em História e do Programa de Pós-Graduação em Estudos de Cultura e Território da Universidade Federal do Tocantins (UFT), campus de Araguaína. Seus temas de estudo são: elites, imprensa e ensino de História no século XIX. Organizou: *Ensino de história e formação continuada: teorias metodologias e práticas* (2013), entre outras obras.

Moisés Amado Frutuoso é especialista em História da Bahia pela Faculdade São Bento (2014), mestre em História Social pela Universidade Federal da Bahia (UFBA) e autor da dissertação: "Antilusitanismo e Identidades Políticas em Minas do Rio de Contas – (1822-1836)". Atua como professor substituto no Instituto Federal da Bahia (IFBA) e em escolas da rede privada de ensino da capital baiana.

Murillo Dias Winter é mestre em História na Universidade de Passo Fundo (UPF). Atualmente é doutorando em História Social pela Universidade Federal do Rio de Janeiro (UFRJ). Suas investigações versam sobre os seguintes temas: imprensa, identidades políticas e questão nacional, formação do Estado-Nação, independências do Brasil e da América espanhola.

Rafael Cupello Peixoto é mestre (2013) em História Social pela Universidade Federal Fluminense (UFF). Atualmente, é doutorando da Universidade do Estado do Rio de Janeiro (UERJ), dedicando-se ao estudo de trajetória do marquês de Barbacena. Foi membro das Comissões Organizadoras da IX e X Semana de História Política da Universidade do Estado do Rio de Janeiro (UERJ). Entre os temas de suas pesquisas estão: os discursos políticos, Lei de 1831, biografias e os estudos de trajetórias.

Samuel Barros de Medeiros Albuquerque é professor da Universidade Federal de Sergipe (UFS), presidente do Instituto Histórico e Geográfico de Sergipe, (IHG-SE) e membro titular do Conselho Estadual de Cultura de Sergipe (CEC). Concluiu doutorado em História na Universidade Federal da Bahia (UFBA), tem experiência na área do ensino e da pesquisa e se dedica ao estudo da História do Brasil Oitocentista. É autor de vários trabalhos, como *Memórias de Dona Sinhá* (2005) e *Marie Lassius, uma preceptora alemã em Sergipe* (1861-1879) (2003).

Esta obra foi impressa em São Paulo na *Graphium* no inverno de 2016. No texto foi utilizada a fonte Adobe Jenson Pro em corpo 11 e entrelinha de 13,2 pontos.